"百年汉语发展演变研究"丛书

———————— 刁晏斌 / 主编

早期现代汉语词汇在台湾的发展演变研究

ZAOQI XIANDAI HANYU CIHUI ZAI TAIWAN DE FAZHAN YANBIAN YANJIU

邹 贞 / 著

东北师范大学出版社
·长春·

图书在版编目（CIP）数据

早期现代汉语词汇在台湾的发展演变研究/邹贞著.
—长春：东北师范大学出版社，2024.1
（"百年汉语发展演变研究"丛书/刁晏斌主编）
ISBN 978-7-5771-1120-9

Ⅰ.①早… Ⅱ.①邹… Ⅲ.①现代汉语—词汇—研究
Ⅳ.①H136

中国国家版本馆CIP数据核字（2024）第000206号

　　　　　　　　　　　　□策划编辑：陈国良
□责任编辑：孙红光　□封面设计：张　然
□责任校对：刘晓军　□责任印制：侯建军

东北师范大学出版社出版发行
长春净月经济开发区金宝街118号（邮政编码：130117）
销售热线：0431—84568147
传真：0431—85691969
网址：http://www.nenup.com
电子函件：sdcbs@mail.jl.cn
东北师范大学音像出版社制版
吉林市海阔工贸有限公司印装
吉林市恒山西路花园小区6号楼（邮政编码：132013）
2024年1月第1版　2025年3月第2次印刷
幅面尺寸：170mm×240mm　印张：17.75　字数：290千

定价：76.00元

总　　序

2013年，由本人作为首席专家投标的国家社会科学基金重大招标项目"百年汉语发展演变数据平台建设与研究"竞标成功（项目批准号为13&ZD133），感谢吉林大学徐正考教授、河北大学郭伏良教授和中国传媒大学的侯敏教授，他们作为子课题负责人的倾情加盟，既增加了课题组的重量，也是我们得以获批立项的重要砝码。

早在1992年，我就提出了开展现代汉语历史发展演变研究的构想[①]，此后的主要研究时间和精力都放在这个方面，在进行了一系列理论思考与事实积累后，于2000年正式提出"现代汉语史"的概念[②]。2005年，本人在这一主题下，申报并获批一项国家社科基金一般项目"现代汉语的历时发展演变研究"，它的结项成果《现代汉语史》于次年由福建人民出版社出版，同年该书的姊妹篇《现代汉语史概论》也由北京大学出版社出版。此外，本人从2007年开始在北京师范大学为硕士研究生开设"现代汉语史"课程，2008年起招收现代汉语史方向的博士研究生。可以说，本人近三十年来，无论做科研、搞教学还是进行人材培养，都与现代汉语史紧紧地捆绑在一起。

百年汉语发展演变研究是现代汉语史研究的具体化，其意义和价值，正如我们在投标课题论证中开宗明义："一百年来，中国社会发生了翻天覆地的变化，受此变化的影响和拉动，我们的汉语也发生了巨大的变化，这种变化是全方位、多层面的，并且体现出极强的规律性，因此，百年汉语发展演变的内涵非常丰富，既有大量的各类语言事实亟待发掘，同时也有由事实上升到理论的巨大空间，所以非常值得进行全面、深入的研究。"现在项目完成，回头再看这段话，自然有了更深一层的体会。

按项目的设计，除了建立研究所用的语料库之外，另有三个子课题，其

---

① 见拙文《关于现代汉语历史发展研究的构想》，香港《语文建设通讯》1992年总第36期。
② 见拙文《论现代汉语史》，《辽宁师范大学学报（社会科学版）》2000年第6期。

立足点及具体内容如下：

第一是"清末民初语言研究"，立足和着眼于现代汉语的前发展阶段，同时有意填补长期以来这一研究领域的空白。这一子课题具体包括以下三项内容：一是清末民初词汇研究，二是清末民初语法研究，三是以此期最具时代特点和影响力的梁启超作品为剖析对象的"新文体"语言研究。

第二是"国语的分化及其变迁研究"，这是百年汉语两条发展线索之一的研究，即早期的传统国语到境外现代汉语的发展。限于条件，后者我们仅以台湾现代汉语为代表。该子课题包括以下三项内容：一是国语分化研究，二是早期现代汉语词汇在台湾的发展演变研究，三是早期现代汉语语法在台湾的发展演变研究。

第三是"百年汉语发展演变分阶段研究"，这是百年汉语另一条发展线索，即普通话发展演变的研究。按我们的现代汉语史分期，分为三个阶段进行研究，即第一阶段（1919—1949）、第二阶段（1949—1978）和第三阶段（1978至今）。

立项伊始，整个课题组就开始高速运转，从最初的语料库建设，到后来的具体研究，再到最后的成文及修改，可谓环环相扣。而时间也飞快地溜走，原本计划用五年时间完成，结果却花费了整整六年，直到2019年底才最终告竣，完成了由以上三个子课题组成的三套微型丛书。

古人云，"学然后知不足"，此时我最想说的却是"做然后知不足"。我们的项目设计和规划看似比较丰满，但是相对于百年汉语无比巨大的内涵，却显得比较单薄，大概只能反映其部分侧面的部分内容，并且即使在这"部分内容"中，也难以做到全面和完整，基本都采取了"选点式"的研究策略，即选取若干最具代表性的语言现象，来进行相对深入的剖析，希望由此获得"窥一斑而知全豹"的效果。

任务完成后，一方面我们积极准备结项事宜，另一方面项目成果的出版也提上日程。在这个时候，承蒙在学术界享有良好声誉的东北师范大学出版社不弃，决定以我们的成果申报2020年度国家出版基金项目，这让我们非常高兴；而更让我们高兴的是，经过严格的评审程序，该项申报最终获批为本年度的资助项目。至此，我们的一项研究受到国家两大基金项目的垂顾，可谓幸运之至！这里要对以上两大基金以及东北师范大学出版社表示由衷的感谢。

本项目的最终完成，是课题组全体成员，特别是各书作者共同努力的结果，本丛书由我担任主编，各书的作者信息如下：

《清末民初语法研究》，刁晏斌、聂大昕著；

《梁启超"新文体"语言研究》，唐元发、刘兴忠著；

《国语分化研究（1919—1949）》，吴亮著；

《早期现代汉语词汇在台湾的发展演变研究》，邹贞著；

《早期现代汉语语法在台湾的发展演变研究》，刘吉力著；

《百年汉语第一阶段研究（1919—1949）》，崔新颖、杨亚贤、涂佳楠著；

《百年汉语第二阶段研究（1949—1978）》，郝锐著；

《百年汉语第三阶段研究（1978—   ）》，梁永红著。

作为项目首席专家，本人除参与部分具体研究工作外，主要精力用于保障整个项目的顺利进行。在各书写作的不同阶段，均与作者反复沟通，进行全程监督指导；各书初稿完成后，由本人统稿并反复修改，直至最终定稿。如有不妥之处，由本人与作者共同承担责任。

是为序。

2020 年 5 月 29 日

目　　录

第一章　绪　　论
- 003　第一节　选题缘起
- 008　第二节　已有研究成果概述
- 008　　一、海峡两岸词汇差异研究
- 019　　二、海峡两岸词汇融合研究
- 023　第三节　研究目标、研究方法及相关说明
- 023　　一、研究目标
- 024　　二、研究方法
- 025　　三、相关说明
- 027　第四节　语料来源
- 028　　一、大陆语料
- 030　　二、台湾语料

第二章　海峡两岸差异词词形研究
- 035　第一节　海峡两岸特有词语研究
- 035　　一、两岸特有词语的界定
- 035　　二、两岸特有词语的类别
- 037　　三、两岸特有词语数量考察
- 039　第二节　海峡两岸同义异形词语研究
- 039　　一、两岸同义异形词语的界定

039	二、两岸同义异形词语的类别	
045	三、两岸同义异形词语的数量考察	
047	第三节　个案研究（一）——海峡两岸同素异序词考察	
048	一、普通话中的同素异序词	
049	二、两岸词汇对比中的同素异序词	
049	三、两岸同素异序现象考察	
054	四、两岸同素异序词的判定标准	
056	第四节　个案研究（二）——对"熊猫"和"猫熊"的历时考察	
056	一、"熊猫"和"猫熊"的出现	
059	二、"熊猫"和"猫熊"在中华人民共和国成立前的使用情况	
061	三、"熊猫"和"猫熊"在大陆的使用情况（1949年以后）	
064	四、"熊猫"和"猫熊"在台湾的使用情况（1949年以后）	
071	五、余论	

第三章　海峡两岸差异词词义研究

075	第一节　基于义项之间的比较	
075	一、同一词语，两岸没有相同义项	
079	二、同一词语，两岸既有相同义项，也有不同义项	
090	三、小结	
091	第二节　基于义位内部各要素的比较	
092	一、基义相同，陪义不同	
100	二、义值相同，义域不同	
129	三、小结	
131	第三节　个案研究（一）——对"爱戴"基义变化的历时考察	
131	一、"爱戴"的语义特征：［＋生命］［＋尊崇］	

132	二、"爱戴"在大陆的使用情况（1949年以后）
134	三、"爱戴"在台湾的使用情况（1949年以后）
137	四、小结
139	第四节　个案研究（二）——两岸通用词"起跑"的隐性差异
139	一、"起跑"的意义、用法及两岸差异
145	二、两岸词语的隐性差异
150	第五节　余　论

第四章　海峡两岸词汇融合研究

156	第一节　融合以及融合度的界定
156	一、融合的界定
157	二、融合度的概念及其界定
158	三、融合度的判定标准
164	第二节　影响两岸词语融合度的主要原因
165	一、社会方面的原因
167	二、语言自身的原因
171	三、语言使用者的心理倾向
172	四、小结
173	第三节　大陆吸收台湾词语研究示例——"资深"
174	一、"资深"在两岸隔离前的使用情况
175	二、"资深"在台湾的使用情况（1949年以后）
189	三、"资深"在大陆的使用情况（1949年以后）
197	四、小结
199	第四节　台湾吸收大陆词语研究示例（一）——"抓紧"
199	一、"抓紧"在两岸隔离前的使用情况
201	二、"抓紧"在大陆的使用情况（1949年以后）
207	三、"抓紧"在台湾的使用情况（1949年以后）

214	四、小结
217	第五节　台湾吸收大陆词语研究示例（二）——"科普"
217	一、"科普"的产生
220	二、"科普"在大陆的使用情况（1949年以后）
222	三、"科普"在台湾的使用情况（1949年以后）
224	四、余论
225	第六节　两岸词语双向融合研究示例——"力道"与"力度"
225	一、"力道"的双向融合
233	二、"力度"的双向融合
241	三、"力道"和"力度"的消长变化情况
245	四、小结
247	第七节　余　论

第五章　关于早期现代汉语词汇在台湾发展演变研究的若干思考

251	第一节　研究方法
252	一、由定性研究到定量研究
254	二、由共时描写到历时考察
256	第二节　研究内容
257	一、由词义深入词义内部
258	二、由概念意义到其他意义
259	三、由差异词语义项对比深入到同义词语义项对比
261	第三节　余　论

| 265 | **参考文献** |

第一章 绪 论

- 第一节 选题缘起
- 第二节 已有研究成果概述
- 第三节 研究目标、研究方法及相关说明
- 第四节 语料来源

第一节　选题缘起

两岸词语的对比研究大致兴起于 20 世纪 80 年代中后期，较早引起人们关注的是双方词语的差异问题。近年来，随着大陆与台湾的交流交往日益密切，两岸词语开始呈现融合趋势，这一现象也逐渐进入学者们的视野，受到较高程度的关注。和传统研究相比，这是一个相对较新的研究领域。截至目前，这方面的研究成果已有不少，比如多部有分量的词典、数量不少的高水平论文、一些相关著作等。但是，我们也看到，许多方面的研究还相对粗浅，还有进一步挖掘的空间和必要，一些问题本应受到关注，却被人们有意无意地忽略了。正是由于这一状况的存在，我们在已有基础上继续开展相关研究。

在以往的研究中，人们提问与回答最多的问题是"两岸词语存在哪些差异"，其次是"哪些词语产生了融合"。在具体研究中，常见的内容主要包括以下几个方面：

一是比较两岸词语在词形上的差别，在对比中确定两岸特有词形；

二是比较相同词形在意义上的区别，即同形异义现象；

三是比较两岸表达同一事物或概念时在用词上的差异，即同义异形现象；

四是列举并讨论两岸相互吸收的词语，尤其是大陆吸收台湾的词语。

从研究的视角来说，上述内容存在以下几个方面的不足：

第一，重差异，轻融合。这一点其实包含两个小问题：一是和差异现象研究相比，融合研究开展得还很不够；二是对差异过于重视，导致一些个例被放大为普遍现象。

先说第一个问题。刁晏斌（2014）曾经指出，"差异与融合是语言研究的两翼"，未来的研究要对融合给予更多的关注。从目前来看，融合是两岸词语互动的主旋律，不少词语已经产生融合，还有一些词语正在融合当中；从长远来看，融合是未来发展的大趋势。随着两岸交流的日益深入，词语的融合数量会越来越多，程度会越来越深。因此，这方面的研究应当引起人们的重视。现阶段，讨论融合现象很多是以举例形式出现的，且以大陆吸收台湾词语为多。如果进行深入研究，则必须回答现象背后的诸多问题，包括什么是词语融合，词语融合的方式有哪些，影响词语融合的原因有哪些，词语融合的具体过程是怎样的，台湾是否吸收大陆普通话词语，等等。

再说后一个问题。与融合相比，差异显然是更容易引起人们关注的。因此，人们首先想到的是从求异的角度出发，寻找所有可能存在差别的语言项目，包括词语的形式、意义、用法等。但是，当这些所谓"例证"不断增多、以至于一些极不常见且使用范围严重受限的形式也进入这个词汇表时，我们不禁要追问与反思：这些都是两岸词语差异的真实体现吗？两岸词语的差异真的有这么多、这么大吗？2013年，在福建泉州召开的一次学术研讨会上，就有学者指出，当下的研究有些是把两岸词语的差异"放大"了，一些个别用例也被拿来当作普遍用法进行对比，由此带来的问题是——当我们观察、分析各种词汇差异现象时，还需要进一步思考与求证该现象是属于个例还是属于具有普遍意义的常规用例。

第二，立足于词，较少深入词语内部。目前的研究，无论是差异研究还是融合研究，主要都是在"词"的层面进行。换言之，作为讨论的对象，基本是以"词"为单位的。毋庸置疑，立足于词可以相对容易地获得对两岸词汇及其使用情况的整体性认识，比如通过统计相关词典里通用词、特有词等项目的具体数量，就可以在一定程度上了解和说明两岸词语的差异状况。但是，对于一项更具科学意义和价值的高水平研究而言，起于词无可厚非，止于词显然是不够的，一个最简单的原因就是两岸词语的诸多差异与融合现象，很多并不直接、完全地体现在词的层面，而是在词语的内部，如个别义项此有彼无或参差互异、词的语义特征有所不同等。从这一意义上来说，如果立足点仅仅局限于"词"，很多研究成果就只能是粗线条的，描写的颗粒度肯定不够细，这样对于差异和融合的发掘也就很难全面、细致与深入。

第三，多共时，少历时。在当今的语言研究中，共时与历时相结合的观念早已深入人心，但是在两岸语言对比研究领域，历时研究却开展得非常有限。在大家竭尽全力罗列共时层面的各种差异现象时，我们需要进一步思考的是，这些现象是从哪里来的，它们到底经历了怎样的过程才最终形成了今天的样貌。差异研究如此，融合研究也是如此。概括来说，就是我们在研究中不仅要关注共时层面的差异，还需要从历时层面梳理发展脉络、了解演变过程，从而既知其然又知其所以然，并且由知其所以然而更好地知其然。两岸汉语研究之所以形成多共时、少历时的局面，一方面是由于相关研究定位及目标不够明确，另一方面是因为在现有条件下历时语料匮乏。就目前的情况而言，前者相对好解决，后者则有较多现实困难。所谓"巧妇难为无米之炊"，想揭示历时演变过程，就必须掌握足够的历时语料，这就对可用于两岸词语对比的语料库以及研究者在语料库之外搜集可用材料提出了新的要求。语料是开展历时研究的基础，只有解决好语料问题，才能真正使相关研究做到共时、历时相结合。

第四，多定性，少定量。在两岸词语对比研究中，无论是定性研究还是定量研究，都很有意义。总体来看，已有的研究偏重定性研究，定量研究开展得很不够。这样一来，就很容易产生以下两个问题：

其一，无数据支撑的定性研究容易造成主观偏差。在研究中，人们常用到诸如"大量""不少""一些""很多"等字眼，这描述的多是作者基于个人阅读经验及语感等的主观感受，但主观感受和客观事实之间在多大程度上能够达到一致，却无从知晓，也难以验证。由于经验与语感因人而异，再加上一方的研究者对另一方的总体语言状况及其具体使用情况等的了解范围不同、深浅不一，所以不同的学者在描写相同现象时就有可能存在一定甚至较大的出入。

其二，有些研究仅靠定性分析根本无法深入，甚至难以进行，此时数量及频率等的调查与描写就是至关重要的了。比如，两岸词汇的差异在许多项目上并不是"有无之别"，而是"多少之异"，也就是说并没有质的差别，而只是一种量上的倾向性差异；又如，两岸词汇的融合一直在进行当中，但是其范围、速度、程度等在历时过程中的表现并不一致，并且呈现出明显的阶段性，想要弄清与说清这些问题，就只能依靠定量分析。

总的来说，两岸词汇的差异与融合问题是一个很大的话题，也是一个非常值得研究的课题。在已有成果的基础上，相关研究还有进一步深入的必要性和可能性；针对这一话题，还有很多话值得细说，还有很多后续工作可做。时至今日，人们能够接触和使用的语料较前期已有不少改善，相关研究已经有了更多的积累，总体而言具备了进一步深入推进的诸多条件。因此，我们在现代汉语分化及变迁的框架下，将"早期现代汉语词汇在台湾的发展演变"确立为研究对象，尝试运用新材料、新方法，或者是从新的角度来使相关研究"百尺竿头，更进一步"。

在上述背景下，本书的意义和价值主要表现在以下几个方面：

第一，有助于推进"早期现代汉语分化及变迁"研究。该课题有两项最重要的研究内容：一是早期现代汉语在什么样的背景下，循着怎样的路径，分化为当下的两大分支，即大陆普通话和台湾现代汉语；二是分化后二者各自的发展过程及相互之间的关系和变化。本书即属于第二个方面。本书内容主要包括以下两个方面：一是立足于共时，对一些词汇类型因为在两岸发展不同步而形成的各种差异进行对比描写；二是着眼于历时，对早期现代汉语词汇分化后在台湾的发展情况，通过一些典型的个案进行分析，试图部分地还原这一过程。

第二，有助于进一步推进两岸汉语对比研究。这方面的研究已经持续很长时间了，目前仍然是一个受关注度比较高的热点问题。两岸汉语对比研究虽然在一定程度上受到两岸关系变化的影响，但是研究一直没有间断。词汇的差异与融合是两岸语言对比研究的重要组成部分，其进行得好坏及水平的高低，直接影响两岸语言对比研究的整体质量。因此，词汇研究的深入与完善将对两岸语言对比研究起到重要的推动作用。

第三，有助于相关工具书的编纂。目前两岸语言词典已经出版了不少，但是由于两岸语言尤其是词汇方面的研究还很不够，已有词典的编纂在选立条目、释义、举例等方面存在不少这样那样的问题。比如，对于不少两岸有差异的词没有反映或反映不足。以"表扬"为例，台湾经常用"表彰"（刁晏斌，2017），具体说，就是此词在台湾的意义大致等于"表扬+表彰"，这样就与大陆此词的意义和用法有明显的不同，而这一不同目前在我们所见的任何一部相关工具书中均未反映出来。类似的例子还可以举出很多，仅从这一点来说，深入开展两岸词汇的对比研究能对相关词典的编纂提供极大的帮助。

第四，有助于加强两岸民众的交流与沟通。词汇像一面镜子，能折射出社会及使用者的文化、心理、信仰等；词汇的交流与交往是语言交流与交往最直接可感的部分，堪称社会交流与交往的风向标。借由两岸词汇差异，特别是词汇融合的研究，一方面可以真切了解与判断两岸社会及民众对对方的态度、情感、认知等；另一方面借由具体的词汇交流事项，可以进一步强化、引导及促进两岸将语言上的交流与交往延伸到语言之外的社会生活，从而使民心进一步相通相亲。我们进行两岸词汇的对比研究，虽然由差异入手，但是更加重视两岸词汇的融合，并期盼早日在更多的方面化异为同。

第五，可以丰富全球华语研究的基本内容。全球华语研究是近年来广受学界和社会关注的一个新热点，华语概念的扩展及演变反映出中国的语言规划开始具备全球视野，传统的汉语研究开始具有世界眼光。在这一新的视野和大的背景下，作为全球华语及其研究的重要组成部分，两岸词汇的对比研究无疑也具有新的意义、价值和作用，无疑是在为构筑全球华语研究的大厦添砖加瓦。而且，我们有一个基本的认识：台湾现代汉语与境外华语有更高的一致性，在某种程度上台湾现代汉语堪称代表（比如上面所说的"表彰"的意义和用法，在普通话以外就有相当高的一致性）。这样，对其诸多词汇差异与融合现象的研究，在一定程度上就不仅仅具有作为个体研究的意义，还可能具有全球华语研究的价值。

第六，对汉语词汇本体研究也有一定的借鉴意义。刁晏斌（2019）基本都是围绕这一方面进行讨论。他指出，普通话研究应以台港澳地区的汉语及海外华语为视角，由此会为其在共时与历时两个方面的研究带来极大助益。在共时方面，有助于对普通话基本面貌及特点进行了解与认识，有助于研究范围的拓展，有助于相关研究的深化与细化；在历时方面，有助于理清百年汉语的发展线索，有助于进一步明晰普通话形成及发展的过程，有助于具体现象的历时研究。比如，我们主张把两岸词义差异对比研究深入义项及义素（即语义特征层面），这一思路同样适用于普通话词汇的共时状况及历时发展变化研究。

第二节 已有研究成果概述

对早期现代汉语词汇在台湾的发展演变研究，一般都是在海峡两岸词汇对比研究的名目下及范围内进行的，主要包括差异研究和融合研究两部分。前者主要是对两岸特有词、同形异义词以及同义异形词进行界定、分类，对具体差异的描写以及造成原因的分析等；后者主要是列举已经融合的词语、分析产生融合的原因以及探究词语融合产生的影响等。

一、海峡两岸词汇差异研究

在已有的研究中，人们将两岸词汇的差异主要划分为三类：一是仅在某一言语社区使用的特有词语，二是同形异义词语，三是同义异形词语。在具体研究中，主要围绕两方面进行：一是描写两岸词语的差异，二是分析相关差异的形成原因。

（一）两岸特有词及其形成原因

20 世纪 80 年代之前，大陆与台湾隔绝了几十年，海峡两岸都产生了一些新词语，这些词语仅在大陆或台湾一地使用，对方言语社区基本不用，由此形成了两岸特有词语的差异。郑启五（1989）将这种差异称为"新词差"，汤志祥（2001）称之为"单区词语"。

大陆方面，姚汉铭（1998）从历时的角度列举了每一时期产生的新词："糖弹、布拉吉、极右、穷棒子"反映了中华人民共和国成立初期到 20 世纪 50 年代末、60 年代初的情景，"造反派、天天读、工宣队"是"文革"十年的历史烙印，"脱贫、致富、公关、'一国两制'"勾勒出了改革开放以来的新画面。胡士云（1989）从政治、经济、文化等三个方面列举了大陆有而港台地区没有的词语，政治方面如"人民民主专政、全国人民代表大会"，经济方面有"国营、私营、集体所有制"，文化方面有"电视大学、函授大学"等。

台湾方面，严奉强（1992）从风俗、历史、政治、经济、金融、社会、物品、教育、外交、宗教等方面列举了71个词，如"妈祖、光复、次长、商团、填息、公保、香巢、便当、聘问、团契"等。郑启五（1989）从微观的角度集中探讨了几个具有代表性的台湾新词，包括"瓶颈、红唇族、情结、前瞻"等。汤志祥（2001）从政治政务类、法律公务类、军事治安类、商业金融类、工农地产类、交运环保类、文化传播类、教科医学类、体育艺术类、社会生活类、俚俗娱乐类、一般和抽象名词类、动作状态类、描绘形态类、量词类等15个类别列举了2079个词语。不过，汤文所举的有些例子使用频率非常低，如"瓜曼抄、木益比"等，在有关新闻数据库中几乎找不到检索结果。此外，胡士云的《略论大陆与港台的词语差异》、朱广祁的《港台词语研究与大汉语词汇研究》等也都作了类似的列举。

在比较两岸特有词语的差异时，多数文章都从词形和词义的角度进行分析，即列举两岸各有哪些特有词形，其意义是什么。值得一提的是，苏新春（2003）另辟蹊径，从其他角度进行探讨。苏文以大陆主编的《1993汉语新词语》《1994汉语新词语》和台湾编辑的《新词释义汇编（一）》（主要收录1996年至1998年较为常见的词语）为对象，通过定量统计分析，指出两岸新词语在词性、构词方式、指称对象等方面的区别，得出了一些很有说服力的认识。比如就构词方式而言，大陆动宾结构有216例（占23.5%），台湾只有24例（占3.3%），大陆的动宾构词明显高于台湾。

关于两岸特有词语的形成原因，刁晏斌（2000）、朱广祁（1994）、汤志祥（2001）等都认为很大程度上是因为两岸的社会生活存在较大的差异。两岸同宗同祖、血脉相连，在相互隔绝的几十年里，两岸的政治制度、经济结构、生活方式等都存在差异，各有一些对方所没有的事物或词语，因而也就有一些"互相不易理解"的词语，像台湾的"拜票""高普考""甲等特考"等，大陆没有这些词语，因而民众对于这些词语的意义也就"不知所云"。除此之外，郑启五（1989）还提到两岸文学作品对词汇的影响，如"在室男"一词因杨青矗的成名作《在室男》而在台湾具有了"候选人"的意思。这些词主要在某一个言语社区内流行，对方言语社区很难理解。

（二）同形异义词语及其形成原因

"同形异义词语"是指词形相同而词义不同的词语。由于长期的隔绝，两岸出现了不少同一词语表达不同事物或概念的现象，刁晏斌（2000）称之为"同形异实"，李平（2002）、徐莉（2008）称之为"形同实异"。

人们对同形异义词语的研究主要从概念意义、使用范围和感情色彩三个方面进行。这方面论述相对集中的是苏金智的《海峡两岸同形异义词研究》和侯昌硕的《从台湾当代小说看海峡两岸的同形异义词语》。

同形异义词语的区别，大致可以概括为以下几点：

第一，词形相同，概念意义不同。朱景松、周维网（1990）列举了"透过、管道、家教"等17个词，指出这些词在两岸的概念意义"完全不同"。严奉强（1992）列举了"工读生、书记、商场、强人、例假、休闲、师资、本科、影集"9个词，比较了它们在两岸的不同意义。以"工读生"为例，在台湾现代汉语中指的是半工半读的学生，大陆则指工读学校（即对有严重不良行为的未成年人进行专门教育的学校）的学生。台湾学者曾萍萍的《从汉字词汇运用看不同区域的文化衍变》一文也谈到了这一现象，文章以"小姐"为例，指出此词在台湾是"一般对女性的称谓"，在大陆则存在不同的理解，这一差异曾在相当程度上冲击了台湾民众的日常认知。

第二，词形相同，词义使用范围不同。这类词语又可以分为两种情况：一种是大陆普通话的使用范围比台湾现代汉语广；另一种则正好相反，即台湾现代汉语的使用范围比大陆广。就前者来说，严奉强（1992）以"健儿、扬弃、手紧、紧张"等词为例，比较了它们在两岸使用范围上的差异。比如"健儿"，台湾仅用于指称强壮的"男儿"；大陆则泛指一切敏捷而强健的人，特别是英勇善战或长于体育技巧的人，没有性别之分。因此"健儿"在大陆的使用范围显然要大得多。就后者来看，侯昌硕（2000）分析了"开幕、花圈"等词。比如，台湾的"花圈"分为两种，白色的花圈是祭奠物品，红色的则是向先进人物敬献的花环；而大陆单指祭奠物品，使用范围缩小了一半。刁晏斌（2000）用较多的文字论述了"做、弄、干、搞、抓"等虚义动词在两岸的差异，其中"做"在台湾的使用范围比大陆广，而其他四个词的使用范围都比大陆小得多，有的甚至使用频率很低。此外，"曝光、分享、美貌"等词在台湾的使用范围也比大陆要广。

第三，词形相同，词义感情色彩不同。这类词语的概念意义差别不大，但是附加的褒贬及中性色彩有较为明显的差异。苏金智将两岸词语感情色彩的差异分为两类：一类是台湾属中性或褒义，大陆属贬义，如"不倒翁、大帽子、戴帽子、宗派、地方主义、地主"等；另一类是大陆属中性或褒义，台湾属贬义，如"专政、风暴、风潮、星火燎原"等。刁晏斌（2000）指出："弄、干"在大陆属于中性，在台湾带有贬义；"跑、一小撮、流窜、企图、侧目、揭发"等在大陆有贬义，在台湾属于中性或褒义。

关于同形异义词语的形成原因，人们主要从两个方面来论述。从社会的角度来看，与两岸的长期隔绝有关，汉语的构词语素是有限的，在描写新事物、新现象时，不可避免地会出现相同语素构词表达不同意义的现象；从语言本身来看，词语是运动的，始终处于发展变化当中，词义在演变过程中会产生扩大、缩小或转移等现象，由此也会形成同形异义现象。

以下主要从语言自身发展演变的角度来进行阐释与说明。

词义扩大是指两岸原本相同的词语，有一方"增加了新的意义"，另一方保持不变，由此造成同形异义（侯昌硕，2000）。一种情况是大陆变化，台湾沿用早期现代汉语，如"开幕"一词在大陆仅指会议开始，而台湾常用于会议以外的其他场合，如"新创办的商店开始营业"；另一种情况是台湾意思不变，大陆扩大，如"紧张"一词，台湾意思不变，大陆新增加了"供应不足，难于应付"的义项。

词义缩小是指两岸原本一样的词语，一方词义缩小，而另一方保持不变；或者双方都缩小，但缩小的情况不同，由此导致同形异义。比如"公仆"一词，大陆词义不变，仍指为公众服务的人，台湾则特指公务员，词义明显缩小；再如"仪仗队"一词，原本用于重要的国事以及婚丧喜庆活动，但现在两岸的使用范围都缩小了，大陆只用于重大的喜庆活动（主要是国事活动），台湾则仅用于丧事。

词义转移是指两岸原本相同的词语，在某一地发生转移或者双方都发生转移，从而导致同形异义。在一地发生转移的如"爱人"一词，该词在台湾没变，指恋爱中的一方，大陆则发生了转移，偏重指夫妻任何一方。此外，"文物、书记"等词也都属于此类（苏金智，1995）。两地都发生转移的同形异义词并不多见。以"拜拜"为例，"拜拜"的旧义"妇女行礼"两岸都已不用，两岸都用作 bye bye 的译音词，意指"再见"，大陆还产生了一些新用法，如指"恋爱吹了"或"夫妻离婚"。

此外，缩略及外来词语以及方言等的影响也是同形异义词语的形成原因。刁晏斌（2000）、苏金智（1995）都提到，两地描述"不同"的人或事物却使用了"相同"的缩略形式。如"劳保"，台湾指"劳工保险"，大陆指"劳动保险"或"劳动保护"。一地缩略、另一地不缩略也会造成同形异义。如"农会"在大陆是农民协会的简称，在台湾是以发展农村经济为目的的农民团体；"美人"在台湾常是美国人的简称，在大陆则是指容貌姣好的女子。

总体而言，词义演变是导致同形异义词语的最主要原因。苏金智（1995）从两岸影响较大的几部词典中选取了200个左右的同形异义词语，由词义演变导致的有156个，约占78%，而在这些词语当中，意义扩大的比重最大，共106个，约占词义演变类的68%。

（三）同义异形词语及其形成原因

同义异形反映的现象是两岸在表达相同的事物或概念时却使用了"不同形式"的词语（胡士云，1989）。其他的叫法还有"异形同实"（刁晏斌，2000）、"实同形异"（李平，2002）、"异形同义"（蒋有经，2006）及"形异实同"（徐莉，2008）。侯昌硕的《试谈海峡两岸的同义异形词语》在这方面论述相对集中，该文以台湾当代小说为语料，集中考察了台湾现代汉语与大陆普通话中的同义异形词语，并根据其内部结构进行了初步的分类。

根据词语形式上的差异程度，同义异形词大致可以分为两类：一类是词义相同、词形完全不同，另一类是词义相同、词形部分不同。

先看词义相同、词形完全不同的情况。朱景松、周维网（1990）以"侍者（台）—招待员（陆）、开麦拉（台）—照相机（陆）"为例，指出这类同义词在形式上差别比较大，最为明显的区别是词的构成语素完全不同。胡士云（1989）、朱广祁（1992）、严奉强（1992）、刁晏斌（1994）、苏金智（1994）、李文斌（1999）以及徐莉（2008）等都对这一问题有所论述。不过，这些论著多以列举典型例证为主，很少进行定量统计分析。

汤志祥（2001）、蒋有经（2006）和刘小林（2006）以不同的语料为基础，分别统计了两岸同义异形词语的数量和比例，各人使用的语料不同，最终的统计结果差别也比较大。其中，蒋有经统计的语料规模相对较大，蒋文从施光亨、李行健主编的《两岸现代汉语常用词典》以及魏励主编的《大陆及港澳台常用词对比词典》中统计出两岸有差异的词语约5200个，其中同义异形词语约占 1/4，而语素完全不同的同义异形词语约有 130 个，占同义异形词语总数的 10%；刘小林统计的此类语素完全不同的同义异形词为 50 个，占同义异形词语总数的 20.1%。虽然各家的统计数值有一定差异，但大体趋势是基本一致的，即在同义异形词语中，语素完全不同的只占很少一部分。已有研究还发现，差别语素常常有所联系。我们看到在已有的研究中，人们将更多的精力放在分析阐释差异语素的千丝万缕的联系上。

再看词义相同、词形部分不同的情况。两地在表达同一个意义时，使用的语素部分不同，换言之，也有部分语素是相同的。就内容而言，这部分同义异形词语更能体现两岸词语同宗同族的关系，其内涵更为丰富。从已有的论述来看，主要是从以下几个方面进行讨论：

第一，就位置而言，不同的语素可能在前面，也可能在中间或者后面，如"住民（台）—居民（陆）、三夹板（台）—三合板（陆）、举发（台）—举报（陆）"（朱景松、周维网，1990）。

第二，就语义关系来看，有些差异语素属于同义语素，有些则意义有所不同，如"工寮（台）—工房（陆）"（严奉强，1992），"寮"与"房"同义；"西元（台）—公元（陆）"，"西"与"公"意义并不相同。

第三，就语素的排列顺序来看，有一类词语素相同，但排列顺序正好相反，如"累积（台）—积累（陆）、诈欺（台）—欺诈（陆）"等（朱景松、周维网，1990）。

此外，也有从音节长度来讨论的。有些词语大陆音节多于台湾，还有一些台湾音节多于大陆。这方面的研究显得略少一些，究其原因，主要是这种情况下的同义异形词语比较"牵强"。说白了，一地是词，另一地可能是"短语"，严格来说，两地并不是词与词的对比，很可能是词与语的对比，如"教学年资（台）—教龄（陆）""杂讯（台）—无用信息（陆）"（刁晏斌，2000）。

两岸同义异形词语的形成原因，大致有以下几个方面：

第一，对语素的选择不同。这种差异比较突出地体现在同义、近义语素以及意义相关语素的选择上。汉语中存在大量同义及近义的语素，这就为构词提供了多种选择，如"捐血（台）—献血（陆）、易开罐（台）—易拉罐（陆）"中的差异语素"捐"和"献"、"拉"和"开"意义基本相同；另一方面，一个词常常涉及多个相关语素，构词时选择不同的相关语素，也会造成两岸词语的同义异形现象，如"障"和"疾"意义相关，它们与语素"残"组合，在台湾现代汉语中形成"残障"一词，在普通话里则组成"残疾"。

第二，命名角度不同。两岸对同一个事物的认识角度有所不同，因而命名方式也就存在差异。大陆的"出租汽车"得名于工作的性质——出租，台湾的"计程车"得名于工作的方式——计程收费；台湾命名"交流道"侧重其功能，大陆称作"立交桥"则侧重其外形。

第三，台湾较多地继承早期现代汉语的形式与用法。如大陆在中华人民共和国成立前用"幼稚园"，在中华人民共和国成立后改为"幼儿园"；台湾则仍沿用旧称"幼稚园"（侯昌硕，1999）。台湾较多地使用了20世纪初的用法，而大陆经历了推广普通话运动，反映在词汇上，一个较大的变化是产生了大量新词，其中就有相当部分与台湾现代汉语词汇异形同义。

第四，两岸语言政策存在差异。大陆推行一系列语言政策（例如推广和普及普通话等），一些文言气息较浓的词语都被淘汰了，如"器重"替代了"畀重"，"不少"替代了"不赀"；与此相反的是，台湾对白话文普遍"缺少热心"，甚至有种"不自觉地抵触的倾向"，因而台湾保留了较浓厚的文言色彩，如"周遭（周围）、偾事（误事）"等词就是如此。

（四）几部常见的两岸常用词词典

以收录和解释两岸常用词差别为目标的词典从20世纪90年代就开始面世，21世纪以来逐渐增多，以下大致按照词典出版时间，稍作举例说明。

1.《大陆和台湾词语差别词典》

这本词典由邱质朴主编，南京大学出版社1990年出版。这是目前我们所见的最早的反映两岸词语差异的词典。这本词典收词约6000条。为方便读者阅读，正文分繁体字和简体字两部分。前一部分收录大陆特有词语，以繁体字编写，按注音符号顺序排列；后一部分收录台湾特有词条，以简体字编写，按汉语拼音音序排列。附录中还收录了国家译名差别表、首都译名差别表、部分世界名人译名差别表以及海峡两岸常见的同义或近义词语对应表。《大学图书馆学报》1993年第1期刊发了《〈大陆和台湾词语差别词典〉受到海内外广泛好评》一文，文章指出，该词典的出版受到了《人民日报》（海外版）、《瞭望》（海外版）、《广州日报》等报刊的介绍与推荐，香港《大公报》、台北《联合报》等都发表书评，盛赞该词典是"一部帮助两岸人民沟通语言隔阂、摒除交流障碍的必要出版品"。

2.《港台语词词典》

和邱质朴主编的《大陆和台湾词语差别词典》相比，黄丽丽等编著的《港台语词词典》（黄山书社，1990年版）收词规模略小，共约4000条，但词条涉及的地域范围有所扩大，除了台湾地区外，还涉及香港及澳门地区的词语。该词典名为"港台语词词典"，但在凡例中介绍收录对象却为"台、港、澳语词"。令人遗憾的是，在正文中，词典并没有对某一词语的使用范围作具体标注和区分，读者仅从释义和例句很难判断词语所属的言语社区。

3.《海峡两岸词语对释》

该书由中国标准技术开发公司编著，1992年出版。全书共收录词语5404条，其中港台词语5030条，大陆词语374条。条目的选择主要来自台湾报纸杂志、台湾出版的文学经济论著和词典，以及台湾小学、中学和高级中学语文课本等。该书对所收条目进行了简单的释义，对所有词条一一归类，主要包括成语、歇后语、方言、计量单位、科技用语、日常生活用语、书面用语、文言词、外来词、专有名词等几个类别，其中绝大多数词语属于日常生活用语。该书的编写目的是促进两岸之间科学技术、金融贸易、文化艺术以及旅游等方面的深入交流与合作。与其他语文词典相比，该书释义显得过于简略，也没有附列例句，对于词语的地域归属以"港台"统称，不作进一步区分。

4.《当代港台用语辞典》和《港台用语与普通话新词手册》

朱广祁连续编纂出版了两本港台词语方面的词典。

前一本是《当代港台用语辞典》（上海辞书出版社，1994年版），这本词典收录港台词语5000余条，以与大陆意义或情感色彩差异较大、影响理解、易生误会的语词为主要收录对象。该词典收词相对严格，作者在自序中说，"考虑到语词意义和立目的必要性"，一些在港台常见的古语词，读者可以在其他工具书中查找，该词典一般不收录。在正文中，词典对单个词语的使用范围作了必要的区分，正如自序中所说，"香港和台湾的词语"同样存在一些差异，所收词语均标注主要使用地区，有些词语还在"说明项"中标示了词形区别。

朱先生主编的后一本词典是《港台用语与普通话新词手册》（上海辞书出版社，2000年版）。和前一本相比，这本词典的定位发生了一定的改变。在前言里，朱先生提到，在过去的几年间，当代汉语词汇发生了较大的变化，内地产生了不少新词，这是港台人感到生疏的，因而这本词典的定位是"一本既能为内地人了解港台词语，也能为港台人了解内地新词有帮助的词语手册"。词典收录的既有"内地人感到陌生的港台词语"，也有"港台人感到生疏"的"内地新词语"。该词典篇幅不是很大，朱先生谦虚地说其"远远不是一部完备的词典"，因而只敢"称为手册"。朱先生期待能有一部包括港、澳、台在内的全中国语言学者共同编写的"收集最全、水平最高的当代汉语词典"。

5.《两岸现代汉语常用词典》

施光亨、李行健等主编的《两岸现代汉语常用词典》（北京语言大学出版社，2003年版）由北京语言大学与台北"中华语文研习所"合作编写，简体本和繁体本分别在大陆和台湾出版。该词典收词强调描写性、通用性和适用性。该词典收录海峡两岸共同的和特有的字和词（包括词组、成语等）共45000条，是目前我们见到的同类词典中收词最多的一部，其中两岸共用的条目42700条，大陆通用的条目1300条，台湾通用的条目1000条。多义项目中有大陆特有义项的条目550条，台湾特有义项的条目370条。

这本词典的编写工作从1996年开始，2000年春完成，2003年正式出版，历时七年。由于词典编纂不可避免地带有滞后性，这本词典也存在一些不足，如"对新词、新义收录不够"，对两岸语言及其运用的实际差异"反映不足"（刁晏斌，2012a）。

6.《21世纪华语新词语词典》

邹嘉彦、游汝杰编著的《21世纪华语新词语词典》（复旦大学出版社，2007年版）是第一部以华语为对象的词典，主要包括中国大陆（包括北京、上海、广州等地区），中国的台港澳地区，以及新加坡等其他国家或地区所使用的现代汉语，收词1500余条。该词典主要有以下几个特点：第一，基于大规模语料库。条目以香港城市大学的"中文各地共时语料库"（LIVAC）发掘的新词为基础，收录的新词一般不见于2000年以前出版的词典。第二，选词相对严格。只收录社会大众广泛使用的新词，不包括太专业的新科技语，仅在一个地区流行且例句不多的也不收，网络词语基本不收，已有词形有词义变化、词性变化、搭配关系变化的不视为新词，也不收录。第三，描写比较细致。词典总体条目不多，但是单个词条的描写比较细致，除了基本释义之外，词典还着力描写词语在使用上的地区差异（如词义区别、使用频率高低等），为条目提供相关背景知识。第四，例句鲜活具体。"释义使人时有别开生面之感"（刁晏斌，2012a），所举例证取自各地报章文本，有效地避免了自造例句的空洞与干瘪，在同一条目下分列几个地区的例句，能较好地体现词语在各地区的实际使用情况。

7.《全球华语词典》与《全球华语大词典》

李宇明主编的《全球华语词典》（商务印书馆，2010年版）是该类词典的集大成者，主要收录20世纪80年代以来各华人社区常见的特有词语。华人社区主要包括中国大陆、中国的港澳台地区，以及新加坡、马来西亚、泰国、印度尼西亚等东南亚国家的华人社区，此外还有日本、澳大利亚、美国、加拿大等国家的华人社区。词典收录世界各华人社区使用的华语词语约10000条。

《全球华语大词典》是在《全球华语词典》的基础上编写的，主编李宇明，商务印书馆2016年出版。这是一部反映世界主要华语区当代华语词汇面貌的语文辞书。该词典在编写过程中充分吸收了已有学术成果，基本反映了当代相关研究的最高水平，充分利用了计算机和互联网等现代化手段，提高了编纂的技术水平。该词典收录华语通用词语和特有词语约88400条，注明特有词语的使用地区和异名词语，同、异兼收，展示了丰富多样的华语词汇。

有学者认为，与《21世纪华语新词语词典》相比，《全球华语词典》"前进了一大步"（刁晏斌，2012a）。这主要表现在以下几个方面：第一，收词区域扩大。前者除了中国大陆，主要涉及中国港澳台地区以及新加坡等国家，后者则增加了马来西亚、泰国、印度尼西亚、日本等国家的七个言语社区。第二，收词条目增加。前者收词1500余条，后者约10000条，后者是前者的6倍多。第三，编写人员阵容强大。该词典共设五个编写组，每组都有主持一人，审定一到两人（只有"其他"一组无），成员三至五人，其中多有"名家宿学"（刁晏斌，2012a）。

由于电脑技术以及计算机普及程度的限制，早期的两岸常用词词典规模普遍不大，收词通常都在几千条。在早期的研究中，人们对香港、台湾及澳门地区词语的差别意识感不够强，对其差别也没有足够重视，因而有些词典在表述上常以"港台"或者"港澳台"统而概之，不作区分。随着计算机技术的普及，大规模语料库日渐成熟，"语料库在语言研究、词典编纂以及自然语言处理等领域"发挥出"重要作用"（常宝宝、俞士汶，2009），加上两岸交流日渐增多，两岸关系日趋缓和，这些因素都使两岸常用词词典编纂在21世纪发生了巨大变化。这些变化大致表现在以下几方面：

一是收词规模扩大。新编的词典收词普遍在10000条以上，有的甚至达到40000条至50000条。词典扩容的原因：①在新技术下，更多的差异词语被提取出来并进入词条；②考察范围扩大了；③由专收差异词语到同、异兼收。

二是编写人员结构改善。以往的词典编写主要依靠大陆的语言学者，现在则是两岸以至全球多个华语社区的语言学者共同参与，通力合作。

三是关注对象改变。以往的词典编纂主要集中在描写两岸差异词语，较少关注通用词语，这样一来，"差异"就在读者的心里被放大，似乎两岸词汇的差异真的有那么大。而事实上，两岸有差异的词条只占常用词语的很少一部分。目前出版的几本规模较大的词典都将通用词和差异词一并收入，这样的词典似乎能更好地体现两岸词语的整体面貌。

四是地区差异的细化。随着两岸语言研究以及全球华语研究的深入，人们对各个言语社区之间的差异观察得更为细致。和以往词典中某一词语多用于"港台""港澳台"等笼统描述相比，如今的词典在各个言语社区的使用上都进行了细致的区分。由此，人们也更容易观察到香港、台湾以及澳门言语社区词语之间的一些细微差异。

五是描写角度的多样化。以往的词典通常以释义和举例为主，对词语其他方面的描写比较有限。现在，人们还注意到其他一些差异，并在词典中从多个角度来描述它们，比如不拘泥于词义本身，在词典中介绍词语的相关背景知识。以《全球华语词典》为例，该词典在"芭乐"条下就介绍了相关背景知识："芭乐是番石榴的俗名。果实营养丰富，多吃能预防衰老，排除体内毒素。平均单果重380克以上，最大的可达550克。"此外，对于一些词语类聚，如外来词、方言词、缩略词、简称、缩写等，既介绍其来源，同时指出某词语在各个地区的使用差异（包括词义、词性、使用范围等），以及在各地使用频率的高低等。

二、海峡两岸词汇融合研究

两岸词汇的融合研究主要集中在以下三个方面：一是哪些词语产生了融合，二是融合的原因是什么，三是融合后对对方言语社区词汇产生了哪些影响。以下我们就这三个方面略作介绍。

（一）两岸产生融合的词语

两岸词汇的融合是双向的：一方面，台湾词语进入大陆，被大陆普通话吸收利用并有所发展；另一方面，台湾吸收了一些大陆普通话词语，其中部分词语在台湾使用还比较广泛，有的还有进一步的发展。

先看大陆吸收台湾词语的情况。徐幼军（1989）在两岸沟通伊始就注意到"一些台港词语被吸收进大陆普通话"，如"拓展、心态、走势"等。徐文认为这种现象说明两岸文化的交流已经有了"不小"的发展。张维耿（1995）也持同样的观点，张文列举了"互动、整合、研讨、资深"等一系列词语。这方面列举较为全面的当属李明（1992）的《港台词语在大陆的使用情况》。李文收集并罗列了大量用于报刊以及流行于口头的港台词语，如"领衔、运作、新潮、认同、体察"等。李文还试图比较大陆南、北方报纸在使用港台词语上的频率差异，结果显示，除了《人民日报》使用稍少外，北方的《光明日报》和南方的《南方日报》《羊城晚报》使用频率相差不大，这说明大陆吸收台湾词语在地域上是相对均衡、普遍的，并不局限于某一个地区。

再看台湾吸收普通话词语的情况。和前一类研究成果相比，这类文章似乎要少得多。20世纪90年代初，李明（1992）指出"高姿态、领导班子"等开始出现在港台的书报上。汪惠迪（2008）则以"忽悠"一词为例说明两岸的语词互动。"忽悠"因2001年央视春晚的小品《卖拐》而在大陆广为流传。2007年在央视《海峡两岸》节目上，台北大学郑又平先生在采访中随口蹦出"忽悠"一词。汪文认为"忽悠"是两岸词语"互动与融合"的体现。刁晏斌（2015a）认为，近年来普通话对台湾现代汉语的影响持续加大，这在台湾地区的语言规划、工具书收词、科技术语选择和确定以及日常语言运用等方面都有较为明显的表现。

（二）两岸词语产生融合的原因

两岸词语之所以能产生融合，主要有以下几方面原因：

第一，从社会方面来看，两岸日益密切的交流与沟通为词语融合提供了必备的社会条件。

由于历史原因，两岸自20世纪中期开始了几十年的隔绝，两岸的社会交流几乎处于停滞状态。社会的隔绝不仅带来了日常交际的中断，也带来了语言交流的停滞，在这种情况下，词语的融合根本无从谈起，更无法实现。

自20世纪80年代末开始，两岸的交流与沟通日益密切，两岸语言的接触也越来越频繁。在语言接触的过程中，词语的融合才有了可能。刁晏斌（2001）说，随着港台与大陆往来的频繁，港台词语大量涌入大陆。郑媛（2004）也提到："改革开放以来，随着大陆与港台地区交流的不断加强，越来越多的港台词语通过报纸、广播、电影电视、文学作品、流行歌曲等渠道渗透到普通话词汇体系中来。"在论及两岸词语的相关问题时，不少文章都有类似的表述。

第二，从语言本身来看，能够产生融合的词语都有其内在的合理性。

这种合理性主要表现在以下两个方面：一是对方被吸收和利用的词语填补了本方表达上的某种空白；二是在与"类似"表达的竞争中，吸收进来的词语更具表现力或更具独特性，由此为自己赢得了一席之地。

我们以大陆普通话吸收台湾词语为例说明。

先看前一方面。某些新事物、新概念在大陆原来"没有相应的词语"来表达（李明，1992），因此人们就直接采用了港台的说法。徐莉（2008）所举的"诉求、整合、解读、作秀"，以及郑媛（2004）列举的"星探、公关、氛围、创意、知名度"等词都属于此类。

再看后一方面。"大陆原来有相应的词语"，港台词语进入大陆后出现了"两者并存"的局面（刁晏斌，2001）。张维耿（1995）指出，最终被"吸收过来的词语"，"往往是富有表现力的"。张文举例说，现代汉语里原有"设想"一词，用来指不成熟的假定想法，而"构想"一词则是指经过周密思考提出来的想法，"带庄重色彩"，二者的语体色彩有所区别，所以将"构想"吸收进来。此外，邵鸿（2001）还列举了"认知"与"认识"、"态势"与"形势"、"水准"与"水平"，邵文认为引入的词语（前者）增加了一些书面语色彩，显得更为正式和文雅，而"发廊、发屋、发型屋、美发屋、酒店、酒楼、茶楼、写字楼"等则比普通话原有的"理发店（馆）、旅馆、酒馆、茶馆、办公楼"等词语多了一些新潮、现代的气息。

第三，从语言使用者的角度来看，追新求异、求雅尚简是两岸词语融合的心理原因。

邵鸿（2001）认为，像"收银台"（普通话中已有"收款处"）、"的士"（普通话中已有"出租车"）等同义异形词，"按理不存在进入普通话的必要和理由"，而且"港台地方的用词未必就比大陆好（虽然也不见得不好）"，但是人们偏偏"舍此即彼"，原因就在于"崇尚新奇、新潮的心理"。郑媛（2004）也有类似的表述："趋新求异、标新立异"是时尚的现代人的普遍心理，而港台词语具有"洋气、新潮、别样"的味道，正好迎合了人们的"好奇"心理，因而易于被人接受并迅速流传。郑文还提到，"茅厕、厕所"逐渐被"卫生间、洗手间、化妆间"取代，这是人们追求文雅的结果，而"交警"取代"交通警察"、"传媒"取代"传播媒体"、"研讨"取代"研究讨论"则是人们追求简洁、时效的结果。

（三）两岸词语融合产生的影响

两岸词汇融合产生的影响，主要包括以下几个方面：

第一，增加新词语。刁晏斌（2001）指出，在两岸词语融合产生的影响中，增加新词语这种情况最多，人们首先注意到并且谈论得也比较多。总的来看，这方面的论述主要有两类：一类是从宏观角度出发，将港台地区作为大陆新词语的一个重要来源；另一类是从微观角度入手，以港台单个词语为例进行个案分析，描写其在大陆的引进吸收过程及发展情况。

先看宏观角度的研究。随着港台地区与内地联系的日益紧密，"越来越多的港台词语进入内地"，并逐渐"被大众接受和使用"（张夏，2009），汉语的词汇面貌由此也发生了一定的变化。程娟（2001）统计了《现代汉语词典》（1996年版）中收入的1031个新词语，其中方言词语53个，这当中"大部分来自港台词语"。程文还指出，"普通话对港台词语的吸收远远高于对北方方言的吸收"。

再看微观角度的论述。李绪洙（1999）和杨玉玲（2004）都以港台新词

"秀"为对象，考察分析了它的源流和用法。两篇文章都指出"秀"是英语 show 在台湾的音译形式，港澳译为"骚"，词义为"演出、表演"。"秀"与"骚"都被引进大陆，由于这两个词原本含有一定的感情色彩（前者偏褒义，后者偏贬义），加上汉民族"望文生义"的心理，人们最终选择了"秀"并一直使用至今。类似的文章还有一些，比如白雁南（2009）描写了港台新词"撞衫"的产生及发展，艾红娟（2012）详述了"hold 住"的由来及流行原因。

第二，增加新义项。有一些词语，两岸有相同的词形，但意义有所不同，在融合过程中会吸收对方言语社区的义项，从而使原本的单义词变成多义词或者增加多义词的义项。以"来电"为例，该词在港台地区可以表示"异性之间怦然心动、互生好感"，现在这一义项在大陆已经比较普遍了（金其斌，2012）。此外，像"出炉""版""登场""写"等词也都属于此类。以"出炉"为例，该词原指从炉中取出某些东西（如面包、钢水等），在融合过程中又引进了一个新义项，指"发表、出现、产生"等（刁晏斌，2001）。

第三，改变词语使用频率。朱建颂（2006）讨论了"理念"一词，指出该词来自港台地区，在大陆广为流行，并被《现代汉语词典》2002 年增补本和 2005 年第 5 版收录，释义为：（1）信念（人生～）；（2）思想，观念（经营～｜文化～）。由于"理念"的引入和频繁使用，原有的"观念"一词的使用频率就有所下降。邵敬敏、刘杰（2008）以"手机"及其相关同义词群为研究对象，描写了这些词在不同华语社区的竞争及选择情况。"手机"一词最早（1996－1997）在大陆（文章考察的是北京和上海两地）成为最常用的词语，"大哥大"和"移动电话"逐渐被淘汰；而在台湾，根据 LIVAC（汉语共时语料库 http://livac.org/）的统计，当时最常用的是"行动电话"。在 2000 年之后，"手机"取代"行动电话"成为最常用的表达。文章在统计中提及的"最常用""次常用"等，最直观的表现就是使用频率的差异。此外，刁晏斌（2001）还提到，一些语气词（如"哇、噢、哟"等）原本使用并不多，因为受到港台地区的影响，结果"使用得明显多了"。

第三节　研究目标、研究方法及相关说明

一、研究目标

本书的研究目标，主要包括以下几个方面：

第一，从共时角度进一步细致描写两岸词汇的差异。这一工作旨在将现有研究中还比较粗糙的部分进一步细化。以词义为例，以往的研究常常以词为基本单位，很少深入词义内部，而两岸词语在意义上的区别很多都体现在义位甚至义素（即语义特征）中。我们以张志毅、张庆云（2005）的义位理论为基础，分别考察两岸词语在基义、陪义及义域上的差异，这是将义位理论运用到两岸词汇对比研究中的一次有益尝试。我们提出的两岸词语义域间的包含、交叉、重合和相离关系，从某种角度来说也是对原有理论的补充。

第二，从历时角度梳理两岸词汇各项差异的形成以及发展过程。正如前文所说，两岸词汇在当下呈现的差异是在其历时发展过程中形成的。因此，对于研究者而言，不仅要知道哪些现象存在差异，更要知道这些差异是如何形成的，这就需要用历时的视角进行梳理，一步步描写相关现象的发展变化过程，并梳理、解释引起变化的各种原因。到目前为止，这样的工作开展得非常有限，本书将从一些具体现象出发，从语料中分析并呈现词语的具体演变过程，希望能使现有的研究有所发展、有所进步。

第三，对词语融合现象进行界定、分类和描写。与词汇差异研究相比，融合方面开展得相对较少，研究成果零散、薄弱且不成系统。研究融合现象，首先，需要进行概念界定，即回答何谓"融合"；其次，要对融合的进程及其程度进行划分，以此来确定某一词语融合的阶段性特征。由此，我们提出了"融合度"的概念，同时，对不同融合度词语的总体特征进行概括和归纳。在具体研究中，我们由具体词语入手，通过历时语料考察、描写两岸词语相互吸收的动态过程，并分析其内在的原因与机制。

二、研究方法

本书的研究方法主要有以下三种：一是共时与历时相结合，二是定性与定量相结合，三是描写与解释相结合。

（一）共时与历时相结合

共时研究是在一个相对静止的状态下观察语言的各个要素以及各要素之间的关系，历时研究则是在一个运动的时间态里观察语言要素以及各要素之间关系的发展变化情况。以往的两岸词语对比研究主要在共时平面展开，历时研究开展得很不够。这样一来，就直接导致人们只知道当下的差异和融合现象有哪些，却不清楚这些现象是如何形成的。

我们的工作就是要把共时和历时这两方面结合起来，一并运用到两岸词汇对比研究中。无论研究差异还是融合，都要从这两个方面着眼与着手，即在共时平面描写差异或融合的现状，在历时平面梳理差异或融合的形成过程并分析差异或融合的形成原因。以"熊猫"和"猫熊"为例，我们首先从共时平面描述了这两个词在两岸的使用情况，即大陆只用"熊猫"而基本不用"猫熊"，台湾则是"熊猫"和"猫熊"二者都用，这组词在两岸的对比关系是一对二，即"猫熊"（陆）——"熊猫"/"猫熊"（台），这一描述修正了部分辞典所说台湾仅用"猫熊"的说法；同时，从历时角度梳理了这两个词在两岸的不同发展过程，由动态变化揭示当前差异的具体成因。

（二）定性与定量相结合

定性研究是运用归纳、分析、概括等方法对语料进行"思维加工"，旨在揭示语言现象的本质、特征及内在规律，这样的研究主要解决的是"有没有"以及"是不是"的问题，常见的定性研究方法包括观察法、直觉与内省判断法、个案研究以及采访法（张廷国、郝树壮，2008）。

定量研究是运用概率、统计等原理来说明语言现象在数量、比例、频率等方面的量化特征（郭熙，2004），定量研究的核心元素是数据。在现阶段，定量研究常常是基于语料库而展开的。

在研究中，这两种方法并不是相互排斥的，相反，二者是可以互相结合、互相补充的，本书的研究就建立在二者结合的基础之上。以两岸同素异序词研究为例，从定性的角度来说，常见的工作包括两方面：一是列举所见的例词，二是通过对一组组例词的分析来概括两岸同素异序词中存在的普遍规律。从定量的角度来说，可以在大规模语料库中统计每组词在两地使用数量、使用比例以及使用频率等方面的基本情况，这些量上的数据可以帮助我们矫正已有的定性认识，包括确认哪些词应该看作同素异序词，哪些则应从中剔除，也包括处于同素异序关系中的每个个体是仅在一个言语社区使用，还是在两个言语社区共用，两地是否存在共用词现象，等等。

（三）描写与解释相结合

所谓"描写"，指的是通过"细致而恰当"的描述展示语言现象的基本面貌，并从中总结归纳出规律性的东西；所谓"解释"，则是通过合理的阐释来揭示语言现象背后的原因。正如范晓、张豫峰（2008）所言，前者是让人知其然，后者是让人知其所以然。在语言研究中，这两种方法常常是交织在一起的，"只有充分描写，才能有充分的反映"，"只有充分解释，才能有充分的认识"（邢福义，1991）。对于本书的研究来说，描写与解释同样重要。

就描写来说，一方面要从求异的角度出发，去观察两岸词语在词形、词义以及用法上存在的种种差别；另一方面要从求同的角度出发，去考察两岸词语在哪些项目上发生了或者正在发生融合性变化。无论是求同还是求异，都是为了全方位、多角度、全面而细致地展现两岸词语在当下的真实状况。

就解释来说，一方面要解释差异和融合现象产生的原因，另一方面要解释形成差异和产生融合的具体过程，后者也可以看作对过程的一种描写。充分解释，可以使人们对现有的现象有进一步的认识，不仅知道语言变化的结果，同时还了解语言现象的形成过程以及诱发语言发生变化的各种原因，进而对将来进一步可能的发展作出合理的预测。对于语言研究来说，只有描写充分、解释充分，才能真正、深入、透彻地了解语言现象。

三、相关说明

以下是关于本书研究及写作的几点说明：

第一，本书的整个研究过程是在现代汉语史的框架下进行的。现代汉语的发展变化在很长一段时间里一直是一个"三不管"地带：研究汉语史的，通常只谈到"五四"时期前后；研究近代汉语的，下限最晚到清代；研究现代汉语的，通常也不涉及这方面的内容。因而，这方面的研究存在很多空白。

1992年，刁晏斌在香港《语文建设通讯》上连续发表了《关于现代汉语历史发展研究的构想》（第36期）和《现代汉语历史发展的初步考察——以巴金的作品为例》（第38期）两篇文章，提出了"现代汉语历史发展研究"的设想，试图用"史"的眼光来观察现代汉语的发展变化。

在进行较多尝试性研究后，刁晏斌（2000）正式提出"现代汉语史"这个概念并对其进行界定：现代汉语史是"以现代汉语的历史发展演变及其规律为研究对象的现代汉语的一个分支学科"，其核心内容是全面考察现代汉语各要素的发展演变过程，分析和解释造成发展演变的内外部原因，并对发展演变的规律加以总结。刁晏斌将现代汉语的发展演变过程分成四个阶段：第一阶段是1919年"五四"时期到1949年中华人民共和国成立，第二阶段是中华人民共和国成立后到1966年，第三阶段是"文革"时期（1966—1976），第四阶段是改革开放以后。

本书谈到的两岸词语的差异很大程度上是从第一阶段发展而来，并在第二、三阶段实现，两岸词语的融合则主要在第四阶段内开始出现并一直进行。

第二，本书强调在宏观建构下着力进行微观考察。正如前文所说，本书的上上位概念是"早期现代汉语的分化及变迁"，上位概念是"早期现代汉语在台湾的发展演变"，同位的概念包括"早期现代汉语语法在台湾的发展演变"等。虽然本书选题在以上的三级体系框架内处于底层，但它其实仍然是一个非常大的研究课题。无论是差异研究，还是融合研究，任何一方面内容都不是一篇论文或者一本书能容纳下的，这就决定了本书的写作不会是面面俱到的穷尽式考察，而是在宏观框架下结合具体语言现象作微观考察，通过点面结合的方式来呈现当今台湾现代汉语词汇的总体面貌。

在写作中，每章前几节主要从宏观的角度来进行分类并通过举例的形式来进行论证，每章设有"个案研究"，围绕该章涉及的语言现象选取一到两个点进行尽可能细致深入的剖析，希望通过这样的方式来使读者对相关问题的认识再加深一步。

第三，本书在描述词语的使用情况时经常会用到"使用量"一词，这是从数量上考察词语的使用情况后所作的表述。我们在考察时一般有两个角度：一个是统计使用次数，另一个是统计使用频率。相比之下，使用频率更科学、更严谨。但是，受客观条件限制，我们使用的语料库很多都是以在线检索的方式运行，这种方式的检索结果一般只提供词语出现的次数，基本不提供所使用语料的总体规模，因而很多时候无法准确统计使用频率，此时文中以使用次数作为参考标准只能算是一种退而求其次的选择。

第四，本书所用语料以两岸报刊为主，基本不涉及口语语料，也较少使用文学作品语料。考虑到语体的问题以及两岸语料的可对比性，本书在语料分析及例句选择上以报刊为主。部分语料库包含了多种语体，我们在参考时也主要依据报刊材料。出于精简表达等考虑，如无特殊必要，中华人民共和国成立后的语料一般只标注"大陆"或"台湾"，不注明具体报刊名称。此外，为使读者关注语料本身的语言学价值，而不是更多地关注语料中牵涉的人物信息等，必要时，本书一般用"＊＊＊"代表语料中出现的具体人名。

第五，我们在进行个案研究时，需要从历时的角度梳理词语的来龙去脉，为便于表述，以1949年中华人民共和国成立为分界点，把在此之前的时间统一概括为两岸隔离前，在此之后再区分为隔离后的大陆和台湾，这里不从历史的角度作更细致的探究。

此外，为了节省篇幅，我们把《现代汉语词典》简称为《现汉》，在未作特别说明的情况下，均指第7版；把《重编国语修订本》简称为《重编》。在引述相关词典的释义时，一般都标注词典和页码，由于《重编》修订本使用的是网络版，因此不标注页码。

第四节　语料来源

语料是语言研究的基础，拥有大量真实可靠的语料无疑会给研究工作带来极大的便利。对于两岸语言对比研究来说，除了大陆普通话语料之外，还需要获取大量台湾语料，而后者无疑难度更大、困难更多。

自20世纪80年代末开始，语料问题一直是困扰两岸汉语对比研究者的一大难题。有学者介绍说当年的语料是借着赴台开会背回来的一摞摞报纸。

时至今日，这一问题已有较大程度的改善。近年来，语料库建设深受相关机构及研究者重视，不少语料库都可以应用到两岸语言对比研究中。在常见语料库的基础上，我们又搜集到了一些"新"语料库，这些语料库在此前人们的研究中较少使用，所以人们也较少提及，有的甚至无人提及，但它们对研究来说却大有助益。以下对本书使用的主要语料来源作简单介绍。

一、大陆语料

我们常用的大陆语料库主要有以下几个[①]：

一是北大 CCL 语料库（http://ccl.pku.edu.cn:8080/ccl_corpus/）。这是研究者最常用的语料库之一。该语料库目前的规模已接近 8 亿字，其中古汉语语料 2 亿字，现代汉语语料近 6 亿字。按照时间先后，现代汉语语料分为现代和当代两部分，现代部分以戏剧和文学作品为主，当代部分比较复杂，包括口语、史传、应用文、报刊、文学、电视电影、相声小品、网络语料及翻译作品等。需要说明的是，文学部分不仅包含大陆作家作品，还有台湾和香港作家作品，涉及的作家有琼瑶、白先勇、林清玄、金庸、张小娴以及梁凤仪等。

二是国家语委现代汉语通用平衡语料库（http://www.cncorpus.org/CCindex.aspx）。该语料库主要收录 1919 年以来的语料，总体规模约 1 亿字符，收录内容包括教材、人文与社会科学语言材料、自然科学语言材料、报刊以及各类应用文等。从语料时间来看，1919 年至 1925 年约占 5%，1926 年至 1949 年约占 15%，1950 年至 1965 年约占 25%，1966 年至 1976 年约占 5%，1977 年以来的部分约占 50%。

三是北京语言大学 BCC 语料库（http://bcc.blcu.edu.cn/）。这是目前可以免费使用的规模最大的语料库，总字数约 150 亿字，其中文学、微博、科技类语料各有 30 亿字，报刊、古汉语各有 20 亿字，综合类约 10 亿字。该语料库最有特色的是查询模式的多样化，除了常见的字串、词串外，还包括词性的组合等。

四是中国传媒大学有声媒体文本语料库（http://ling.cuc.edu.cn/Raw-

[①] 除个别情况外，书中数据多为 2014—2015 年检索结果。

Pub/）。该语料库主要收录流通度大、年度间比较连续的广播、电视节目转写文本，时间范围为 2008 年至 2013 年，总字符数约为 2.4 亿。在检索时，可以针对媒体、级别、单位、形式、栏目、频道、主持人等项目进行限定。

五是《人民日报》图文语料库（http://data.people.com.cn/directLogin.do）。该语料库的优点是可以检索该报 1946 年创刊以来的全部数据，缺点是便捷性不足，返回的检索结果是包含有关键词的文章标题，而不是例句本身，在面对大量用例时需要逐一翻页浏览，比较耗费时间。

六是《光明日报》图文电子版（1949—2013）（http://gmrb.egreenapple.com/）。这是一个提供数十年连续数据的语料库。在进行"时段检索"时，《光明日报》数据库的便捷性略好一些。出于研究的需要，我们下载了 1949 年 6 月、1959 年 6 月、1969 年 6 月、1979 年 6 月、1989 年 6 月以及 1999 年 6 月的全部语料，共 7722 篇，合计 556 万余字。

七是中国知网报纸库（http://www.cnki.net/）。这是目前最为常用的获取报纸语料的途径之一。该语料库最显著的优点是容量大、覆盖面广，收录了国内公开发行的 500 余份报纸，包括《人民日报》《光明日报》《经济日报》《工人日报》《新华每日电讯》《华夏时报》《北京日报》《北京商报》《天津日报》《秦皇岛日报》《临汾日报》《深圳特区报》《合肥日报》等。此外，该库还提供"摘要"显示功能，包含有关键词的例句可在检索页面以红色文字高亮显示，还可以按年度提供关键词的使用数量。不过，该库的覆盖时间不是很长，目前只能提供 2000 年以来的数据。

八是瀚堂近代报刊数据库（http://www.neohytung.com/）和全国报刊索引数据库（http://www.cnbksy.com/shlib_tsdc/index.do）。这两个数据库的特色是语料的覆盖时间比较长，且规模也比较可观。瀚堂近代报刊数据库以图文对照的形式收录了约 800 万笔资料。全国报刊索引数据库可以提供 1933 年以来的全文数据，包括晚清期刊全文数据库（1833—1911）、民国时期期刊全文数据库（1911—1949）、现刊索引数据库（1950 以后）等。

此外，不少报刊媒体也在网络上提供电子全文检索服务，以下按照地域分布分别介绍北京、湖北以及广东的部分网站：

一是中青在线（http://search.cyol.com/advsch.htm）。该系统包含了《中国青年报》《青年商旅报》《青年时讯》《青年参考报》《资讯》等五份新闻报刊，网站没有提供检索说明，语料的覆盖时间无从知晓，在使用过程中，至少见到了 2001 年以来的用例，这些检索结果默认按时间由近及远排列。

二是荆楚网（http://www.cnhubei.com/）。该网站提供多份报纸链接，其中，《湖北日报》《楚天都市报》《楚天金报》《三峡晚报》《楚天快报》《楚天时报》等报纸均提供在线检索服务。由于各家报纸的检索系统并不完全相同，且都没有具体说明检索结果的起始时间，因而无从判断语料的时间范围。在使用中，我们在《楚天都市报》里看到过 2007 年以来的用例。此外，该网站还提供了湖北省内一些县市的报纸，如《黄冈日报》《荆门晚报》《襄阳晚报》《孝感晚报》等，不过这些报纸在检索中基本都有时间限制，如《襄阳晚报》就只能提供当年的检索结果。

三是大华网（http://www.dahuawang.com/）。该网站提供《汕头日报》《汕头特区晚报》和《汕头都市报》的相关链接，这三份报纸采用大致相同的检索系统，可以提供 2009 年以来的用例，只是输出的结果并不依照由近及远或者由远及近的时间顺序排列，因而显得比较混乱。

类似的网站还有一些，比如湖南在线可以链接湖南省的一些报纸和论坛，大洋网可以提供《广州日报》《番禺日报》《信息时报》和《羊城地铁报》的检索路径。一般来说，这类网站提供的电子全文时间跨度都不大，检索功能也比较简单，多数媒体不能自定义条件检索，因此检索效果要逊色于专门的报纸语料库。

二、台湾语料

和大陆语料相比，台湾语料的获取就显得困难得多，尤其是在前些年，一方面大型语料库很少，另一方面部分台湾报纸在获取时存在一定的障碍。因此，之前的研究常常是自建语料库，比如侯昌硕（1999）自建了 500 万字的台湾当代小说语料库，孙雁雁（2011）根据台湾偶像剧《恶作剧之吻》（上、下两部共 52 集）建立了一个台词语料库，马静（2011）收集了台湾《醒报》新闻网"今日必读"栏目 2010 年 3 月至 6 月间的全部新闻稿，并将其作为一个独立的语料库。

本书在写作过程中使用的台湾语料库主要有以下几个：

一是台湾研究院现代汉语平衡语料库（http://asbc.iis.sinica.edu.tw/）。这是两岸对比研究中使用最为广泛的台湾语料库，目前已更新至 4.0 版本，语料规模扩大为一千万词，语料时间为1981年到2007年。语料库共有19247篇文章，覆盖文学、生活、社会、科学、哲学及艺术等六个主题，包含139万句数，1100余万个词数（word token），近24万个词形（word type），该语料库对所有语料进行分词处理并进行词类标记。

二是台湾新闻智慧网（http://mylib.nlc.gov.cn/web/guest/home）。这个网站在相关研究中很少被提及。该数据库由台湾汉珍数位图书股份有限公司研发，其特点主要有两个：一是覆盖面广，收录了台湾多个报刊媒体的语料；二是语料时间跨度大，这些报纸一般都能提供20世纪90年代以来的数据，部分报纸的时间跨度更长一些，比如《联合报》可以上溯到1951年。本书所用的台湾新闻智慧网的相关语料及数据等，是通过国家图书馆网站登录并获取的。

三是联合知识库（http://www.udndata.com/）。主要收录1951年以来的台湾新闻资料，包括《联合报》《经济日报》《联合晚报》《民生报》《星报》等，总体规模超过1100万篇。值得关注的是，该网站收录的《联合报》包含了自创刊以来的全部数据，覆盖时间长达七十余年。为便于研究，我们按十年一个间隔从1952年起依次获取了1962年、1972年直至2012年的部分语料，每年100万字，共计700万字。

四是中文词汇特性素描系统（http://wordsketch.ling.sinica.edu.tw/）。这个网站以十四亿字的LDC Chinese Gigaword语料库为基础，提供关键词查询、词汇特性素描（word sketches）、近义词分析等内容。

五是至善繁体汉语语料库（http://cloudtranslation.cc/corpus_tc.html）。这是近年刚上线的一个大规模语料库，由厦门大学史晓东等开发，收录的台湾语料约18亿字，其中分词语料约8亿字，主要来自gigaword cna（1991—1994）。

除专门的语料库外，台湾部分报刊网站也提供检索服务。此外，通过台湾雅虎奇摩新闻也可以进行检索，这个搜索引擎覆盖的对象相对较广，除了常见的主流报纸外，还包括"钜亨网""民视""TVBS"等网络媒体，yam天空部落、Xuite、Pchome、Roodo、Blogger等台湾常用博客也在搜索范围之内。

在两岸语料特别是台湾语料的获取过程中，各种局限性及不稳定性是表现突出却又很难解决的问题。在本书写作过程中,《光明日报》为北京师范大学图书馆提供了历时报纸语料库试用版,这为我们的研究提供了极大的方便,同时缓解了大陆历时语料过于依靠《人民日报》图文数据库的局面。然而,试用结束后,这项服务就无法继续使用了。大陆语料如此,台湾情况更甚。台湾联合知识库需要付费才能下载原文,中文词汇特性素描系统需要申请账号,等工作人员审批后才能使用,台湾本地的不少报纸因为一些原因常常无法正常访问,就连书中用到较多的台湾新闻智慧网,也因国家图书馆不再采购而无法访问并更新数据,给本书的修改和完善留下了莫大遗憾。我们期盼新的两岸汉语对比研究大规模历时语料库早日面世,助力两岸语言对比研究乃至全球华语对比研究,使之更上一个新台阶。

第二章　海峡两岸差异词词形研究

- 第一节　海峡两岸特有词语研究
- 第二节　海峡两岸同义异形词语研究
- 第三节　个案研究（一）
　　　　——海峡两岸同素异序词考察
- 第四节　个案研究（二）
　　　　——对"熊猫"和"猫熊"的历时考察

海峡两岸词语在形式上的差异自 20 世纪 80 年代中后期起就引起了人们的关注。胡士云（1989）指出，有些事物或现象在台湾已经有了比较固定的表达，但是大陆还没有；还有一些词在表达相同事物或概念时，两岸使用了不同的形式。之后，朱景松、周维网（1990）以及严奉强（1992）等都有类似的论述。这实际上反映出两岸词语在形式上的两种差异：一种是两岸特有词语，即该形式仅在某一个言语社区使用；另一种是同义异形词语，即两岸用不同的词语形式来表达同一个事物或概念。

在本章中，我们先对两岸特有词语以及同义异形词语进行分析，然后就词语形式方面的问题进行个案研究，一个是对两岸同素异序词的共时考察，另一个是对同素异序词"熊猫"和"猫熊"的历时考察。

第一节　海峡两岸特有词语研究

关于两岸特有词语，我们主要从概念界定、常见类别以及大致数量三个方面进行讨论。

一、两岸特有词语的界定

两岸特有词语，是指仅在大陆或台湾某一个言语社区出现，而对方言语社区没有的词语。有人用"此有彼无"和"此无彼有"来概括（许蕾，2014），也有人称之为"单区词语"（汤志祥，2001）或"一方独有而对方所无的特有词"（李行健、仇志群，2012）。需要强调的是，这里的"特有"是就词形而言的，也就是说对方的言语社区没有该词形。

二、两岸特有词语的类别

从形式上说，两岸特有词语仅在某一个言语社区使用，但是从所指来看，其实包含了两种截然不同的情况。

第一种情况是词语的所指为一方所独有，其反映的事物或现象对方的言语社区基本没有，因此该词在对方的言语社区也就没有产生和存在的必要。在相互隔绝的近四十年里，两个言语社区各自经历了巨大的社会变化，词语作为"时代变迁的镜子"，以"最迅速、最直接、最充分"的方式投射出社会的发展（张德鑫，2000）。由于两地在政治制度、经济发展、文化教育等方面存在很大的差别，因而新产生的词语形式也就大不相同。

就大陆言语社区来说，相互隔绝的几十年正是社会剧烈变化的时期，每一个历史时期都产生了特殊的政治、经济、文化等现象，大量新词语就应运而生。从时代先后来看，中华人民共和国成立初到20世纪50年代末至60年代初出现了"糖弹、布拉吉、极右、穷棒子、人民公社"等词，十年"文革"期间出现了"造反派、天天读、工宣队"等词（姚汉铭，1998），改革开放之后又出现了"下岗、商品房、软着陆、再就业"等词（王首程，2003）。这些产生于特定时期、以新的形式反映社会面貌的词语，在当时仅活跃于大陆言语社区，台湾言语社区基本不用。即使从今天来看，这些词语中有很多仍然不被台湾民众知晓，当然也就更谈不上使用和发展了。

在台湾言语社区中，也有一批这样的词。朱景松、周维网（1990）指出，由于台湾的社会历史背景及其他条件与大陆有所不同，台湾现代汉语中形成了一些大陆没有的词，如"荣民、眷村"等，这些词所反映的事物或概念仅存在于台湾言语社区，大陆言语社区没有类似的事物或概念，也就没有存在的必要。

第二种情况是词语的所指双方都有，但是一个言语社区进行了适当的概括，另一个言语社区却没有，同时找不到一个与之"语义等值"的对应单位。李行健、仇志群（2012）以"奥步"为例，指出该词的概念义"指不好的招数，即阴招、损招"两个言语社区都有，但是台湾现代汉语中用"奥步"这一词形对此加以概括，而在大陆很难找到一个"唯一性"的等值单位与之对立。

在台湾，与"奥步"相似的词来源广泛。有的来自台湾现代汉语本身，如"败部"指失败的一方，"出养"指将孩子送出的一方（和"收养"相对）。也有的来自方言或外来语，前者如"白目"，多用来嘲讽人不懂察言观色，来自闽南语；后者如"阿莎力"，形容人做事干脆利索、讲义气、爽快，来自日语あっさり，而"安可"指观众在表演终结时要求演员或歌手再表演一次，是法语 encore 的音译。

在大陆，也有一些类似的词语。如"白班儿"，指白天工作的班次，与"夜班儿"相对，来自普通话本身；"忽悠"指（针对对方心理）用动听的言辞诱使人上当，源于东北方言；"驴友"指户外运动爱好者，也指通过旅游认识的朋友，来自网络用语。这些概念台湾地区也都有，但从表达上还没有一个完全"等值"的词与之对应。

三、两岸特有词语数量考察

虽然不少文章都提到了两岸特有词语，但是这类词语究竟有多少，目前并没有一个非常准确的数字。汤志祥（2001）曾从各种报刊、书籍中收集了 2079 个台湾"区域词语"，但是这些词语中有许多都不大常用，即使是在台湾大规模语料库里也鲜有用例，如"冗费、起佃、搁稻"等。

为了有一个量上的认识，我们对《两岸现代汉语常用词典》中的特有词语进行了统计，条目前标★号的是大陆特有词语，标▲号的是台湾特有词语。其中，大陆特有词语共 1015 个，台湾特有词语共 724 个，二者合计 1739 个。按照词典中的先后顺序，这里分别列举前 100 个左右。

大陆特有词语：

嗳气、拔罐子、白条子、白鱼、扳不倒儿、班车、般配、板结、板蓝根、半脱产、半文盲、帮闲、包产、包干儿、包圆儿、包桌、保镖、报道、报批、抱粗腿、杯赛、背包袱、备不住、背静、钡餐、被动吸烟、被罩、呗、枨、本科生、本色、奔命、奔头儿、嗙、鼻涕虫、笔体、闭卷、篦子、避孕套、边贸、边民、编外、编余、扁桃体、苄基、变蛋、变态反应、遍览、便携式、便宴、表演唱、冰场、冰激凌、丙种射线、病休、拨浪鼓、趵、趵趵、剥削阶级、鲌、卟、卟吩、补液、埔、财权、采暖、彩扩、菜花水、菜窖、菜牛、参数、操办、碴、苫、苫子、猹、楂、楂子、差不点儿、差事、柴鸡、长线、厂矿、厂商、厂休、抄手、超标、超产、超常、超短裙、焯、剿、车皮、抻面、成龙配套、城防、乘警、乘务员、程控、程序控制

台湾特有词语：

阿兵哥、阿公、阿婆、爱现、安老院、安宁病房、安亲班、安养院、芭乐、白粉、摆乌龙、拜拜、拜票、宝特瓶、保留地、报备、报关行、爆笑、

本岛、比对、弊案、便利商店、飙车、飙涨、冰棒、博爱座、搏命、不良少年、步道、财团法人、采认、菜鸟、菜头、餐会、草根大使、层峰、层面、长黑、长红、车体广告、车厢广告、吃螺丝、褫夺公权、出糗、除役、穿帮、闯空门、次日递、窜红、窜升、存证信函、搭调、打歌、打恭作揖、打广告、打拼、打压、打知名度、大陆妹、大麻烟、大牌、大盘、大有助益、大众捷运系统、担纲、单眼相机、单元剧、党鞭、党工、当2、倒会、倒吃甘蔗、低迷不振、滴滴金儿、底案、地标、地理师、地目、地上权、地上物、地摊货、地下钱庄、地下铁、第八艺术、第二春、典试、典狱长、电传视讯、电浆、电联车、电玩、电子锅、电子看板、钓友、爹地、跌破眼镜、碟仙、动作片、动作演员、都会区

《两岸现代汉语常用词典》收录了两岸通用的和仅在一个言语社区通用的词语，共计 45000 条，这里统计的两岸特有词语总计 1739 条，只占全部词条的 3.9% 左右。在被收录的条目中，以下一些现象须引起注意：

第一，部分词条已经在两岸产生融合，目前已不属于两岸特有词语。例如，台湾特有词"第二春"指"离婚后的恋爱或婚姻"，也可以指"事业的第二次高潮"。近年来，该词在大陆使用广泛，《现汉》第 6 版就已将其收录，说明其已不再属于两岸特有词。类似的还有"菜鸟、打拼、大牌、担纲、动作片"等，这些词也全被收入《现汉》第 6 版当中，目前已经成为两岸通用词。此外，大陆特有词中的"钡餐、拨浪鼓"等目前在台湾也有使用，《重编》也将它们收录其中。

第二，部分词条纳入同义异形词可能更合适。例如，台湾特有词中收了"菜头"一词，释义为"萝卜"，在"菜头"和"萝卜"这两个词当中，"菜头"是台湾特有的形式，"萝卜"是两岸通用的形式，二者之间的关系是"萝卜（陆）—萝卜/菜头（台）"；类似的还有大陆特有词中的"冰激凌"，该词在两岸还有一个通用形式"冰淇淋"，这二者之间的关系是"冰激凌/冰淇淋（陆）—冰淇淋（台）"。李行健、仇志群（2012）在谈及两岸合编语文词典的感受时曾说，在编纂《两岸常用词典》时将"掰腕子"一词处理为大陆独有词形，其实是留有遗憾的。他们觉得台湾应该也有这种运动，但是叫什么一时间查不到，只好"暂付阙如"。后来他们从台湾友人那里得知叫"比腕力"，因此，"掰腕子"和"比腕力"看作同义异形词语更为合适。

第二节　海峡两岸同义异形词语研究

关于两岸同义异形词语，我们主要从概念界定、主要类别以及数量三个方面进行讨论。

一、两岸同义异形词语的界定

所谓"同义异形词语"，是指在表达同一事物或概念时，两岸存在不同的词语形式，这一现象也被称为"异形同实"（刁晏斌，2000）、"实同形异"（李平，2002）、"异形同义"（蒋有经，2006）、"形异实同"（徐莉，2008）等。需要说明的是，这里的"同义"是对该组词语中的所有义位而言的，即不存在差异义位；同时，"同义"仅用来指概念义大致相同，基本不考虑陪义等其他方面的差异。

二、两岸同义异形词语的类别

两岸同义异形词语的类别可以从形式和数量两方面加以考察与说明。

所谓"形式"，其实是从语素的角度比较两岸词形的差异，如语素完全不同、语素部分不同，以及语素相同，但顺序正好相反等。这些问题已经受到人们的关注，研究成果也有不少。所谓"数量"，其实是探讨处于同义异形关系中的一组词语，在两个言语社区可能涉及的个数。简单来说，就是看是一对一、一对二还是其他数量的对比，这方面人们关注得比较少。从表面上看，这只是代表了一组一组简单的数量关系，但从本质上说，它反映的是两个言语社区的词语使用状况。一对一代表的是一种无交叉的对立关系，即A—B；一对二则代表两种情况，可能有交叉词（如A—A/B），也可能没有交叉词（如A—B/C）。把握这种数量对比，在某种程度上可以进一步增加我们对双方言语社区语言使用状况的基本了解和认识。

（一）基于形式的划分

根据在形式上的差异程度范围，两岸同义异形词语大致可以分为三类：一是意义相同，形式完全不同；二是意义相同，形式部分不同；三是语素相同，顺序正好相反。

先看第一类。这类词语反映的情况是：在表达同一事物或概念时，两岸使用的词语形式完全没有相同之处。导致这种差异的原因有多种，如命名角度、方式不同，翻译方式不同，翻译时选择的汉字不同等。例如：

（前加★表示是大陆词语，前加▲表示是台湾词语）

★【移动存储器】一种外接式的电脑资料存储设备，可通过扩展接口与电脑连接。具有使用简单、携带方便等特点。常见有移动硬盘、U盘（闪存）、存储卡等。▲即"抽取式磁盘"。（《两岸常用词典》，第1586页）

★【蹦极】一种极限运动。参与者用一端固定的、有弹性的绳索绑牢自己的踝部，从高处跳下，身体在空中自由下落，接近地面时绳索借助弹性回弹，不断上下弹动。也作"蹦极跳"。▲即"高空弹跳"。（英 bungee）（《两岸常用词典》，第62页）

★【桑拿浴】利用蒸汽排汗的洗澡方法。起源于芬兰。也作"蒸汽浴""芬兰浴""桑拿"。▲即"三温暖"，也作"蒸气浴""芬兰浴"。（《两岸常用词典》，第1132页）

★【摩丝】一种用来固定发型并有美发作用的化妆品。▲即"慕斯"。（法 mousse）（《两岸常用词典》，第914页）

"移动存储器"和"抽取式磁盘"指的是同一事物，但是就所用词形而言，却没有一个汉字是相同的。当然，更主要的是命名方式不同："移动存储器"着眼于功能，一方面强调便携性，另一方面突出"存储"能力；而"抽取式磁盘"着眼于使用方式，强调在使用过程中的抽取行为。类似的再如"分辨率（陆）—解析度（台）、活动板房（陆）—组合屋（台）、走读（陆）—通学（台）、二手房（陆）—中古屋（台）"等。

"蹦极"和"高空弹跳"指称的是同一项运动，但两地在翻译时采取的方式差异很大："蹦极"是对英文单词 bungee 的音译，"高空弹跳"则是通过意译的方式说明该项运动的内涵所指。像这样因为翻译方式不同导致两岸词形差异的例子还有不少。再如"桑拿浴"和"三温暖"，二者指称的是同一种洗浴方式——利用蒸汽排汗，但翻译方式并不相同，前者属于音译加义类，"桑拿"是芬兰语 sauna 的音译，"浴"是表示义类的语素，而后者是音译兼义译。

即便是采用相同的翻译方式，两岸词形也可能因为翻译时用字的不同而"形同陌路"，上述"摩丝"和"慕斯"就是如此，它们都是法语词 mousse 的音译形式。但在翻译时，对该词的前一部分，大陆对应音节（不考虑声调）是"mo"，台湾对应的是"mu"，由此就带来了译字上的差别；后一部分，两地均译为"si"音，但选择了两个不同的字。这样一来，整个词形就全然不同了。

再看第二类，即意义相同、词语形式部分不同。这类词语反映的情况是，在表达相同的事物或概念时，两岸在词语形式上既有相同部分，也有不同部分。例如：

★【钢化玻璃】一种安全玻璃。用普通玻璃经过淬火处理而成，具有很高的机械强度，常用来制作门窗、橱柜门等。▲即"强化玻璃"。(《两岸常用词典》，第 417 页)

★【无尘粉笔】一种书写或擦拭时不产生或只产生很少灰尘的粉笔。▲即"无灰粉笔"。(《两岸常用词典》，第 1402 页)

"玻璃"是第一组词语中两岸相同的部分，差别之处在于"钢化"和"强化"，虽然二者都强调玻璃经过特殊处理而硬度很大，但其描述方式有所不同：前者通过比喻的方式描述其像"钢"一样硬实；后者比较直白，直言其强度高，硬度大。类似的再如"民间大使（陆）—草根大使（台）"，它们都属于偏正结构，中心语相同，修饰语部分存在差异，主要原因是两岸表述方式不同——前者是"写实"，后者是比喻。

"无尘粉笔"和"无灰粉笔"不仅结构相同，二者的描述角度也高度一致，但是在构成部分的语素选择上有所不同：选择意义相同的不同语素"灰"和"尘"，"无灰"即"无尘"。这样的例子还有一些，再如"献血（陆）—捐血（台）"，"献"和"捐"是同义语素（所以二者还可以同义连文构成合成词"捐献"）。

最后是第三类，即语素相同，但其顺序正好相反。人们将这类词称为同素异序词（张瑞朋，2000），也有人称之为同素反序词（佟慧君，1982）、同素逆序词（张巍，2005）或同素倒序词（刁晏斌，2014）。

"地道（陆）—道地（台）"是经常被提及的一例。《两岸现代汉语常用词典》将"道地"标记为台湾特有词，在释文中指出其"同★'地道'①②"，也就是说，在"①真正的名产地出产的。例～药材。②真正的；纯粹。例～的北京话。"在这两个义项上，"地道"与"道地"的概念义基本相当。

台湾学者杨渡编写过一本两岸生活用语小词典，名为《台北道地　地道北京》（文化艺术出版社，2012年版）。作者在开篇中说，此书的名字也"特别有对比的意味"，因为台北称赞一个人"够意思、够义气"时通常说"很道地"，北京话却说"很地道"。

类似的还有"少儿（陆）—儿少（台）"。例如：

（1）iPad之所以被称为少儿视力的第一杀手，是因其色彩明亮鲜艳，视觉刺激比较强烈，近距离、长时间使用这些电子产品，将影响孩子视觉发育。（大陆，2014-09-12）

（2）过度使用3C产品，恐危害儿少身心，儿少使用电子类产品不得超过合理时间。（台湾，2015-02-19）

我们在大陆和台湾各选择一份报纸进行检索，起止时间均为2003年5月2日至2015年3月6日。结果显示：在大陆报纸中，"少儿"出现967次，"儿少"仅出现3次；在台湾报纸中，"少儿"出现35次，"儿少"出现1202次。由此可见，这两个词词义相同，但在两岸的常用形式词序正好相反。

许蕾（2014）以表格的形式列举了海峡两岸32组同素异序词，包括"文艺（陆）—艺文（台）、瘦削（陆）—削瘦（台）、熊猫（陆）—猫熊（台）"等。不过，这些词在两岸的实际使用情况并不是简单的一对一替换关系，有些在使用中甚至差别很大，统而言之地说明很容易忽略其内部的诸多差异。如何更为客观地把握事实并正确认识这些词的真实使用状况，我们将在本章的个案研究部分详述。

（二）基于数量对比的划分

在列举两岸同义异形词时，学界的惯常做法是进行一对一的列举，即大陆一个词对应台湾另一个词。事实上，除了一对一的关系外，还有一对二、二对二以及一些其他数量的对比，每一种关系都反映出不同的语言事实，以下结合实例分别进行说明。

其一，一对一关系。这是最为常见的数量对比，即一个大陆词形对应一个台湾词形，这两个词形都只在各自的言语社区内使用，对方言语社区基本不用。例如：

★【全角】一种电脑字符。每个字符占用两个标准字符位置（与"半角"相对）。▲即"全形"。（《两岸常用词典》，第1085页）

在大陆言语社区，主要使用"全角"，基本不用"全形"；而在台湾言语社区，情况正好相反，常用"全形"，不用"全角"。类似的还有"条码扫描器（陆）—条码阅读机（台）、只读存储器（陆）—唯读记忆体（台）、走读生（陆）—通学生（台）、民间外交（陆）—国民外交（台）、洗甲水（陆）—去光水（台）、海碗（陆）—碗公（台）"等。

为了稍加对比，我们以"全角"和"全形"为例，在大陆和台湾各选择一份报纸分别进行检索，通过具体数据来考察这组词在两岸的使用情况。在大陆报纸中，"全角"出现5次，如"不能输入全角数字""查看所填电话信息中是否包含全角字符""剔除因输入有误、全角字符等造成的错误"等，"全形"出现次数为0；在台湾报纸中，"全形"出现了5次，如"数字部分用半形或全形输入""该网站只能接受半形英文""还有全形、半形切换服务"等，"全角"则未见相关用例。

其二，一对二关系。这种关系反映的情况是在表达同一个事物或概念时，一个言语社区比较集中地使用某一个特定的词，而另一个言语社区与之对应的是两个词，由此便形成一对二的关系。

有时，这"一个"词和另"两个"词之间可能没有交叉。例如：

★【过家家】一种由孩童扮演家庭角色、模拟家庭生活情节的游戏。可单人玩，亦可多人玩。有的地方也作"扮家家"。▲即"家家酒""扮家家酒"。（《两岸常用词典》，第493页）

我们对台湾一份报纸进行考察时发现，"家家酒"和"扮家家酒"的用例共有24条，但没有"过家家"的用例；而在考察的一份大陆报纸中，"过家家"有94个检索结果，"家家酒"出现0次，"扮家家酒"仅出现1次。

就我们见到的材料来看，无交叉的情况相对较少，更多的情况是两岸存在交叉用词。也就是说，在一对二的关系中，有一个词属于交叉词并在两岸通用，而另一个词（非交叉词）是某个言语社区的特有词。例如：

【俯卧撑】增强臂力的一种运动。身体俯卧，靠两手和两前脚掌支撑身体，连续平起平落。▲也作"伏地挺身"。(《两岸常用词典》，第 395 页)

需要注意的是，这一词条所反映的关系是"俯卧撑（陆）—俯卧撑/伏地挺身（台）"，而不是"俯卧撑（陆）—伏地挺身（台）"，从数量上来看，该词条反映的是一对二的关系，而不是一对一。

正确认识这种关系对我们全面客观地把握语言事实大有裨益。首先，从词语数量来看，在表达这一概念时，大陆主要使用"俯卧撑"这个词，而台湾使用"俯卧撑"和"伏地挺身"两个形式；其次，从词语的身份来看，在前一种关系里，"俯卧撑"是通用词，而"伏地挺身"是特有词语；最后，从词语之间的关系来看，前者反映的是有交叉的相对对立关系，后者反映的是无交叉的绝对对立关系。

在台湾《重编》中，"伏地挺身"的释义是："一种锻炼体力的运动。其姿势是身体与地面平行，以手掌心和脚尖着地，利用手臂的屈伸，使全身上下起伏，以身体重量锻炼臂力。如：'在下水前，先做五十个伏地挺身热身一下。'或称为'俯卧撑'。"由此也可以看出，这两个形式在台湾处于一种共用状态。

类似的再如"彻底（陆）—彻底/澈底（台）、吹风机/电吹风（陆）—吹风机（台）、羊水（陆）—羊水/胞浆水（台）"等。

其三，二对二关系。在表达同一概念义时，两岸各有两个常用词，从而形成二对二的关系。在语料中，处于这种关系的词语常常会有一个交叉词，该词属于两岸通用，同时两个言语社区也各有一个自己常用但对方不怎么使用的特有词。

我们以指称"邮递员"的一组词来进行说明。在称呼邮局投递邮件的工作人员时，大陆经常使用的是"邮递员"，近年来受台湾现代汉语的影响，"邮差"也有一定程度的使用；而台湾常用的是"邮务士"和"邮差"。也就是说，在表达这个概念时，两地共同使用的是"邮差"，除此之外，两个言语社区还各有一个常用词（大陆为"邮递员"，台湾为"邮务士"），二者各有自己的使用范围。在对大陆一份报纸考察时发现，"邮递员"出现了 171 次，"邮差"出现了 44 次，"邮务士"出现 0 次；在对台湾一份报纸考察时发现，

"邮务士"出现了 17 次,"邮差"出现了 90 次,"邮递员"出现 0 次。例如：

(3) 由于交通不便,邮递员往往积攒了一麻袋的信件才能送一次。(大陆,2013-03-12)

(4) 2012 年,胡荣忠等"背篼干部"当邮差、装民生、背民心的事迹,在贵州高原和全国产生强烈反响。(大陆,2013-07-16)

(5) 尔后随时可在台大校园见到邮务士提供亲切服务。(台湾,2008-11-20)

(6) 在邮务方面,九千多位邮差走遍千家万户,风雨无阻。(台湾,2014-03-20)

类似的再如"学前教育/幼儿教育（陆）—学前教育/幼稚教育（台）、墨镜/太阳镜（陆）—墨镜/太阳眼镜（台）"等。

其四,其他数量关系。除了上述几种常见的关系外,还有一些其他数量的对比关系,如一对三、二对三、三对三等,这样的词语数量要少很多。从所见用例来看,这些对比词语中常常有交叉词语出现。例如：

松树（陆）—松树/木公/贞木（台）

橡皮筋/皮筋儿/猴皮筋儿（陆）—橡皮筋（台）

这两组词反映的都是一对三的关系,前者是大陆普通话中的一个词对应台湾现代汉语中的三个词,后者正好相反。在这两组词中,每组都有一个交叉词,前者是"松树",后者是"橡皮筋",这两个词在两岸通用。交叉词之外的"木公、贞木"以及"皮筋儿、猴皮筋儿",则仅在其中一个言语社区使用。再如：

条码/条形码（陆）—条码/条纹密码/线条密码（台）

胸罩/奶罩/文胸（陆）—胸罩/奶罩/胸围（台）

这两组词语分别是二对三、三对三关系。在前一组中,"条码"在两岸通用,"条形码"只在大陆使用,而"条纹密码"和"线条密码"只在台湾使用。在后一组中,"胸罩"和"奶罩"在两地通用,"文胸"和"胸围"则分别在大陆和台湾使用。

三、两岸同义异形词语的数量考察

两岸同义异形词语的数量究竟有多少,目前并没有一个准确的数据。侯昌硕（2000）以台湾当代小说为对象,从近 500 万字的语料中收集到了约 300

组同义异形词。刘小林（2006）则从词典出发整理出 364 条数据，但是在论述中其关注的基本都是一对一关系，一对二、二对二、一对三、二对三等其他数量关系的词语都没有提及，这显然不能完整反映两岸同义异形词语的全部类别和关系。因此，这方面的研究还有进一步补充的必要，以使之趋于完整。

我们以《两岸现代汉语常用词典》为对象，考察了其所收录的所有词条，经过整理分析，最终得到 439 组同义异形词语。

反映一对一关系的数量最多，共有 306 组，以下列举前 10 组为例：

阿尔法射线（陆）——阿伐射线（台）

阿门（陆）——阿们（台）

阿司匹林（陆）——阿司匹灵（台）

阿嚏（陆）——哈啾（台）

安非他明（陆）——安非他命（台）

安拉（陆）——阿拉（台）

盎司（陆）——盎斯（台）

保修期（陆）——保固期（台）

保育院（陆）——育幼院（台）

报告文学（陆）——报导文学（台）

反映一对二或者二对一关系的共有 107 组，这里也列举 10 组：

导弹（陆）——飞弹/导向飞弹（台）

生物钟（陆）——生物时钟/生理时钟（台）

同案犯/同犯（陆）——共犯（台）

公共交通/公交（陆）——大众运输（台）

回形针/曲别针（陆）——回纹针（台）

冰淇淋/冰激凌（陆）——冰淇淋（台）

不明飞行物（陆）——不明飞行物/幽浮（台）

风水先生（陆）——风水先生/地理师（台）

结膜炎/红眼病（陆）——结膜炎（台）

自动售货机（陆）——自动售货机/贩卖机（台）

在这 10 组例子中，有两种不同的类型。具体来说，有的在两岸没有交叉词语，或者说没有通用词语。如大陆叫"生物钟"，台湾叫"生物时钟"或"生理时钟"，两岸的词语各不相同，不存在一个两岸通用的词语。另一种情况是两岸既有交叉词，也有差异词，如大陆的"风水先生"在台湾也可以用，这属于交叉词，同时在台湾还有"地理师"一词，这个词大陆基本不用，属于两岸差异词。

反映其他关系的共有26组，其中二对二关系的4组，二对三关系的11组，一对三关系的7组，其他关系的4组。例如：

会演/汇演（陆）——联合公演/联合演出（台）

信用合作社/信用社（陆）——信用合作社/信合社（台）

腐乳/豆腐乳/酱豆腐（陆）——腐乳/豆腐乳（台）

凉菜/冷盘（陆）——凉菜/冷盘/冷食（台）

蛞蝓/蜒蚰/鼻涕虫（陆）——蛞蝓（台）

酒酿/江米酒/醪糟（陆）——酒酿（台）

原子核反应堆/核反应堆（陆）——核子反应器/原子炉/反应炉/核子反应炉（台）

前两组反映的是二对二关系，其中第一组在两岸没有交叉词，第二组中的"信用合作社"属于交叉词；"腐乳"及"凉菜"所在的两组例子反映的是二对三关系；"蛞蝓"和"酒酿"所在的两组例子反映的是一对三关系，这两个词本身在两岸通用，同时大陆还有其他叫法；最后一组反映的是二对四关系，并且两岸没有交叉词。

第三节　个案研究（一）
——海峡两岸同素异序词考察

同素异序词是两岸词汇对比研究中的重要内容，现有的研究主要在共时平面展开，包括列举相关例词、从不同角度进行分类、分析这一现象的成因等，这样的工作无疑是很有意义的，但是如果仅止步于此，研究就很难再进一步深入。

反思已有的工作，至少在以下两方面还存在缺陷：从共时层面上说，一些基础性问题还需要进一步厘清，比如怎样确定两岸同素异序词，有哪些因素需要考量；从历时层面来说，这些同素异序词是何时产生的，又在什么样的情况下逐步演变并最终形成现在的面貌。

为了解决这两方面的问题，就需要从共时和历时两个角度进行分析。在本节中，我们将进行一定数量的样本调查，通过数据来呈现常见同素异序词的实际使用情况，在此基础之上再进一步探讨判定两岸同素异序词的考量因素，并对其形成、发展过程及原因进行尽可能全面、深入的分析。

一、普通话中的同素异序词

同素异序现象是语言研究的重要内容。在两岸语言对比研究全面展开之前，普通话中的同素异序词就已经引起了人们的注意，已有研究主要从词义和结构两方面进行。

从词义方面来看，有些同素异序词意义基本相同，有些稍有区别，有些则区别很大。佟慧君（1982）在《如何辨析同素反序词》中说，"一部分同素反序词，除语序顺序相反外，在词性、词义、语法功能、感情色彩等方面没有什么差别"，"煎熬—熬煎、察觉—觉察"等都属于此类；有的"词义部分相同"，即部分义项有交叉，如"兄弟—弟兄、灵魂—魂灵"等；还有的在词序颠倒后词义完全不同，如"火柴—柴火、发挥—挥发"等。

从结构方面来看，有些语素颠倒顺序后结构不发生改变，如"言语（并列）—语言（并列）、黄土（偏正）—土黄（偏正）"，有的语素顺序颠倒后结构发生变化，如"动摇（并列）—摇动（补充）、景观（并列）—观景（动宾）"等（张瑞朋，2000）。如果结合词义来看，只有"言语"和"语言"这组词意义没有发生大的改变，因此有人说"只有前后两个词都是并列式结构"（薄家富，1996），且其语素义相同时，这组同素异序词的词义才有可能相同。这种观点具有相当的普遍性。不过，也有例外，"熊猫"和"猫熊"就是一例（具体见后）。

二、两岸词汇对比中的同素异序词

在海峡两岸词汇对比研究中，人们关注的同素异序词范围要小得多，基本都是以同义为前提的，很少甚至基本不关注词义和结构发生改变的那些词。也就是说，人们首先感兴趣的是表达相同词义时两岸使用了不同词形，即同义是基础；然后，由此出发，再进一步研究这种词形上的差别有哪些具体类别并探讨导致这种差异的具体原因。

比如，严奉强（1992）在谈及这个问题时说，台湾现代汉语中有许多词语与大陆普通话词语在词义、词性和用法上完全相同，它们与大陆普通话词汇中相应的词构成"同素异序"现象；李平（2002）的表述就更明确了：如果两个词之间"没有必然的联系"，"也不存在等义关系"，"将不作深入的研究"，作者在文中重点探讨的正是基于等义关系的同素异序词。

除了研究范围的差别外，两岸词汇对比研究视野下的同素异序现象还涉及一些新的问题。比如，处于同素异序关系中的一组词在各自言语社区里的使用情况，这一点引发的是对词语常用性的思考，即同素异序词究竟是常用词还是偶然出现的使用频率很低的生僻词；又如，差异词形是否仅限于某一言语社区使用，这一点带来的是对词语在两个言语社区使用状况的整体思考，也就是将具有同素异序关系的一组词放在两个言语社区分别考察，而不是仅凭感觉在某一个言语社区内的统计分析；再如，差异词形是否会从一个言语社区进入另一个言语社区，这是从历时的角度考察词语的变动性，即以动态的视角观察词语在两个言语社区的流动变化。

三、两岸同素异序现象考察

为了进一步考察两岸同素异序词的使用情况，我们以许蕾的著作《海峡两岸日常生活词语差异及其原因研究》中的"海峡两岸同素异序词使用情况比较表"为考察对象，统计并分析表中所列的词在两岸的使用情况。

选择这个表作为考察对象，主要有以下几点考虑：一是时间较近，该书出版于2014年10月，是眼下比较新的研究成果；二是数量适中，这个表共列举了32组同素异序词，数量虽然不多，但作为抽样调查的样本，基本可以反映一定的情况；三是内容适当，正如书名所标示的，作者强调所列举的对象以两岸民众日常生活词语为主；四是格式比较规整，不少论文都提到同素异序词，但多数都以举例的形式出现，而且常常零散不集中，像这样专门以表格形式集中对应列举的并不多见。

我们分别从大陆和台湾选取一份报纸，起止时间均为 2003 年 5 月 2 日至 2015 年 3 月 6 日。这项考察的目的有以下几个：

其一，通过统计数据相对客观、具体地描述它们在两岸报刊的使用情况；

其二，通过数据对比，进一步思考这些词在使用量上的差异并进行适当的分类；

其三，通过使用量数据的对比，展开一些思考，比如使用量极低的甚至统计为 0 的是否有必要纳入同素异序词范畴等。

我们将考察结果列在下表中：

表 2-1　海峡两岸同素异序词使用情况比较

类别序号	大陆语料 普通话	数量	大陆语料 台湾现代汉语	数量	台湾语料 台湾现代汉语	数量	台湾语料 普通话	数量
1	对比	4042	比对	627	比对	5593	对比	5850
2	拓展	6026	展拓	2	展拓	6	拓展	7655
3	责怪	488	怪责	6	怪责	29	责怪	1185
4	灰尘	620	尘灰	17	尘灰	28	灰尘	1784
5	观瞻	64	瞻观	3	瞻观	1	观瞻	514
6	劝慰	139	慰劝	0	慰劝	1	劝慰	68
7	地道	719	道地	22	道地	4644	地道	436
8	文艺	4693	艺文	26	艺文	4694	文艺	1579
9	热闹	3575	闹热	3	闹热	59	热闹	11773
10	善良	1829	良善	116	良善	653	善良	2861
11	春游	146	游春	13	游春	24	春游	5
12	素质	15551	质素	18	质素	82	素质	3815
13	阶梯	598	梯阶	2	梯阶	12	阶梯	2389
14	运输	6492	输运	13	输运	155	运输	6927
15	空闲	586	闲空	1	闲空	5	空闲	736

续　表

类别序号	大陆语料 普通话	数量	大陆语料 台湾现代汉语	数量	台湾语料 台湾现代汉语	数量	台湾语料 普通话	数量
16	习惯	12899	惯习	2	惯习	8	习惯	27298
17	继承	3267	承继	81	承继	164	继承	3165
18	恶毒	151	毒恶	1	毒恶	3	恶毒	429
19	直率	224	率直	53	率直	438	直率	1026
20	厌烦	329	烦厌	0	烦厌	38	厌烦	561
21	警员	257	员警	0	员警	1620	警员	20897
22	蛮横	229	横蛮	7	横蛮	7	蛮横	562
23	熊猫	810	猫熊	3	猫熊	1214	熊猫	1590
24	愤怒	2798	怒愤	0	怒愤	2	愤怒	5621
25	瘦削	132	削瘦	21	削瘦	284	瘦削	119
26	冷淡	452	淡冷	0	淡冷	2	冷淡	1785
27	寻觅	495	觅寻	1	觅寻	12	寻觅	2286
28	确切	1131	切确	0	切确	13	确切	2268
29	纷争	679	争纷	0	争纷	6	纷争	2437
30	些微	102	微些	0	微些	0	些微	2401
31	略微	340	微略	0	微略	3	略微	2238
32	少儿	967	儿少	3	儿少	1202	少儿	35

按照一般的逻辑，大陆报刊媒体多用普通话词形，台湾现代汉语词形则多见于台湾本地媒体。反映在数据上，就是对于一组具体的词而言，在大陆报纸上普通话词的使用量多于同素异序的台湾现代汉语词的使用量，在台湾报纸上台湾现代汉语词的使用量多于异序的大陆普通话词的使用量。

但是，表中的数据并不完全支持这一观点，尤其是在台湾报纸中，在许书中一些标记为台湾现代汉语的词语反而不如普通话词的使用量大，有的甚至差距很大，如"展拓 6：拓展 7655、怪责 29：责怪 1185、尘灰 28：灰尘 1784"等。关于这一问题，我们将在后文继续讨论。

考虑到两份报纸的数据反映出的内容并不相同，这里以报纸为线索分开描述。

先看大陆报纸的情况。由表中的数据，大致可以看到以下几个方面的表现：

其一，大陆报纸中统计的普通话词的使用量，无一例外地多于同素异序的台湾现代汉语词的使用量，这是一个非常典型的特征。

其二，在大陆报纸中，部分台湾现代汉语词也有一定程度的使用。其中，有些在该报中用得比较少，如"展拓 2、怪责 6、瞻观 3、闹热 3、梯阶 2、闲空 1、惯习 2、毒恶 1、横蛮 7、猫熊 3、觅寻 1、儿少 3"等；有些则用得稍多一点，如"尘灰 17、道地 22、艺文 26、游春 13、质素 18、输运 13、削瘦 21"；还有的使用量更多一些，如"承继 81、率直 53、良善 116、比对 627"等。这些多少不一的使用量，实际上反映了这些词在大陆已有不同程度的使用。从融合的角度来看，说明部分台湾现代汉语词已经开始融入大陆词汇系统。就个体而言，有些词的融合度比较高，其具体表现就是使用量较大；有些则比较低，这也是由其较小的使用量所显示的。关于这一点，我们会在后文融合部分详细论述。另外，像"比对"这种使用量比较高的词该如何定性也是值得进一步思考的问题，是看作台湾现代汉语词合适，还是看作两岸通用词合适，可以继续探讨。

台湾报纸的情况似乎更复杂一些。台湾现代汉语词的使用量并未呈现整体多于普通话词的使用量的情况，相反，一些普通话词的使用量明显多于同素异序的台湾现代汉语词，这一点是非常让人意外的。这种意外，更多的是与以往研究以及部分工具书的认知与释义出现明显偏差有关。根据表中的数据，这 32 组词的使用情况可以分为以下几种：

第一种情况是在所选取的台湾报纸中，同素异序词的两种形式以台湾现代汉语词占主导，比较直观的体现是其使用量明显多于普通话形式，如"削瘦 284：瘦削 119、艺文 4694：文艺 1579、道地 4644：地道 436、游春 24：春游 5、儿少 1202：少儿 35"等，但这类词数量并不多，仅有 5 组属于此类，所占比例仅为 15.63% 左右。

第二种情况和第一种情况正好相反，即在台湾报纸中大陆普通话词的使用量明显多于台湾现代汉语词。这种现象相对普遍，共有 25 组，约占总数的 78.13%。为便于集中比较，我们将 25 组词全部罗列出来：

展拓 6：拓展 7655、怪责 29：责怪 1185、尘灰 28：灰尘 1784、瞻观 1：

观瞻514、慰劝1；劝慰68、闹热59；热闹11773、良善653；善良2861、质素82；素质3815、梯阶12；阶梯2389、输运155；运输6927、闲空5；空闲736、惯习8；习惯27298、承继164；继承3165、毒恶3；恶毒429、率直438；直率1026、烦厌38；厌烦561、员警1620；警员20897、横蛮7；蛮横562、怒愤2；愤怒5621、淡冷2；冷淡1785、觅寻12；寻觅2286、切确12；确切2268、争纷6；纷争2437、微些0；些微2401、微略3；略微2238

这类大陆词在台湾使用数量之多，远远超出我们的想象。明明是台湾现代汉语词，为什么在台湾本地大报中没有相对应的普通话词使用量大？出现这种情况的原因是什么？将这些词定性为两岸同素异序词是否合理？这些问题，我们将在下文"同素异序词的判定标准"中作进一步的阐述。

另外，在这一类别里，根据台湾现代汉语词使用数量的多寡，还可以再细分。其一，有些词用量非常少，以"展拓（6）、瞻观（1）、慰劝（1）、闲空（5）、惯习（8）、毒恶（3）、横蛮（7）、怒愤（2）、淡冷（2）、争纷（6）、微些（0）、微略（3）"为例，这些词在2003年5月至2015年3月近十二年当中，年均使用量不足1次，说明它们并不具有常用性；其二，有些词虽没有相应的大陆异序词使用量多，但已经有了较多的使用，例如"良善（653）、质素（82）、输运（155）、承继（164）、率直（438）、员警（1620）"等；其三，也有一些词的使用量介于二者之间，如"怪责（29）、尘灰（28）、闹热（59）"等，这些词已有一定程度的使用，只是数量还比较少。

第三种情况是同素异序词的两种形式在台湾报纸中的使用量大体相当，也就是说，两种形式同时活跃在台湾媒体当中。表中比较典型的词有两组，一组是"比对5593：对比5850"，另一组是"猫熊1214：熊猫1590"。如果再结合这两组词在大陆的使用情况，就能看出一些新的问题。在大陆报纸中，这两组词的使用量分别是"比对627：对比4042、猫熊3：熊猫810"。结合这四组数据，可以发现：

其一，"对比"在两份报纸中都有较高的使用频率，且都比"比对"的使用量大，从这个意义上来说，将"对比"定性为普通话词可能并不完全准确，将其看作两岸通用词似乎更为合理。就"比对"来说，虽然该词在大陆没有"对比"的使用量高，但是也已有相当数量的使用，因此将"比对"定性为台湾现代汉语词可能也有斟酌的余地。

其二,"熊猫"和"猫熊"的情况稍有不同。在台湾,这两个词用得都很普遍;但在大陆,主要使用"熊猫","猫熊"用得非常少。从这个意义上来说,用"熊猫(陆)—猫熊(台)"来描述这种对比关系显然也不太合适,比较客观的表述应该是"熊猫(陆)—熊猫/猫熊(台)"。如果结合前文所谈的数量对比来说,这组数据所反映的并不是一对一的关系,更应看作一对二的数量对比。

四、两岸同素异序词的判定标准

同素异序词是两岸语言对比研究中的一个常见话题,相关的研究已有一些,但是到目前为止两岸同素异序词的判定仍然存在较为明显的问题。

已有的研究在判定时几乎都只是从形式和意义两方面进行考量,即在词义相同的基础上只要满足"同素"和"异序"即可,这样的判定显然将复杂的问题简单化了。从某种意义上来说,这是一种理论化的认识,缺乏实践检验。

在判定同素异序词时,除了已有的认知外,还需要考虑一些其他因素,这些因素至少包含以下几个方面:

其一,常用性。这是确立两岸同素异序词的重要标准之一。在确定两岸对比词语的过程中,作为大陆言语社区的一员,我们会自觉地使用大陆普通话的常见形式并舍弃那些很少用的词形。比如,我们不会因为《人民日报》近年来有过几次"猫熊"的用例就把它当作大陆的代表词,其原因就是该词不是大陆最常用的形式。

同样的道理,作为对比对象的台湾言语社区词也应该有相同的考虑,可是从前文的考察结果来看,情况并非如此。一些在台湾很少用甚至基本不太用的词也被当作比较对象,这就很容易让大陆读者产生错觉,仿佛该词在台湾很是常用,而这显然是不科学、不合理的,当然也是不符合语用实际的。

这种错误的产生有多种原因。一方面是研究者对台湾言语社区了解不够,对台湾现代汉语的使用情况也不太熟悉,一言以蔽之,缺乏基本的台湾现代汉语语感;另一方面是受条件限制,从相关方面获得的语料比较有限。此外,还有研究理念的缺失。研究者没有意识到,或者说从某种程度上忽视了词语的常用性问题。当然,还有一个带有相当普遍性的原因:一些两岸对比词典为了凸显差异、追求整齐化的效果，经常会简单化地把一些同素异序词按非此即彼的模式处理，即要么是大陆的，要么是台湾的，而很多相关研究都是基于这些工具书中的词条与释义，而不去作进一步的排查与确认，由此"以讹传讹"，从而整体上拉低了研究的信度和水平。

其二，地域性。在确定两岸同素异序词的过程中，还需要考虑的一点是地域性问题，也就是要综合考量每一组词在两个言语社区的整体使用情况。在以往的研究中，我们见到的比对关系常常是一对一的，也就是大陆用这个，台湾用那个，两个言语社区用的完全不同。然而，我们忽略的一个问题是，大陆的这个形式台湾用不用，台湾的那个形式大陆有没有。两岸同宗同源，虽然两个言语社区有过几十年的隔绝，但是词语的演变不是一蹴而就的事，基本不会在几十年间变得面目全非，彼此"一刀两断"。一组同义词语之间关系的对应与不对应以及变与不变，可能比预想的要复杂得多。就像"熊猫"和"猫熊"，尽管人们在研究中常简单直接对比，但是实际情况是大陆多用"熊猫"，台湾两个词都用，也就是一对二的关系。只有对其在两个言语社区的使用情况进行全面考察，才可能获得相对客观、真实、准确的认识和结论。

其三，变动性。自 20 世纪 80 年代末开始，两岸交流逐渐增多，两个言语社区的词汇及其使用情况也随之发生变化。对于两岸同素异序词研究来说，要与时俱进，注意观察当下最新的使用状况，高度关注词语在历时进程中所发生的变化。以"艺文"为例，该词台湾比较常用，进入 21 世纪后，大陆的使用量逐渐增多，在 cnki 报纸库里可以看到该词自 2000 年以来每年的使用次数：2000（8）、2001（10）、2002（20）、2003（30）、2004（19）、2005（21）、2006（39）、2007（43）、2008（43）、2009（40）、2010（65）、2011（71）、2012（83）、2013（67）、2014（68）、2015（87）、2016（44）、2017（80）、2018（60）。从这组数据可以看出，"艺文"在大陆的使用量较 21 世纪初有逐渐增多的趋势，如果按照这种趋势继续发展，假以时日，该词的常用区域或许就从台湾言语社区扩大至大陆和台湾两个言语社区，而到那个时候，它的身份或许会发生变化，即由台湾现代汉语词变为两岸通用词。概括来说，这里的变动性实际上就是从历时的角度考察词语使用的变化情况。在下一节中，我们将用类似的方法对"熊猫"和"猫熊"的使用情况进行历时考察。

第四节　个案研究（二）
——对"熊猫"和"猫熊"的历时考察

在上一节开头，我们曾经提到，目前的同素异序词研究通常只在共时平面展开，历时方面开展得很不够，由此带来的问题是人们只知道处于同素异序关系的词语本身，对这种关系的形成过程却知之甚少。简单来说，就是只看到结果——一组一组的同素异序词（如前所述，并且还有可能是不真实或不完全真实的），却不知道过程——词语在两地是如何发展变化并最终导致差异的。

对于每一组同素异序词而言，其形成过程都可能有别于其他词语，而要想真正全面了解同素异序词，就应当从一组一组的具体对应词入手，通过不断累积具体材料来总结它们的类型以及形成规律等。

在本节中，我们以"熊猫"和"猫熊"这组同素异序词为对象，从历时的角度考察它们在两岸的使用变化过程并揭示其同素异序关系的形成原因。

一、"熊猫"和"猫熊"的出现

（一）"熊猫"的出现

"熊猫"一词在 1908 年颜惠庆编写的《英华大辞典》中就已出现，在第 1599 页"Panda"条中写道："An Indian bear of the Himalayas，（动）西马拉山中之熊猫。"这是我们见到的最早的"熊猫"用例。因为辞典只有文字，没有配图，且行文非常简单，所以我们无法准确获知此处"熊猫"的具体所指。之所以这么说，是因为直到 20 世纪 30 年代，该词仍然可以指称两种不同的动物。

1934 年，《时兆月报》第 29 卷第 5 期刊登了一幅"川西竹林中之熊猫"的照片，图中的动物正是我们现在熟知的黑白相间、憨态可掬的国宝熊猫（见图 2-1）。

图 2-1　川西竹林中之熊猫

而在同时期的另一份杂志上,"熊猫"的所指却并不相同。1937年,《科学画报》第 4 卷第 24 期的封面贴出了"上海市动物园中之熊猫"的彩照,很明显,这只"熊猫"和前一只外形大不相同(见图 2-2)。

图 2-2　上海市动物园中之熊猫

（二）"猫熊"的出现

"猫熊"的出现似乎稍晚一些。1932 年，图画《中华》杂志第 14 期刊登了一幅图片，配图文字是"科学院动物园中之猫熊 A cat-like bear in the zoo"。这是我们见到的关于"猫熊"的最早记载。在图片中，这只被称作"猫熊"的动物和现在人们所说的"熊猫"相貌有所不同（见图 2-3）。

图 2-3　科学院动物园中之猫熊

同样是这份杂志，1934 年第 28 期上刊登了另一种"猫熊"，正如配图文字所说，这种动物"状似猫而大，毛色黑白相间，颇为美观，产于我国西藏四川等处"（见图 2-4）。

图 2-4　动物院专栏配图

由上述材料，至少可以得到以下两点认识：

其一，"熊猫"和"猫熊"这两个词至少在 20 世纪 30 年代就都已经出现，"熊猫"的产生似乎更早一些。坊间流传的"猫熊"一词是因为在 20 世纪 40 年代的某次展览中因排版方向和阅读错位而产生的观点值得商榷，这一点将在后文详述。

其二，这两个词在 20 世纪 30 年代有明显的共用现象，无论是图 2-1、图 2-4 中形体较大的，还是图 2-2、图 2-3 中形体较小的，"熊猫"和"猫熊"这两个词都可以用。关于这一点，李泽民（2001）转述了 1870 年爱德华教授的研究论文，文章说这两种动物在"骨骼特征和牙齿"等方面很相近，这可能是当时二者共用的一个原因。

不过，那时人们已经注意到这两种动物在体型上的区别。1936 年，图画《中华》杂志第 44 期刊登了一张照片，名为"小熊猫（栖树枝上者）和大熊猫之标本"（见图 2-5）。作者用"小"和"大"对二者进行区分，"大熊猫"一词很可能就是由此而来。

图 2-5　小熊猫（栖树枝上者）和大熊猫之标本

二、"熊猫"和"猫熊"在中华人民共和国成立前的使用情况

尽管这两个词可以共用，但是在语料库中"熊猫"的使用量明显多于

"猫熊"。我们在《民国时期期刊全文数据库》(1911—1949) 中考察这两个词的使用情况，该数据库目前已覆盖民国时期的 3532 种期刊（共 91178 期），比较全面地反映了这一时期的政治、经济、文化、外交、教育、军事等方面的情况。

"熊猫"（包括"大熊猫"和"小熊猫"）共出现 159 次，其中《科技画报》12 次、《儿童故事》8 次、图画《中华》杂志 8 次、《科学》7 次、《新上海》7 次、《一四七画报》6 次、《中外春秋》5 次、《周播》4 次，《科学大众》《海燕》《星光》等 5 种报刊分别使用 3 次，《江西妇女》《快活林》《时兆月报》等 15 种报刊分别使用 2 次，《青青电影》《南洋（吧城）》各使用 1 次。从时间来看，分别是 1934 年 4 次、1936 年 2 次、1937 年 1 次、1938 年 1 次、1939 年 24 次、1941 年 2 次、1942 年 4 次、1943 年 3 次、1944 年 1 次、1946 年 86 次、1947 年 27 次、1948 年 2 次、1949 年 2 次。

"猫熊"（包括"大猫熊"）只在 5 个杂志中出现过 7 次，分别是《科学画报》2 次、图画《中华》杂志 2 次、《学生之友》1 次、《读书通讯》1 次、《沙漠画报》1 次。从时间来看，这 7 次分别是 1932 年 1 次、1934 年 1 次、1939 年 1 次、1941 年 1 次、1943 年 1 次、1947 年 2 次。

这两个词在数据库中的使用量变化情况，可如图 2-6 所示：

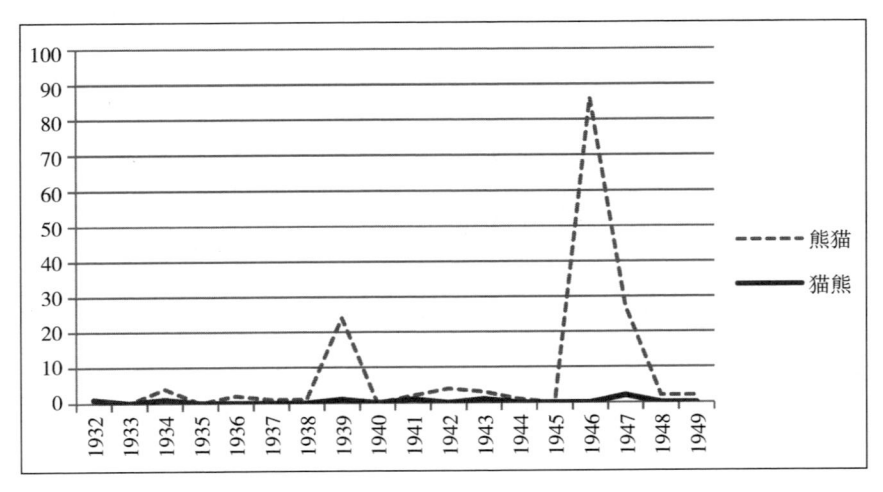

图 2-6 "熊猫"和"猫熊"在中华人民共和国成立前的使用情况

由上图可以看出，"猫熊"一直处于低使用量状态，基本没有出现大量使用的情况,"熊猫"在 1939 年及 1946 年、1947 年出现过两次较大的增长。在 20 世纪 40 年代中后期,"熊猫"的年使用量最多达到 80 多次。

如果从词语竞争的角度来看,在这十几年间,"猫熊"的竞争力非常弱,而"熊猫"一词两度表现出较强的竞争力,尤其是 20 世纪 40 年代中后期这一次,这也为以后的持续使用奠定了坚实的基础。

此外,我们在杂志的配图文字里也发现了一些端倪。在本节开头,我们提到,图画《中华》杂志在 1932 年刊发了一张照片(图 2-3),中英文配图文字分别是"科学院动物园中之猫熊 A cat-like bear in the zoo",也就是说"A cat-like bear"对应的是"猫熊";而在 1936 年,该杂志刊登了名为"小熊猫(栖树枝上者)和大熊猫之标本"的照片(图 2-5),英文是"The cat-like bears, big and samll",此时的"The cat-like bears"对应的词语却变成了"熊猫"。同一份杂志针对同一词语在翻译上的先后变化,多少也可以体现出当时人们在这两个词中的选择倾向性。

三、"熊猫"和"猫熊"在大陆的使用情况(1949 年以后)

中华人民共和国成立后,"熊猫"在大陆一直占据主导地位,"猫熊"的使用趋于萎缩,以至于基本不用。以下我们以《光明日报》和《人民日报》为数据来源,分别考察"熊猫"和"猫熊"在这两份报纸中的使用情况。

(一)"熊猫"和"猫熊"在《光明日报》中的使用情况

《光明日报》创刊于 1949 年 6 月 16 日,电子图文版数据库收录了从创刊到 2013 年 6 月(这是我们进行此项调查的时间)的全部资料。由于 1949 年和 2013 年都只有半年的数据,因此这里的考察时间确定为 1950 年至 2012 年。

根据"熊猫"和"猫熊"每年出现的次数,我们以折线图的方式描述这两个词在过去六十余年的使用情况:

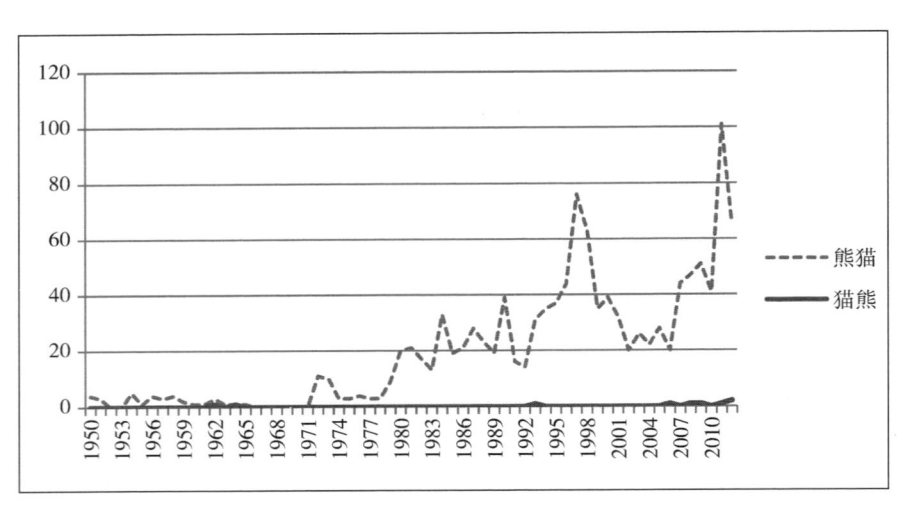

图 2-7 "熊猫"和"猫熊"在《光明日报》中的使用情况

从 1950 年 1 月 1 日至 2012 年 12 月 31 日，以"熊猫"为关键词，共有 1194 个结果。其中 1980 年之前使用量非常少，1980 年之后出现较大幅度的增长，在 1997 年和 2011 年出现两次高峰，其中 1997 年使用次数为 76，2011 年为 101。从整个曲线的走势来看，该词的使用呈现稳中有涨的状况。

"猫熊"的使用情况和"熊猫"大不相同，在我们考察的六十余年中，"猫熊"仅有 8 个检索结果，年均使用次数不足 1 次。在这仅有的 8 个结果中，有的是探讨"猫熊"和"熊猫"的称谓问题，有的是引述台湾的儿童剧名，这些都有别于常规的日常使用。例如：

(1) 按照某些辞书或动物学分类，"熊猫"也称"大熊猫""猫熊"。笔者以为，"猫熊"这种称谓不妥，也是一种错误。(大陆，2009-11-09)

(2) 台湾如果儿童剧团是台湾知名的儿童戏剧团体，去年第一届中国儿童戏剧节期间，他们带来了一台原创剧《隐形猫熊在哪里》。(大陆，2012-08-14)

(二)"熊猫"和"猫熊"在《人民日报》中的使用情况

在《人民日报》图文数据库中，从 1950 年 1 月 1 日至 2014 年 12 月 31 日，"熊猫"一词共有 1708 条记录，"猫熊"仅有 16 条。

和对《光明日报》的考察方法类似，我们在《人民日报》中逐年考察了"熊猫"和"猫熊"的使用量。之所以选取两份报纸作大致相同的调查，最根本的目的是增加结论的可靠性，尤其是对于这种使用频率并不是很高的词，希望通过扩充语料来减少结论的偏差。

下图所反映的就是"熊猫"和"猫熊"在《人民日报》中的使用情况：

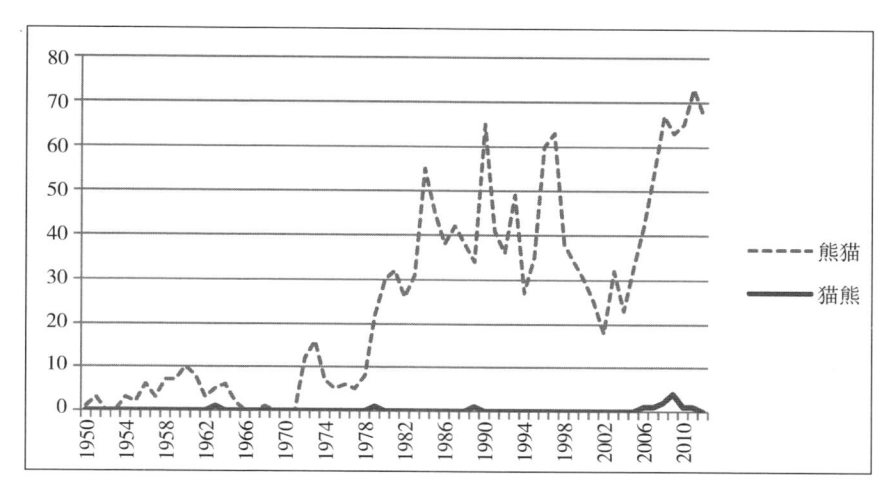

图 2-8　"熊猫"和"猫熊"在《人民日报》中的使用情况

正如上图所示，"熊猫"在 1980 年之前基本都在低位波动，之后开始有所增加，在 1984 年、1990 年、1997 年、2008 年以及 2011 年分别出现小的高峰，这几个年份的使用量分别是 55、65、63、67 和 73。在 20 世纪 80 年代之后，该词的年使用次数基本都在 20 次以上，只有 2002 年是 18 次，这一点和《光明日报》的情况基本类似。

与之相对的是，"猫熊"的使用基本处于萎缩状态，图中几乎和水平轴重合的实线反映出该词在过去六十余年间几乎没有量上的波动。这 16 条记录主要集中在 2006 年以后，反映的内容也多和熊猫团团和圆圆入台有关，相关例句基本都有台湾背景，并非大陆的自主性使用。例如：

（3）"猫熊专机"将于 22 日由桃园机场赴成都双流机场，23 日一早再由成都返回台北，单程飞行时间约 3 小时 30 分钟。与猫熊同行的将有来自大陆的四五十位"亲友团"和来自台湾的五六十位"迎亲团"。（大陆，2008-12-17）

（4）基隆小男孩田爱平，午夜时分就随妈妈到动物园排队，当他领到第一时段进熊猫馆的号码牌后，激动地高喊："我爱猫熊！"（大陆，2009-01-27）

四、"熊猫"和"猫熊"在台湾的使用情况（1949年以后）

（一）"熊猫"的使用情况

为了考察"熊猫"在台湾现代汉语中的使用情况，我们以《联合报》为语料来源，逐年统计其使用数量。《联合报》创刊于1951年9月16日，一直延续至今，对"熊猫"一词的统计也从创刊开始，到2014年底结束。根据"熊猫"出现次数的变化，我们在下图中以折线的方式呈现：

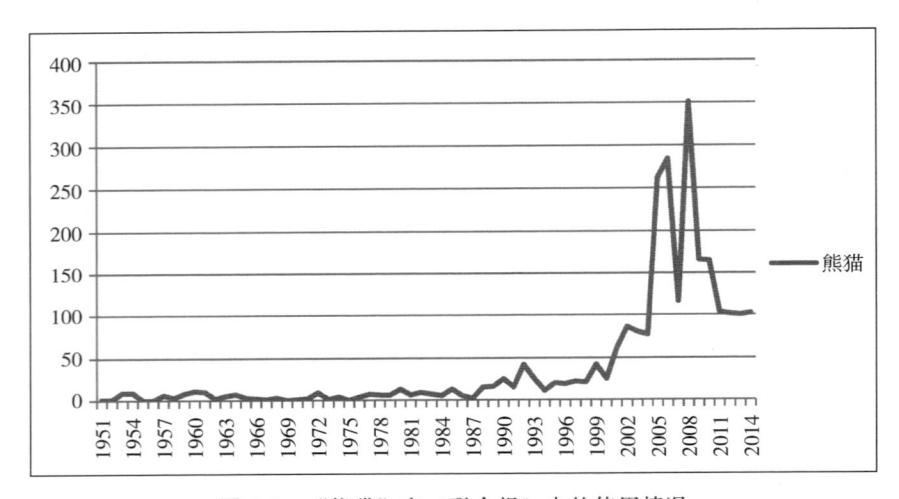

图2-9　"熊猫"在《联合报》中的使用情况

由上图可以看出，"熊猫"一词自20世纪中期以来一直活跃在台湾媒体当中，该词在20世纪90年代之后呈现逐渐增多的趋势，在2006年和2008年出现两次小高峰，其使用量分别是284次和351次。

由于语料的限制，我们无法再通过其他的报纸来作类似的定点考察，但是在浏览其他报刊的过程中仍然可以看到各个时期的用例，以下从20世纪50年代开始按照十年一个间隔分别举例：

（5）空军即将把熊猫运往华府。（台湾，1953-08-19）

（6）伦敦动物园在过去一连失去了四个熊猫，最后一个也在八年前死去，因此园方从丹默尔手中购买了这只熊猫。（台湾，1967-02-04）

（7）此间欢欣雀跃的动物园职员说，熊猫康康和兰兰终于交配了，如果一切顺利，兰兰可望在十一月下旬生下一头小熊猫。（台湾，1977-06-05）

（8）熊猫性喜安静，生长于六千到一万二千尺的高原地带，靠食竹子维

生。（台湾，1987-03-18）

（9）全大陆最老的一只熊猫"嘟嘟"即将寿终正寝，武汉动物园在极力延续她生命的同时，也为她准备了豪华"陵寝"。（台湾，1997-05-17）

（10）如果台湾又有动物园经营者要申请熊猫来台，一切将依法定程序办理。（台湾，2007-04-26）

（11）日本东京上野动物园今年6月12日出生的熊猫宝宝"香香"，现在已长满一身毛茸茸的黑白毛。（台湾，2017-11-12）

（二）"猫熊"的使用情况

在前文中我们提到，"猫熊"在中华人民共和国成立前的使用非常有限，在《民国时期期刊全文数据库》（1911—1949）中，该词仅在5份报刊中出现过7次，而该数据库覆盖了民国时期的3532种期刊。在20世纪五六十年代的台湾语料中，"猫熊"也基本处于"销声匿迹"状态，除了在一则消息中提到了香港女子垒球"中华与猫熊联队"（《联合报》，1955-09-03）外，基本不见其他用例。

"猫熊"真正在台湾出现，始于1978年10月5日台湾报纸上刊发的一篇题为"一错五十年，为猫熊正名"的文章。

这篇文章的作者是夏元瑜。夏氏祖籍浙江杭州，毕业于北京师范大学生物系，之后留学日本研究动物学，担任过北京动物园"万牲园"园长。赴台后，任新竹检验局分局长，之后辞去公职，致力动物标本研究（夏元瑜2006：序言）。这篇文章以论文的形式叙述了"大猫熊的发现""大猫熊的厄运""大猫熊的近视""大猫熊的朋友"以及"猫熊产区里的真熊"。在文章开头，作者说这种动物英文叫"Panda"，也叫"Cat-bear"，不幸在几十年前报纸初次发表新闻时，"偶然被排颠倒了"，成为"熊猫"，并且"一错至今"，正确的中文译法应该是"猫熊"。

关于"熊猫"一词的出现基于偶然颠倒的观点，在坊间流传更甚。张广育（1999）的《"猫熊"变"熊猫"》、赵贤德（2002）的《"猫熊"何以成"熊猫"》、吴本清（1987）编的《百科知识探源》以及白竹（2013）的《中国文化知识精华一本全》等书中都有过类似的叙述。不过，也有个别学者提出质疑，比如朱建颂就曾在2009年3月9日的《北京科技报》上发表《"熊猫"和"猫熊"的名称之争》一文，直言由展板顺序及阅读习惯差异形成"熊猫"一词的观点实为"误传"，因为1915年编辑的《中华大字典》（直排本，1935 年出版）已有"熊猫"一词。

最具对比意义的是《文史杂志》刊发的阿波（2001，2003）的两篇文章。阿波在 2001 年的《竹箭与熊猫》中同样以上述展览误读作为"熊猫"一词的由来，但是，在 2003 年的《再谈熊猫之称谓》一文中，阿波却明确指出了前文中的错误。阿波说，在文章发表后，有亲历者与其联系，告知当年（1932年）在原华西联合大学事务所（办公楼）二楼礼堂北侧生物标本馆中，标成"猫熊—熊猫（Panda）"是其亲眼所见，也就是说，当时已是"两名俱在"。我们认为，这一观点是可信的，前文所举例证也可以证实这一点。

一年后，夏元瑜在台湾报纸上再度发文《血泪斑斑 捕猫熊》（1979-12-08），呼吁民众关注。很快，夏氏倡议改称"猫熊"的观点就得到了社会的响应。1981 年 3 月 21 日，台湾媒体刊发未署名文章《熊猫非也！应叫"猫熊"》，文中说，台北市立动物园园长王光平认为，和一直惯称的"熊猫"相比，"猫熊"较为正确，除了翻译上的顺序外，还因其血缘和熊比较接近，在动物分类中被列入"熊科"或独立为"猫熊科"，而在木栅新建动物园规划案中也将增设"猫熊"等展示场地。

后来，"猫熊"一词在台湾广泛使用，应该说和学者及官员的大力倡导有分不开的关系。

在《联合报》中，我们逐年统计了"猫熊"的使用情况，从下图中就可以看到该词自 1951 年到 2014 年的变化状况：

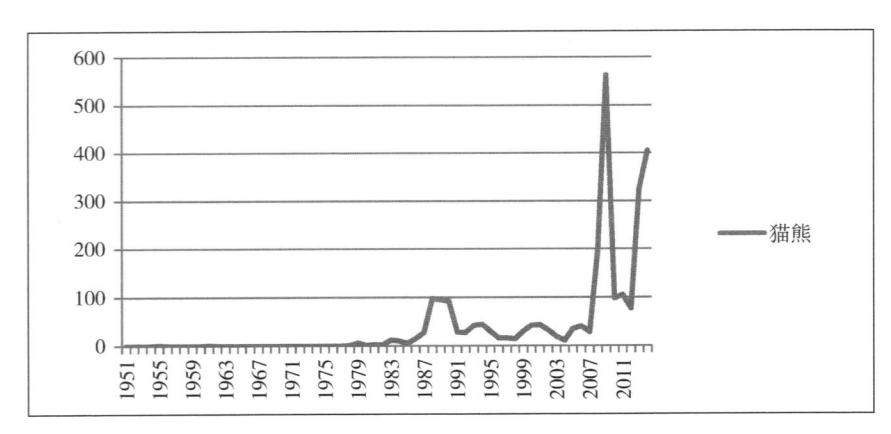

图 2-10 "猫熊"在《联合报》中的使用情况

在图中，我们可以清晰地看到，1978 年以前该词基本处于"沉寂"状态，1978 年以后这种情况开始发生转变，1988 年出现一次小高峰，当年的使用量达到98次，此后一直处于波动状态，在2008年和2009年出现急速攀升，这两年分别出现196次和592次。之所以出现使用量激增，是因为当时大陆向台湾赠送熊猫团团和圆圆，报纸持续报道相关新闻。

（三）"熊猫"和"猫熊"的共用情况

自20世纪70年代末以来，"熊猫"和"猫熊"基本处于共用状态。根据前文的统计数据，我们把这两个词的使用量呈现在一张图上，通过两条曲线的变化状况来了解和掌握二者的使用情况。

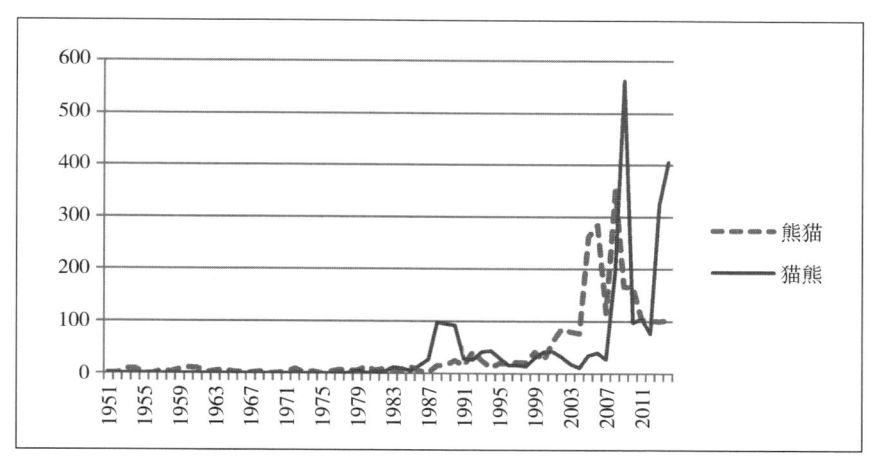

图2-11 "熊猫"和"猫熊"在《联合报》中的使用量折线图

如果以堆积面积图来显示这两个词在不同时间节点上的变化情况，可如下图所示：

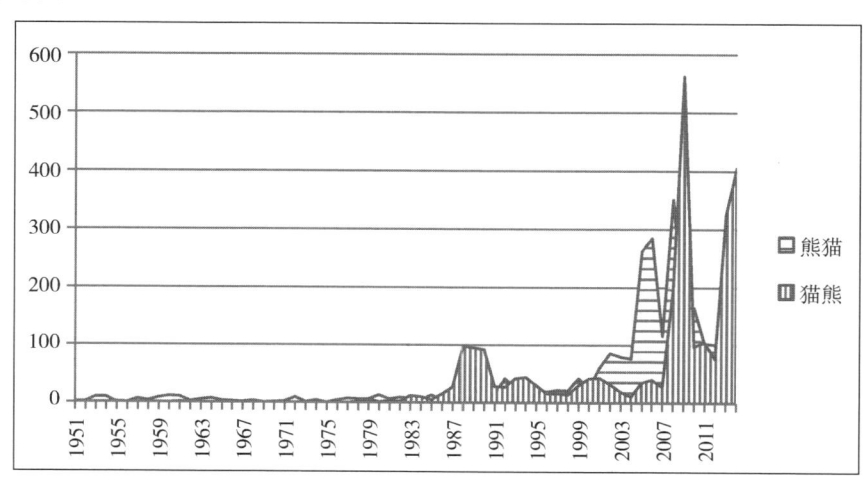

图2-12 "熊猫"和"猫熊"在《联合报》中的使用量堆积图

竖线区域代表"猫熊"的占有量，横线区域则代表"熊猫"的占有量，每种形状的面积和每个词的使用量呈正相关，词的使用量越多，对应形状呈现出来的面积也越大。

先看竖线区域。基本是从1978年才开始出现少许竖线，说明在此之前"猫熊"一词的使用量几乎可以忽略不计；在20世纪80年代之后，随着该词使用量不断增加，竖线面积也开始增多。

再看横线区域。从1951年起在较长一段时间内，横线区域面积都非常有限，说明"熊猫"在这一时期的使用量非常少；进入21世纪之后，横线区域有明显增多的情况，说明该词的使用量有较大程度的增加。

在语料中，我们看到，"猫熊"和"熊猫"共同出现，二者并没有明显的区别。比较典型的例证是在同一篇报道中，这两个词常常交替出现，这种情况比较多见。例如：

（12）农历年后消费市场转淡，但台中崛起多家新卖场积极办活动，如益民一中商圈大办猫熊展"萌"发功，开展遇假日，单日就可吸十万人。（台湾，2014-03-17）

（13）益民一中商圈熊猫装置展分为二个展区，一个为静态展出，另一个则提供民众入园与熊猫布偶互动。（台湾，2014-03-17）

这两个例句出自同一篇新闻。在这篇不足500字的报道中，包含标题"一中商圈 猫熊萌吸10万人"在内，"猫熊"共出现5次，"熊猫"共出现3次，二者在文中交替使用。

有时，在一个句子中也会出现这两个词共现的情况。例如：

（14）全球首见的广州长隆猫熊三胞胎出生满20天，与刚出生时全身呈粉红色的小模样相比，三只熊猫宝宝如今已经有黑眼圈，外形跟猫熊妈妈越来越像。（台湾，2014-08-18）

（15）可爱又疗愈的猫熊圆仔持续带动熊猫商品销售成长，博客来熊猫类商品销售成长2成，趁势推出熊猫展，同时出版社也纷推动物写真书与照顾宠物实用书。（台湾，2014-03-01）

此外，还有一个非常有意思的现象：两岸在报道对方言语社区的相关新闻时，有时会使用对方言语社区的常用形式。比如，大陆在报道台湾相关新闻时会使用"猫熊"，而台湾媒体在报道大陆新闻时也会选择"熊猫"。例如：

（16）飞机也将配备猫熊喜爱的食物作为飞机餐。（大陆，2008-12-17）

（17）苏州太湖国家湿地公园 28 日展出近千只以石膏制成的企鹅、熊猫、北极熊等动物模型，希望吸引暑假旅游人潮，该展览将持续至 8 月 31 日。（台湾，2014-06-30）

前一例报道的内容是大陆熊猫赴台，大陆报纸并没有使用常用的"熊猫"，而用了"猫熊"；后一例是台湾媒体报道的大陆新闻，在介绍动物名称时，该报使用的是大陆常用的"熊猫"。两岸在选词时，多少都体现了尊重对方习惯、为对方考虑的心理。

《中国艺术报》2010 年 4 月 27 日刊发了中国野生动物保护协会会长、中国书协理事赵学敏的一篇报道——《"团团""圆圆"的书画情》，作者说在两只熊猫入台的同时，开展了一系列书画交流活动，作者即兴创作了《团团圆圆到台湾》（外一首），其中第一句是"团团圆圆猫熊情"，诗句后有一行文字注明"猫熊"是台湾的叫法。从"熊猫"到改称"猫熊"，除了诗句的平仄考量外，也体现了对当地语言习俗的尊重。

此外，在一些复合词语中，也存在"猫熊"和"熊猫"共用的情况，包括"大猫熊/大熊猫""小猫熊/小熊猫""猫熊眼/熊猫眼"等。

根据对台湾一家报纸的统计，从 2003 年 5 月 2 日至 2015 年 3 月 5 日，"大猫熊/大熊猫""小猫熊/小熊猫"的使用量分别是 1095：262、146：73，也就是说，以"猫熊"为中心词形成的"大/小猫熊"明显多于以"熊猫"为中心词构成的"大/小熊猫"。

但是，"猫熊眼/熊猫眼"的情况却不甚相同，二者的数据分别是 84 和 280，约为 1：3.3，即"熊猫眼"的使用频率是"猫熊眼"的 3 倍多。造成这一现象的原因，还有待进一步研究。

（四）"熊猫"和"猫熊"使用量变化的造成因素

在"熊猫"和"猫熊"的历时考察中，我们看到出现过几次比较大的波动，主要表现为在某段时间内一个词或者两个词的使用量突然大幅度升高，之后又很快回落。据我们分析，二者使用量变化的影响因素主要有以下两个：

其一，人的因素，主要是专家的态度。前文已经提到，"猫熊"在 1949 年以前就处于"沉寂"状态，使用量非常少，大陆也一直延续这种状态，直到现在也没有大的变化；在台湾，夏元瑜 1978 年、1979 年两度发声倡议改

"熊猫"为"猫熊",这位学者的观点最终得到台北市立动物园园长王光平的认可,并在木栅新建动物园的规划案中增设"猫熊"场馆。在前面的数据变化图上,可以明显地看到"猫熊"在这一时期的使用量突然增多,应该说这种变化和夏、王二位的态度有着比较直接的联系。

2008年熊猫团团和圆圆赴台,多家电视台以此为主题24小时播放相关节目,马英九"以专家的口吻"解释为什么要叫"猫熊"而不是"熊猫"(马淑静,2008),台湾多家媒体报道了这一事件,其影响力可想而知。反映到数据上,一个明显的变化就是"猫熊"在当年使用量异常增多,而在此后迅速回落。

其二,特殊事件的影响。在"熊猫""猫熊"数据变化图上可以看到,进入21世纪之后,这两个词的使用量都有较大幅度的提升。也就是说,与几十年前相比,这两个词比以前"热"多了,其中一个原因就是受了特殊事件的影响。2005年前后,台湾媒体就在热议熊猫赴台之事。而在此事尚未有定论之时,熊猫住哪儿居然也被提上了日程,来看下面这两个例句:

(18)大陆举行熊猫选美,要从十一只中挑选两只赠送台湾。……熊猫很可爱……但能否来台,要依两岸交流惯例办理,"这样最平常心"。(台湾,2005-10-15)

(19)台北、台中两市的熊猫之争愈演越愈。(台湾,2005-10-14)

前一句是在谈熊猫能否入台,后一句已经在争落户之地了:台北市认为"只有台北市有能力饲养",台中市应成全台北市,但是台中市回应称,之前有过承诺,"要先到台中住两年,生了小熊猫之后,再移地台北"。在较长一段时间内,这一事件都是媒体热议的话题,因此,"猫熊"和"熊猫"的使用量也就大幅度增加。

另一个事件是迪斯尼电影《功夫熊猫》以及《功夫熊猫2》的上映。这两部电影分别在2008年和2011年上映,这也使得"熊猫"和"猫熊"成为当时的热词。在片名的翻译上,有人称"功夫熊猫",也有人叫"功夫猫熊",从台湾一份报纸的统计结果来看,前者有199条记录,后者仅有12条。也就是说,"功夫熊猫"是比较主流的叫法。台湾东吴大学英文系主任曾泰元在2014年1月19日的台湾媒体上发文说,"'熊猫'因电影而更受强化",并希望"熊猫"有机会咸鱼翻身,让台湾民众的内心可以不再因为熊猫的名称而纠结。

此外，良好、宽松的政治环境也是影响这两个词使用量变化的原因，这一点比较明显地体现在熊猫入台事件上。在两岸沟通日益密切、两岸关系逐步改善的大背景下，熊猫入台才成为可能，从而"猫熊"和"熊猫"成为媒体热词也才有了可能。

五、余论

词形差异是两岸词汇对比研究的重要内容。就现有的成果来看，大多数研究者的相关研究都是在共时平面下进行的，一方面列举两岸差异词形，另一方面归纳词形差异中存在的某些规律等。毋庸置疑，这样的工作是很有意义的，但是如果仅仅停留在这一层面，就可能使未来的研究难以为继且难以向前长足发展。

"熊猫"和"猫熊"这组同素异序词一直深受人们关注。在大陆的报纸中，我们常常看到这样的表述："大陆的'熊猫'在台湾叫'猫熊'"（王尧、吴亚明，2010），"这里叫熊猫，那里叫猫熊"（潘石，2006），"人们通常称呼熊猫为'熊猫'，而台湾民众则更愿意用'猫熊'来称呼它"（朱建颂、李金金，2009）。

如同其他类似词语一样，人们对这两个词的认识很大程度上仅限于对词形差别的比较，而这两个词本身的来龙去脉以及具体的发展过程很少有人问津，这不能不说是一个遗憾，也是以往研究的一个缺环。

在本节中，我们以这两个词为例，梳理它们从产生到发展的具体过程，就是希望通过这样的尝试，让人们更多地了解词语共时差异背后的诸多信息，同时希望这样的研究能引起人们对历时考察的重视。

两岸相关辞书在处理相关词条时也存在一定的差异，《两岸现代汉语常用词典》将"熊猫"和"猫熊"都作为通用词收录，而《两岸常用词典》把"熊猫"列为两岸通用形式，把"猫熊"列为台湾特有形式，即"熊猫（陆）—熊猫/猫熊（台）"。如果从语料来看，后一种做法可能更接近事实。

我们认为，开展两岸差异词语历时研究时应特别强调两种研究理念：一是立足语言实际与事实，从具体语料出发，根据词语的实际使用情况来作出相应的判断，而不以词典释义为"标准答案"；二是倡导并力行历时研究，从历时变化中去把握词语的使用状况，同时分析和概括导致变化的各种原因。

　　这样的研究，无论对两岸普通民众，还是相关辞书编纂者，抑或是相关专业研究者而言，都大有裨益。对于普通民众而言，一方面能获得更多的相关知识，另一方面还可以从词语的历史中看到两岸血脉相连的事实；对于相关辞书编纂者而言，研究具体词语可以为辞书编纂提供切实的基础素材，而夯实基础也能在一定程度上提高工具书的整体质量和水平；对于相关专业研究者来说，这样的尝试可以为人们提供一个新的研究思路，也为相关研究向纵深发展提供某种可能。

第三章　海峡两岸差异词词义研究

- 第一节　基于义项之间的比较
- 第二节　基于义位内部各要素的比较
- 第三节　个案研究（一）
  　　　　——对"爱戴"基义变化的历时考察
- 第四节　个案研究（二）
  　　　　——两岸通用词"起跑"的隐性差异
- 第五节　余　论

在前一章中，我们比较了两岸词语在词形上的差异，本章则主要分析两岸相同词形在意义上的区别。葛本仪（2014）在讨论词义的发展时将词义区分为一个词的意义和词的一个意义。一个词的意义对应的是这个词所有义项的总和，而词的一个意义对应的是一个义项。对于单义词而言，这两者是一致的；但对于多义词而言，一个词的意义显然多于词的一个意义。

"义位"和"义项"是两个不同领域的术语，前者属于语言学范畴，后者属于辞书学范畴（唐超群，1985）。有学者指出，从理论上说，词义学上的"义位"和语文词典中的"义项"大致相当（苏宝荣、武建宇，1999），《现代汉语词典》的多义条目就基本上反映了现代汉语词汇的多义状况，义项和义位有"高度的对应性"（张博，2009）。不过，不同词典规模、功用和性质有所不同，因此在编纂过程中存在义项合并、拆分等情形，由此带来义项和义位的不完全统一。考虑到下文的对比很大程度上会以两岸辞书为依据，因此常常从义项的角度进行表述，不过我们会注意义项分合问题，尽量选取义项、义位相对一致的对象来进行分析。

在本章中，我们先以词为对象，比较两岸差异词在义位上的差别，然后深入义位内部，比较同一义位中各组成要素在两岸的异同，最后以"爱戴"和"起跑"为例比较词的意义在两岸的发展变化及其过程。

第一节　基于义项之间的比较

对于同一词语而言，其义位在两岸的差异主要有两种：一种是义位完全不同，反映在词典中通常是两岸没有相同义项；另一种是义位部分不同，即两岸既有相同义项，也有不同义项。以下对这两种情况分别进行讨论。

一、同一词语，两岸没有相同义项

这类词在两岸以相同的形式出现，但是意义大不相同，人们一般将这类词称为同形异义词。以"公车"为例，两岸都有这一词形，但大陆指公家的车,台湾指公共汽车,两地的所指对象完全不同。这种情况并非个例,如果对此不了解,就很容易在交流中产生误解。以下我们以"土豆"和"喻体"为例进一步说明。

(一) 土豆

"土豆"在大陆指"马铃薯",在台湾指的是"花生"(蒋蓝、李行健,2011)。早年间,台湾同胞来大陆,看到菜单上写的"炒土豆丝"便心生疑惑:那么小的土豆居然也能切丝?等菜上来后却惊呼"搞错了"(王尧、吴亚明,2010)。在台湾大型网络购物平台——雅虎奇摩购物中心(https://tw.buy.yahoo.com/),就有"土豆"的相关商品,我们将其中两个商品的图片放在下面:

图 3-1 土豆王　　　　　图 3-2 精选大土豆

图中的商品和大陆常说的"土豆"显然不是同一事物,无论它们冠以"王"的称号还是"大"的名头,其个头都比不上大陆的土豆。其实,在图3-1里可以看到,和"土豆王"并列的英文单词是 peanut,而不是 potato,瓶子里装的就是大陆所说的花生。

此外,把这两张图放大,我们还看到了一个非常有意思的现象:图 3-1 状元牌土豆王的原料是"土豆仁、酱油",图 3-2 大茂牌精选大土豆的"内容物成分"是"花生、酱汁、糖、调味品"。比较后可以发现,在台湾"土豆"和"花生"其实指的是同一个事物——peanut。为了验证这一点,我们专门咨询了台湾的朋友,对方确认了这一看法。

为了便于理解,我们把两岸"花生"和"土豆"的对应关系列在下面:

土豆/马铃薯(陆)——马铃薯(台)

花生/落花生(陆)——花生/落花生/土豆(台)

在第一组关系中，"马铃薯"是两岸的共同叫法，《现汉》注明在大陆"土豆"是"马铃薯"的通称；在第二组关系中，"花生"和"落花生"是两岸的相同叫法，台湾《重编》在"落花生"条下标注，"台湾俗称'土豆'"。也就是说，虽然两岸都有"土豆"这一词形，但所指的是两种完全不同的东西，两岸民众由"土豆"联想到的事物可能完全不同，误会也就由此产生。

台湾之所以将"土豆"作为"花生"的俗称，主要是受闽南语的影响。根据英国传教士杜嘉德（Carstairs Douglas）编著的《Chinese English Dictionary of the Vernacular or Spoken Language of Amoy》（《厦英大辞典》，1873年版，第561页）的记载，当时厦门话把花生（peanut）读作 thô-tāu。今天的泉州方言也有类似的发音 t'ɔ²tau⁵，可以用"涂豆"二字来记音（王建设、张甘荔，1994）。

在两岸相关工具书中，这类词是收录对象之一。以《两岸常用词典》为例，《凡例》部分列举了词典主要收录的五类词语，其中一类就是"同名异实"词语，"土豆"就是其中一例，该词在词典中的释义如下：

【土豆】 1 ★见631页【马铃薯】。 2 ▲见399页【花生】。

"土豆"前没有任何标记，说明这一词形在两个言语社区都可以使用，但两个义项前分别标记了★和▲，★代表该义项仅在大陆通用，▲表示此义项仅在台湾地区使用，这就意味着该词在两岸没有相同义项，所指完全不同。

（二）喻体

"喻体"一词和"土豆"属于同一类型，不过现有的论著很少提及。《两岸常用词典》将其作为通用词收录，但义项完全不同，我们来看具体内容：

【喻体】 1 ★譬喻句中用来比况本体的另一事物。如"朋友像一本一本的好书"中的"好书"，"归心似箭"中的"箭"。 2 ▲也作"喻依"。见44页【本体】 3 ……。

按图索骥，我们在词典中找到了【本体】 1 的具体内容："比喻句中所要说明事物的主体。如'朋友像一本一本的好书'中的'朋友'，'归心似箭'中的'归心'。"由此看来，"喻体"在两岸比喻句中所指的完全不是一回事。

为了进一步查证，我们查阅了《重编》，该词典对"喻体"的解释是：

【喻体】譬喻句中所要说明的主体。如《诗经·卫风·硕人》："肤如凝脂"句中的"肤"。

看到这里，我们不禁疑惑：如果普通话中的"本体"相当于台湾现代汉语中的"喻体"，那么，普通话中的"喻体"在台湾现代汉语中用什么词表示呢？答案是"喻依"。《重编》对该词的释义如下：

【喻依】譬喻句中用来比况喻体的另一事物。如《诗经·卫风·硕人》："肤如凝脂"句中的"凝脂"。

为了方便对照和理解，我们以"肤如凝脂"为例，将"肤"和"凝脂"在两岸对应的不同术语列在下表中：

表 3-1　"肤"和"凝脂"在大陆和台湾的不同指称方式

指称 例词	大陆	台湾
肤	本体	喻体
凝脂	喻体	喻依

在这个表中，至少可以看到以下两组关系：

一是同形异义，这是就"喻体"一词来说的。虽然两岸在比喻句的相关术语中都使用这一词形，但其所指称的对象正好相反，由此造成了同形异义现象。

二是同义异形，在表达"肤"和"凝脂"在句中承担的角色时，两岸使用了不同的词。在指称比喻句中所要说明的主体时，大陆用"本体"，台湾用"喻体"；在指称比喻句中用来比况喻体的另一事物时，大陆用"喻体"，台湾用"喻依"。由此可以看出，在表达同一概念义时，两岸在词形选择上存在差异。

像"土豆""喻体"这样的词究竟有多少，目前并没有一个比较确切的数字。为了有一个相对具体的量的认识，我们按照从前到后的顺序，考察了《两岸常用词典》中从 A 到 E 的全部条目。因为数量不多，我们将涉及的所有条目都列在下面：

【宾馆】 1 ★档次较高的旅馆。 2 ▲招待宾客食宿的场所。（第 62 页）

【补习班】 1 ▲为升学或需要某方面知识、技能开设的私人机构。 2 ★学

校为成绩较差的学生或需补充某方面知识、技能而开设的班级。（第72页）

【大字报】1▲电视台录像时，把相关内容用大字写在纸上，以提示表演者的看板。［例］录像时，幕后工作人员将～高高举着。2★将意见或看法用大字写在较大的纸上，张贴于公共场合的一种舆论发表形式，曾盛行于20世纪50至70年代。现已停止使用。（第173页）

【档次】1▲档期的次序。［例］广告～｜电影～。2★按照一定标准排列的登记次序。［例］拉开工资～｜产品～齐全。（第184页）

【底案】1★案件的原有记录。［例］每个案件的～必须妥善保存。2▲腹案；事先制定的方案或计划。［例］对于这项工程你有～吗？（第197页）

【断路】1★电路中的电流中断（与"通路"相对）。［例］合上电闸，使～变为通路。2▲见230页【短路】1。（第231页）

总的来说，这类词大体上有以下几个特征：一是词形通用，即两个言语社区都使用相同的词语形式；二是义项比较单一，即词语在两个言语社区通常只有一个义项；三是概念义不同，即词语在大陆普通话和台湾现代汉语中体现的词义存在一定的差异。

在两岸交流中，同形异义词很容易让人产生误解。因为词形熟悉，所以语言使用者会很自然地用自己所在言语社区的概念义去理解，当这种理解具备一定可解释性的时候，人们很难去追究这种理解是否正确，双方在认识上的偏差由此产生，而使用者自己很难发现。

笔者2014年到台湾参加学术会议，在处理食宿问题时，习惯性地查询会场附近的"宾馆"信息，等去了以后才知道，台北的宾馆和预想的情况完全不同，造成误解的原因就是该词在两岸的意义所指并不相同。虽然台湾也有"宾馆"一词，也用来指"接待宾客住宿或休息的馆舍"，但其档次大约相当于国内的旅社或者旅店，如果想住类似大陆宾馆的地方，得查询当地的饭店或者大饭店。也就是说，"宾馆"一词在两地都有，但其概念义并不相同，笔者就是因为没有注意到其中的差异才产生了误解。

二、同一词语，两岸既有相同义项，也有不同义项

同一词语在两岸既有相同义位，也有不同义位，表现在辞书中就是既有

相同义项，也有差异义项，人们一般将这类现象称为同形异项词或偏项差异词（徐复岭，2014）。例如"护航"，两岸都有这一词形，且都有"护送船只或飞机航行"的义项，但台湾还有"掩护他人考试作弊；袒护某一特定对象，使其顺利过关"之义。

苏金智（1995）曾提到，词义演变是导致同形词概念义发生变化的主要原因，包括词义扩大、缩小和转移，其中词义扩大是最主要的一类。根据苏文的统计，约70%的词义演变是由词义扩大引起的。在长期的使用中，一些词在原有的基础上产生新的义项，由此导致两岸在其义项上的差别，如在名词义的基础上衍生出动词义，在动词义的基础上发展出名词义，在副词义的基础上增加形容词义等。以下分别举例说明。

（一）名词义为共用义项，动词义为差异义项

在展开分析前，先要区分两组关系：一是"名词—动词"，二是"名词—名词/动词"。这两者看起来有相似之处，本质却大不相同。前者体现的是单纯的一对一的关系，即某词在一个言语社区是名词性的，在另一个言语社区却是动词性的，二者没有交叉的情况；后者体现的是既相同又有差异的一对二关系，即某词在两个言语社区都有名词用法，但在其中一个言语社区还有动词用法。也就是说，名词义是两岸的相同用法，动词义则是差异所在，我们讨论的正是这一类。

从逻辑上讲，"名词—名词/动词"这组关系包含两种情况：一种是某词在大陆只用作名词，而在台湾则名词、动词兼备；另一种则正好相反，该词在台湾仅用作名词，在大陆名词、动词兼具。受个人条件所限，这里仅以第一类为考察对象，即普通话中的名词在台湾现代汉语中除了对应的名词义外，还有大陆很少用或者基本不用的动词义。这里以"外遇"和"誓言"为例进行说明。

1. 外遇

先看相关辞书对"外遇"的释义：

【外遇】名 丈夫或妻子在外面的不正当的男女关系。(《现汉》，第1345页）

【外遇】有配偶而与人有超友谊关系，称为"外遇"。清·纪昀《阅微草堂笔记·滦阳消夏录六》："妇固妒悍，以为夫有外遇也，愤不可忍，遽以担

痛击。"(《重编》网络版)

【外遇】已婚男女在外面与第三者的不正当关系。也指与已婚男女有不正当关系的人。(《两岸现代汉语常用词典》,第1140页)

由这三条释文,可以看到以下几点:

其一,"外遇"属于两岸通用词,不仅两岸权威辞书收录,而且反映两岸词语差异的辞书也将其作为通用词收录其中。

其二,该词的核心义在两岸大致相当,都是指在已婚状态下与他人发生不正当(超友谊)关系。

其三,该词的具体所指及词性在两岸存在一定的差别,《现汉》认为该词的所指是一种"关系",因而将其标记为名词;《重编》的释义则反映出该词所指的是一种"行为",但例句里体现的是名词义用法;《两岸现代汉语常用词典》认为该词既可以指称这种不正当关系,也可以指称处于这种关系中的人,但无论是关系还是人,也都属于名词。

为了梳理该词在两岸的发展情况,我们从两岸隔离之前开始说起。在20世纪30年代的早期现代汉语中,"外遇"主要用作名词,既可以用来指"人",也可以用来指"关系"。例如:

(1)北平李丽准备离婚　自己的秘书变了丈夫的外遇(《电声》,1935年第4卷第27期)

(2)怎样处置有了外遇的丈夫(《方舟》,1935年第15期)

前一例中的"外遇"指的是人——李丽的秘书,后一例中的"外遇"既可以理解为"人",也可以理解成"关系"。在当时的言语使用中,"有外遇"是一种比较常见的准凝固形式,如"夫有外遇"(《玲珑》,1934年第4卷第2期)、"父有外遇,与母离异"(《影舞新闻》,1935年第1卷第9期)等。

中华人民共和国成立后,大陆基本延续了这种用法。时至今日,该词仍以名词义用法为主。例如:

(3)一位独立而自爱的朋友,在得知丈夫有外遇后,果断地选择了离婚。(大陆,2013-01-29)

(4)互联网上每天出现好多人的脸,苹果CEO发布新手机,谷歌创始人搞外遇,微软老总要退休,但是很少出现Java之父,以及许多像他一样,创立编程语言的人。(大陆,2013-10-09)

最常见的形式仍是"有外遇",除此之外,"搞外遇"用例也比较多,在中青在线网站里的 1031 个用例中,"有外遇"和"搞外遇"两种形式分别有 440 例和 50 例。

台湾的情况却有所不同。在两岸隔离之后,"外遇"的名词用法被继承下来,同时还产生了动词义。

大约在 20 世纪 90 年代末,"外遇"在台湾出现动词义用法,以下是我们见到的较早用例:

(5) 台中市一名张姓商人,结婚十年多,外遇二十多次,他的妻子发挥最大的包容心面对丈夫的花心,还多次成功地劝退第三者,如今苦尽甘来,夫妻感情比过去还深厚,丈夫也不再不安于室。(台湾,1998-06-20)

句中的"外遇"和"结婚"相对应,二者都是动词用法。在此之后,"外遇"的动词义用例逐渐增多,在句中的用法也趋于多样——既可以单用,也可以和其他词语组合后共同构成句中谓语。例如:

(6) 新竹黄姓女子六年前与已婚张男外遇,前年张男向妻子招认奸情,每周偷情约三次。(台湾,2015-04-17)

(7) 不料男方婚后却随即变心,外遇公司女同事,甚至还直接带对方回家。(台湾,2014-12-30)

(8) 检警查出,黄姓男子(43 岁)与死者曾美兰(41 岁)各自背叛婚姻、外遇 1 年多,黄男后来想分手,曾女却不放。(台湾,2014-11-14)

这三例中的"外遇"都是动词,前一例单独做谓语,后两例分别带宾语和补语,即与"公司女同事"和"1 年多"组合后充当谓语。由此可以看出,"外遇"在台湾的动词义用法已经比较普遍了,而这一义项正反映出该词在两岸义位或义项上的差别。

2. 誓言

"誓言"也是两岸通用词,我们从该词在 20 世纪初的用法说起。先看以下几个用例:

(9) 背誓言者其汗颜否乎(《广州旬报》,1905 年第 8 期)

(10) 父亲的誓言(《学文月刊》,1934 年第 1 卷第 4 期)

(11) 十五万人誓言美国片应改良(《影舞新闻》,1936 年第 2 卷第 5 期)

(12) 醉后反添心头事,李玛娜誓言戒酒!(《春海》,1947 年第 25 期)

在前两例中,"誓言"用作名词,指宣誓时说的话;后两例中,"誓言"用作动词,指说出表示决心的话。也就是说,该词在中华人民共和国成立前已有动词、名词这两种用法了。不过,从二者的使用比例来看,名词用法占了绝大多数,在全国报刊索引数据库中,"誓言"在中华人民共和国成立前的语料中一共有 69 个用例,其中名词义 65 个,动词义用例仅有 4 个。

中华人民共和国成立后,普通话中的情况是"誓言"的两种用法逐渐发生改变,整体趋势是名词义用法日渐增多、动词义用法越来越少。

以《人民日报》为例,从 1949 年 10 月 1 日至 1950 年 9 月 30 日,以"誓言"为关键词,共检索到 42 个用例,其中名词义用例 31 个,动词义用例 11 个,二者占比分别是 73.81% 和 26.19%。以下各举两例:

(13) 每一个指挥员战斗员在这兴奋和力量汇成的数百里长的巨流里,从内心里发出了英雄的誓言:奋勇前进,赶快完成我们历史的大进军!(大陆,1949-10-12)

(14) 这些中国人民解放军的英雄人物,世界和平的保卫者,一并在签名书上写下自己的誓言。(大陆,1950-09-30)

(15) 我们誓言贡献我们的全部力量来建设向社会主义迈进的人民的波兰。(大陆,1949-10-05)

(16) 全中国的人民,以极度欢欣而又异常严肃的心情,在全国各地举行了庄严伟大的群众大会,一面庆祝自己的中央人民政府的诞生,一面誓言为保卫世界的持久和平而坚决斗争。(大陆,1950-04-13)

十年之后,在《人民日报》1959 年 10 月 1 日至 1960 年 9 月 30 日的数据中,"誓言"共出现 67 次。经过逐一考察,这六十余条记录全部是名词义用例,无一例外。此后,这样的情况一直延续下来,在《人民日报》1969 年 10 月 1 日至 1970 年 9 月 30 日的数据中,"誓言"共出现 156 次,无一例属于动词义用例。也就是说,《人民日报》的使用情况显示,在中华人民共和国成立之后的几十年里,"誓言"的动词义日渐式微并最终退隐了。

在台湾,自 20 世纪中期以来,"誓言"的两种用法就一直都存在,以下各举一例:

(17) 褒曼誓言永不再嫁(台湾,1957-11-09)

(18) 各宣誓人员,应遵守誓言,负责尽职。(台湾,1958-07-02)

此后，动词用法也一直延续下来。例如：

（19）他们浑然不知道全欧洲警察都在头痛，誓言要逮到这两个"狡贼"。（台湾，1978-09-30）

（20）他们在手臂上系上象征热情的红丝带，誓言要营造两性平权的社会。（台湾，1997-12-27）

发展到现在，"誓言"的动词义用例甚至比名词义用例还要普遍。以台湾一份报纸为例，该报 2014 年全年共使用"誓言" 47 次，其中 40 次都是动词义，名词义用例只有 7 个。

就目前来看，"誓言"在两岸的相同之处是都有名词义，指"宣誓时说的话"；不同之处是该词在台湾还有动词义，用来指称"宣誓"这个动作。

除"外遇、誓言"外，体现"名词—名词/动词"关系的词还有一些，朱景松、周维网（1990）曾以"决议"为例，指出该词在大陆是名词，但在台湾还可以用作及物动词，"隔阂、强盗"等词也都属于此类。这几个词在《现汉》中都只有一个名词义项，但在台湾还存在大量动词义用例。以下各举一例：

（21）台北市计程车公会昨天决议，将募集 1000 万元作为民众检举 Uber 的奖金，并号召车队和新北市计程车一同加入。（台湾，2014-12-31）

（22）这显现对当地状况极度隔阂。（台湾，2014-05-17）

（23）男子张家荣经商失败又欠赌债，前晚持双枪侵入北投一家洋酒行强盗。（台湾，2014-03-07）

在这一部分的论述中，我们主要分析了"外遇"和"誓言"两个词。事实上，这两个词代表了两种不同的类型。就"外遇"来说，该词在两岸隔离前只有名词用法，在隔离后，大陆基本保持了之前的用法，没有发生大的改变，而台湾新增了动词义，由此形成义项的不同；就"誓言"来说，该词在 20 世纪初已有动词和名词两种用法，在后来的发展中，大陆只保留了名词义，基本不再用作动词，而台湾将两种用法都保存下来了，由此形成了义项上的差异。简单来说，前一种差异是由台湾新增动词义项而形成，后一种差异是因大陆不再使用动词义项而导致。

（二）动词义为共用义项，名词义为差异义项

和前一类情况正好相反，这类词在两岸有相同的动词义，但其中一个言

语社区还有名词义项，由此形成了词义上的差异。

这里以"驾驶"一词为例进行分析。按照前文类似的方法，先从两岸权威辞书入手查看相关释义：

【驾驶】[动]操纵（车、船、飞机、拖拉机等）使行驶：～员｜～汽车。（《现汉》，第629页）

【驾驶】①操纵车船、飞机等交通工具。如："驾驶汽车"。②操纵车船或飞机的人。如"正驾驶""副驾驶"。（《重编》网络版）

比较这两本辞书的释义可以发现，大陆仅有一个义项并标记为动词，台湾有两个义项，前者为动词，后者为名词。如果仅从义项多寡来看，《重编》显然多出了一个名词义项，但是如果细看该义项所举例证就会有新的疑惑，虽然《现汉》没列名词义项，但是《重编》名词义项中所举的"正驾驶""副驾驶"，大陆也常见。例如：

（24）12月25日，复兴航空得到地面总代理上海航空公司的支持，正驾驶杜希豪在驾驶舱中实地观摩了从上海到澳门飞行的全过程。（大陆，2003-01-27）

（25）越来越多的迹象表明，飞机的副驾驶安德烈亚斯·卢比茨可能涉嫌故意制造了飞机的坠毁。（大陆，2015-04-14）

（26）大部分普通汽车车内安装的遮阳板，是安装在正驾驶与副驾驶的头顶，当有强烈光线刺激时，可以直接拉下来，不用了再拉上去，使用比较方便，同时可以左右翻转。（大陆，2017-10-20）

也许是基于这样的考虑，《两岸现代汉语常用词典》（第514页）将其作为通用词收录，名词和动词两个义项均包含在内，释文如下：

【驾驶】①开动和操纵（车、船、飞机等）使行驶。[例]～员｜～舱｜～执照。②指操纵（车、船、飞机等）的人。[例]副～。

从该词在普通话中的使用情况来看，将义项二单列出来似有不妥之处，因为"驾驶"在单用时只用作动词，不用作名词，义项二的所谓名词用法只出现在"正驾驶""副驾驶"这样的组合中。也就是说，"驾驶"本身不是名词，在与区别词"正""副"等组合后才具有了整体上的名词性。从这个角度来说，《现汉》不标名词性是正确的，至少是可以接受的，而该词在两岸使用上的差异正好体现在这一点上，即"驾驶"在台湾可以单独用作名词（不与

"正""副"等搭配），词义相当于"驾驶员"，这种用法大陆基本没有。例如：

（27）警方发现驾驶黄姓男子神情慌张，表情严肃，故作镇定，直觉可疑，于是拦停示意同仁共同加强盘检该人、车。（台湾，2014-11-08）

（28）发现驾驶驾车不稳定，明明前方无车辆，却频频踩踏刹车，有影响用路人行车安全之虞，应予以劝导。（台湾，2015-03-23）

对于前一例，大陆读者的第一直觉是"驾驶"后少了"员"；而对于后一例，更像是"驾驶"与"驾车"两个动词连用形成了病句。在台湾，这样的用法非常普遍，在表名词义时，"驾驶"不仅可以单用，也可以受数量词修饰，还可以和词缀"们"搭配表示复数。例如：

（29）机身断成两截，1名驾驶死亡，另1人重伤。（台湾，2014-11-01）

（30）政府应该加强执法，并且教育驾驶们正确的行车观念。（台湾，2015-03-26）

在下面几个例句中，"驾驶"分别出现两次，其中一处是两岸通用的动词义，另一处是台湾特有的名词义。

（31）获得分配保管并驾驶新车的驾驶也都惜福感恩，表示将以最好的服务质量回馈乘客。（台湾，2014-06-13）

（32）为了享受驾驶的便利和快乐，我们需要为驾驶和行人确保一个安全的环境。（台湾，2015-02-12）

（33）一名女驾驶昨日上午九时三十分左右，驾驶轿车途经西定路，疑刹车失灵连续撞三辆机车和一辆出租车后，又撞上一辆停在路边等待运送灵柩的灵车。（台湾，2015-03-03）

"驾驶"的名词义用例早在20世纪30年代就已出现，但是和动词义相比，名词义用例数量非常有限，以下列举两例：

（34）海部自制陆上机江鹊号飞京，驾驶完全由华人担任，在京稍留两日即飞沪。（《中央日报》，1933-07-22）

（35）港洋面坠海机，乘客驾驶无恙。（《中央日报》，1948-11-16）

中华人民共和国成立后，大陆以动词义用例为主，名词义逐渐趋于消失。以《光明日报》为例，该报1949年6月共使用"驾驶"15次，全部为动词义用例，无一例名词义。与此相对的是，台湾保留了名词义，较早的用例如：

（36）澳一客机驾驶谈称曾见高空火光　疑系俄弹爆炸（台湾，1960-01-

22)

（37）驾驶们互不礼让　大街上车排长龙（台湾，1974-07-09）

这两例都是新闻标题，"驾驶"的名词义在较长时间内主要见于标题中，直到20世纪80年代之后才逐渐用于正文。例如：

（38）这次经……慎重评选而当选的计程车优良驾驶计有三三七人（女性二人）。（台湾，1980-11-11）

（39）据公路警察二队统计，六月份共发生四十五件车祸，平均每天一点五件值得驾驶们注意。（台湾，1992-07-03）

胡明扬（1993）曾指出，动名兼类是一个长期存在的重大语法问题，同一词形包含两种词义，"动词表示动作，名词表示人或事物"。刁晏斌（2012b）也持相同的观点，并举例说古代的"医、屠"以及现在的"导演、主播、采购"等都属于此类。对于"驾驶"一词来说，两岸使用上的差异正体现于此，该词在台湾属于动名兼类，在大陆则只为动词。

如今，在台湾言语社区，和"驾驶"（名词）意义相当的还有"驾驶员、驾驶人、司机、运将"等，这些词和"驾驶"一样都活跃在媒体中。

（三）副词义为共用义项，形容词义为差异义项

这一类型反映的情况是，词语在两岸有相同的副词义，但其中一个言语社区还有形容词义，由此形成了词义上的差异。

张谊生（2000）总结了副词和形容词的四条区分标准，其中一条是只能充当状语以及只能充当状语和补语，并且不能充当"基式谓语"和修饰性定语的可以判定为副词。也就是说，能且只能充当状语的可以判定为副词。在普通话中，"立即"一词就属于这一类，因此《现汉》（第803页）将其标注为副词：

【立即】 副 立刻：接到命令，～出发。

为方便对比，我们将《重编》（网络版）修订本的释义列在下面：

【立即】立刻、即时。《儒林外史》第一回："时知县此时心中十分恼怒，本要立即差人拿了王冕来责惩一番，又想恐怕危老师说他暴躁。"

这两本词典对"立即"的释义大致相同，《现汉》明确标记为副词，《重编》虽然没有标注词性，但从释文所用词语以及后面的例句来看，也属于

副词。

"立即"一词在20世纪初就已出现,以下是我们见到的较早的两个用例:

(40)八通商界内华洋各商如有不守应遵定章之处,巡差看出立即报知巡捕衙查办。(《东方杂志》,1904年9期)

(41)炸弹落于最后马匹与御车轮之间,该马立即轰毙。(《政艺通报》,1906年第五卷第10期)

一个世纪以来,大陆基本沿袭了这一用法。在《光明日报》中,我们按十年一个间隔分别统计了1949年6月、1959年6月、1969年6月、1979年6月、1989年6月以及1999年6月的所有用例,"立即"分别出现55次、113次、103次、36次、140次和135次。在所有用例中,"立即"全部用作副词,未见形容词及其他词性的用法。

自20世纪中期以来,台湾也保留了"立即"的副词义并沿用至今。例如:

(42)当日投票完毕后立即开票,依照规定名额,以得票较多者为当选,票数相同时则以抽签决定之。(台湾,1951-11-17)

(43)绝大多数石油输出国家组织的国家,今天显示赞成石油立即涨价,而且涨幅超过预定今年上涨的水平。(台湾,1979-03-27)

(44)＊＊＊要求各学校加强量测学生体温,只要有一人发烧,全班立即停课。(台湾,2003-05-14)

从20世纪50年代初开始,台湾开始出现"立即＋的"的用法。例如:

(45)要求采取立即的措施以停止此种非法及未经认可的行动。(台湾,1953-07-23)

(46)法国在撒哈拉沙漠的原子试验,对已经十五个月的核子试验谈判将无立即的影响。(台湾,1960-02-14)

按照一般的认识,副词不与结构助词"的"搭配使用,尽管台湾常以"的"代"地",但在"采取立即的措施"以及"无立即的影响"中,"立即"修饰的都是名词,"立即"本身不应看作副词。

这种用法在20世纪80年代前还不算太多,除了上述两例外,我们所见还有"立即的效果、立即的教育、立即的危险、立即的服务"等。到20世纪

90年代之后，类似的用例开始逐渐增多，"立即的"后面既可以接单个词，也可以搭配词组，词义相当于"即时的，短时间内出现的"。例如：

（47）因为伊拉克已无立即的威胁，时间可以迫使它屈服，没有必要再引起阿拉伯国家的反西方情绪。（台湾，1992-03-20）

（48）结构技师公会等专业技术团体研判认为，对邻近房屋没有立即的危险。（台湾，1992-09-24）

（49）其由于对人事无权置喙，所以尚无立即的举措，但会要求组织部门进行处理。（台湾，1992-11-07）

（50）……公司被迫停工三天，对农药市场会不会有立即的浮动影响呢？（台湾，1991-12-04）

（51）最后决定如果乡公所没有立即的善意回应和圆满交代，将在最近采取围堵行动。（台湾，1993-06-24）

前三例"立即"修饰的是单个词，后两例分别修饰的是偏正词组和并列词组。我们从台湾语料gigaword中随机抽取了180个包含"立即的"的结果，其中出现次数最多的是"立即的威胁"（共26次），其他出现较多（大于5次）的分别是"立即的影响（18次）、立即的反应（11次）、立即的危机（10次）、立即的伤亡（8次）、立即的结果（7次）、立即的军事（7次）、立即的效果（6次）、立即的冲击（6次）"。

在之后的使用中，"的"字逐渐可以脱落，这样"立即"就可以直接修饰其他词了。例如：

（52）华盛顿州长英斯利说，外泄物质不会对民众或环境安全构成立即威胁，因为外泄的辐射可能需要多年时间才会达到地面。（台湾，2013-02-23）

（53）花莲林区管理处表示，如果溃坝，对下游居民没有立即危险，但是溪床水量会因此暴增，游客切勿进入。（台湾，2014-05-14）

有时，"立即"会和其他形容词并举，共同修饰后边的名词或名词性成分。例如：

（54）对全球医学界而言，研发SRAS疫苗及新药已成为当务之急，并预见将有立即而庞大的潜在商业利益。（台湾，2003-05-15）

（55）我们对于色彩的反应与感觉是立即且持久的，同样的道理放诸职场

也一样。(台湾，2013-01-18)

在使用中，"立即"也可以受程度副词修饰。例如：

(56)……推出"山坡地防灾资讯系统"，整合廿六处雨量站测得的最立即资讯，并新增北市七处地质敏感防灾地图。(台湾，2011-08-24)

(57) 不过对媒体而言，特派记者全程搭乘包机随行采访产生一个更立即的问题：每人成本高达六万美元（约台币一百八十万元）。(台湾，2014-11-09)

由于词义的限制，"立即"很难单独做谓语，我们在语料中也没有找到相关用例。除此之外，此词已经具有了一般形容词的所有功能和用法，两岸义项上的差异也在这一点上表现得非常明显和突出。

三、小结

在这一节中，我们以词为对象，比较了同一个词在两岸义位上的异同，反映到词典中，就是看该词在两岸义项上的差别。有些词在两岸没有相同义位，如文中所举"土豆""喻体"等；还有一些词在两岸既有相同义位，也有不同义位，如"外遇""驾驶""立即"等。

应该说，这样的工作在 20 世纪 80 年代就已经开始了，相关成果也散见于各种论著中。但是已有的研究远未达到让人满意的程度，在部分研究领域还存在不少缺憾。因此，这一工作仍有进一步拓展的空间。

在以往的研究中，人们所做的工作主要有两类：一是列举，二是描写。列举的意义在于让人们了解这类词究竟有哪些，列举得越多，对这类词的认识也越全面；描写的意义在于让人们了解这些词在义项上究竟有哪些异同，描写得越细致，对词义的异同认识得也就越清楚。但是，这种描写基本都是在共时平面展开的，很少从历时的角度进行梳理。由此就带来一个问题：这些差异义位究竟是怎样形成的？对此人们知之甚少。

为了弥补上述缺憾，我们在这一节中从共时和历时两个角度来进行观察和分析，尤其注重从历时的角度梳理差异义项的由来。有些差异义项是在两岸隔离后在一个言语社区内新产生的。例如"外遇"一词，在两岸隔离前只有名词义位，隔离之后大陆基本保持了这一用法，台湾却新增了动词义，差异由此形成；类似的还有"立即"，两岸隔离前只有副词义项，隔离之后台湾新增了形容词义项。另外一种情况是，有些差异义项是隔离后在一个言语社区缩减而成的。以"誓言"为例，该词在 20 世纪初有动词和名词两种用法，但在后来的发展中大陆仅保留了名词义项（即词义缩小），台湾则将两种用法都保留了下来，差异也就由此产生。

从历时的角度梳理差异义项的由来，能在一定程度上让人们对某些差异知其然，也知其所以然，能使我们对两岸差异义项的认识更为完整和深入，也能使现有的研究前进或深入一步。

第二节 基于义位内部各要素的比较

张志毅、张庆云的《词汇语义学》一书，在"义位"的概念下提出了"义值""义域"等几个比较重要的概念，这些概念以及相关的阐释是本节论述的基础，所以这里先将其开列于下：

义位：词汇语义学研究中最为重要的单位，相当于义项，由义值和义域组成。

义值：义位中质的因素，包括基义和陪义两部分。基义大致相当于传统词汇学上的概念义或理性义，而陪义相当于附属义。

义域：义位中量的因素，指义位的意义范围和使用范围。

这些概念之间的关系可以用两个公式来概括：一个是"V（义值）＝B（基义）＋C（陪义）"，另一个是"G（义位）＝V（义值）＋F（义域）"。这两个公式合并起来，就是"G（义位）＝B（基义）＋C（陪义）＋F（义域）"。

这些概念虽然是在普通话的范围内提出的，但是同样适用于两岸词汇的对比研究。就"义位"来说，以往人们对其基义（概念义）关注较多，其次是陪义，而对义域关注较少。在本节中，我们就以上述概念以及上述概念间的关系为基础，重点比较同一义位在基义相同的情况下，其陪义和义域存在的差异。

一、基义相同，陪义不同

就公式"V（义值）＝B（基义）＋C（陪义）"来说，义值由基义和陪义组成，因此义值的差异也就是由这两个方面或其中的一个方面引起的。在本部分，我们比较的前提是同一个词的同一义位在两岸基义也相同，因此义值的差别实际上就在于陪义的不同。

陪义，又称附加义，是词义固有的一个方面（胡中文，1999），是不依赖于具体语境在"静态状况"下就存在的词义成分（曹炜，2001），在词义中居于附属地位，属于词义的次要方面。

关于陪义的类型，已有的研究从三分到九分都有，其中最为常见的是三分法，即分为感情色彩、语体色彩和形象色彩（张志毅、张庆云，2005）。以下，我们以感情色彩为例进行说明。

就两岸通用词"庇护"来说，其在大陆多用于贬义，杨平（2012）在论及英汉翻译的褒贬词选择问题时说，在翻译英语词 protect 时用"庇护"有贬义色彩。根据对北语 BCC 语料库的统计，该词常和"罪犯、帝国主义、资产阶级、敌人、贪官"等搭配，在句中基本都含有贬斥意味。但是，在台湾该词却具有中性色彩，在很多场合并无明显的贬义。例如：

（1）玩电玩也可以做公益，《魔兽世界》协助病童圆梦，去年全球共募集 230 万美金，约合台币 6900 万元，提供美国珊迪飓风灾民庇护、物资和灾后心灵重建之用。（台湾，2013-11-25）

（2）一些社会团体为安置这些没有家人陪伴的小小偷渡客，还提供寄养家庭，给予他们所需的照顾与庇护。（台湾，2015-02-15）

这两句中的"庇护"都相当于"保护"，感情色彩上都趋于正向，并没有任何贬义色彩。此外，我们还了解到，台湾在各地成立了很多家"庇护工场"，旨在帮助残障人士就业。以新北市为例，该市"登记立案共有 21 家庇护工场，安置逾 460 位身心障碍者"（台湾，2014-12-22），"庇护"在这里也丝毫没有贬义色彩。

需要说明的是，这里比较的是陪义的差异，其前提是基义或基本相同。比如，虚义动词"搞"在普通话中表现为中性色彩，在台湾现代汉语中曾经长期具有明显的贬义,这种差异的基础是该词在两岸都表示"做、弄"。但是,像"窝心"这样的词并不在我们的讨论范围之内,尽管该词在两岸的色彩义明显不同——大陆偏贬义,台湾趋褒义,但这种差异很大程度上是由基义的区别引起的:该词在大陆义为"堵心、烦心",在台湾则是"暖心、舒心"。概括来说,这里的比较对象建立在词形相同、基义也相同的基础上,如果词形相同、基义不同,无论其感情色彩有无差异,均不在讨论之列。

(一)普通话为贬义,在台湾是中性义或褒义

一些词在普通话中带有比较明显的贬义色彩,但在台湾现代汉语中有所不同,它们可能表现为中性色彩,也可能体现出褒扬色彩,由此就带来某些词在感情色彩上的差异。以下以"附和、狡猾、固执"等词为例来进行说明。

1. 附和

"附和"在两岸都用作动词,指"自己没有定见,(言语、行动等)追随别人"。在大陆,该词主要表示贬义,《现汉》在释义后明确标注"多含贬义"。詹伯慧(1988)在谈及新闻从业人员的语文修养时说,认真辨析词义才能用得恰到好处,例如"赞成、附和、同意"是一组同义词,但是感情色彩大不相同,"赞成"是褒义,"附和"是贬义,"同意"则是中性。来看几个这样的用例:

(3)为了利益与私欲,一些"专家"信口雌黄、无中生有,有些则随声附和,趋炎附势地说假话,作虚假鉴定、评估。(大陆,2013-04-23)

(4)有的在政治原则问题上旗帜不鲜明,对一些偏激或错误的政治观点,不敢理直气壮地抵制,有时甚至认同附和,助长错误思想蔓延。(大陆,2014-06-10)

无论是前一例中的"随声附和",还是后一例中的"认同附和",在句中都指没有自己的主见,一味无原则地听从他人意见或接受他人的观点,具有比较明显的贬义色彩。

在台湾,"附和"也用来指追随他人的言语和行动,但并不仅限于表达贬义,一些非贬义的场合也可以用。因此,就感情色彩来说,基本属于中性。例如:

(5)＊＊＊昨过35岁生日,＊＊＊特地由北京到台陪老婆,日前＊＊＊妈

许下"希望每个女儿都能生个孙子让我带"的生日愿望，＊＊＊附和："我的愿望就是妈妈心想事成！"（台湾，2011-10-07）

（6）有学生在脸书上发起"拯救成功湖"行动，上千名网友附和。（台湾，2012-05-08）

前一例中的"附和"是指＊＊＊从言语上追随、响应＊＊＊妈妈，后一例则是指网友从行动上支持学生的救湖行动，该词在这两例中显然都不含贬义。

"附和"在两岸感情色彩的差异，主要是由该词在台湾的发展变化引起的。在早期现代汉语中，该词具有明显的贬义色彩，大陆普通话沿袭这一特征，基本没有大的变化；而在台湾，大约从20世纪80年代起开始出现不含贬义的用例。例如：

（7）对顾客要随声附和（台湾，1981-10-15）

这则标题中提出对顾客要随声附和，其实就是及时应答之意，完全没有贬义色彩。这样的用法在20世纪80年代末以后逐渐增多，例如：

（8）政治捐款岂可抵扣税！一席会外话博得满场附和声（台湾，1988-08-04）

（9）昨晚台北市中山堂爆满的观众犹如置身在美国西部，聆听一曲又一曲耳熟能详的民谣风歌曲，对"＊＊＊"超过八十分钟卖力的演出，全场观众频报以热烈掌声，并不时拍手附和。（台湾，1991-12-08）

前一例中的"附和"是指通过言语表达赞成之意，后一例则是以拍手的形式进行互动，"附和"在这两例中都没有贬义色彩。

2. 狡猾

"狡猾"在两岸的词义大致相同，《现汉》释义为"形容诡计多端，不可信任"，台湾《重编》释义为"诡变多诈"。

在大陆，"狡猾"具有明显的贬义色彩。郭先珍、王玲玲（1991）在阐释褒义词和贬义词在搭配中的方向性时，就以该词为例，说明其具有贬义，在使用时体现为"顺向搭配"，即主要搭配"阴险、奸诈、虚伪、伎俩"等贬义词以及"手段、人"等中性词，一般不与褒义词搭配。例如：

（10）当一个社会连最基本的道德观念都不存在，处处充斥着欺诈、虚

伪、狡猾的丑恶现象时，一个社会便失去了其合理存在的意义。（大陆，2003-10-20）

（11）无论野心家、阴谋家多么狡猾阴险，从来没有一个人能够利用军队实现其阴谋。（大陆，2011-07-08）

在台湾，"狡猾"则表现为中性色彩，除了和大陆相似的一些贬义用例外，还有一些中性甚至略带褒义的用例。如：

（12）我能逗你开心，做狡猾却善良的魔术师，但我不是真的善变。（台湾，2010-05-05）

（13）他们都是狡猾的猫咪，我不认为他们真心相信热火会成功。（台湾，2010-10-22）

（14）尼克队＊＊＊很可能已为＊＊＊接下来的NBA之路指出重点，＊＊＊说："我够狡猾。"（台湾，2012-03-07）

（15）＊＊＊聊到女友话题，＊＊＊打太极："不管有没有，都留给自己。"而且他还笑说："如果狡猾一点说，不想浪费社会资源。"（台湾，2015-01-05）

例（12）中"狡猾"和"善良"并举，虽然用"却"字作了转折，但从整句话来看，"狡猾"只是用来强调多变，并没有明显的贬义色彩。普通话中，"狡猾"常用来修饰狐狸等动物，但在例（13）中用来修饰"猫咪"，多少有些喜爱的意味。例（14）和例（15）都是说话人对自己的评价，并不是专门贬损自己，而是形容主意多、爱动脑等。

3. 固执

和"狡猾"一样，"固执"也属于两岸通用词，都用来形容坚持己见、不肯变通。

在普通话中，"固执"属于比较典型的贬义词。温云水（2007）在论述贬抑句和贬抑功能句型时提到，一些贬义词的运用可以使整个句子贬抑化，作者举例说，"他这个人很固执"之所以成为贬抑句，就是因为包含有贬义词"固执"。我们来看几个包含"固执"的句子：

（16）网络对姥爷的生活确实产生了很大影响，现在他开始关注一些热点问题，跟我们的交流更多了，思想也不再像原来那样固执了。（大陆，2014-05-25）

(17) 无视社会经济的发展、市场需求的变化，而固执地照搬很多年前的规定来行事，那是刻舟求剑。（大陆，2015-02-01）

这两句中的"固执"都有一定的贬义色彩，尤其是后一例，作者将固执地照搬以前的规定行事比作"刻舟求剑"，而"刻舟求剑"本身就是一个贬义成语，感情色彩正与"固执"一致。

在台湾，"固执"除了可以用于贬抑或贬损场合外，还可以用于一些褒扬的场合，由此就使得该词的感情色彩趋于中性。例如：

(18) 德国人严谨、务实、勤奋，追求卓越到接近固执的性格，恰如其分地呈现在足球上。（台湾，2014-06-03）

(19) ***，53年来每天走二三十公里，沿途叫卖面茶，固执地坚持一分料都不偷减，把对传统手艺的坚持，完整地体现在一杯杯的面茶里。（台湾，2014-11-27）

(20) 在实体销量日薄西山之际，还是有一群固执的人想收藏CD，于是就有一群人愿意费心思做出值得让人收藏的CD，这是对艺术的坚持。（台湾，2014-08-11）

在前一例中，"严谨、务实、勤奋"都是褒义词，如果说下句中"追求卓越到接近固执"中的"固执"还有些许贬损意味的话，那么中间一例"固执地坚持一分料都不偷减"则是十足的中性意义，并且由于跟正向的"坚持一分料都不偷减"共现，本身甚至还带有了一些褒义；最后一例把"固执"与"对艺术的坚持"联系在一起，因此无疑也是正向的，也是趋向于褒扬的。

除了以上三个词外，还有一些词也具有类似的特征，"保护伞"就是其中的一个，该词在两岸都用来指起保护作用的力量或有权势的人。《现汉》标注该词多含贬义，不过在台湾一般为中性。例如：

(21) 这表示有近四分之一的妇女，被排除于家庭暴力防治法的保护伞。（台湾，2013-06-23）

(22) ……愿景工程倡议强化微型保单政策，为台湾弱势族群撑起保护伞。（台湾，2014-06-25）

（二）台湾的贬义，普通话是中性或褒义

和上一类正好相反，一些台湾现代汉语中的贬义义位在大陆普通话中却

并不具有明显的贬义特征，它们常常表现为中性色彩，有时甚至带有褒扬色彩。下面以"匪夷所思""铁石心肠"等为例来进行说明。

1. 匪夷所思

【匪夷所思】指事物怪异或人的言行离奇，不是一般人按照常理所能想象的（夷：平常）。(《现汉》，第 378 页)

【匪夷所思】非一般人所能想象得到的，带有贬义。《易经·涣卦·六四》："涣有丘，匪夷所思。"（《重编》网络版）

从这两条释文来看，"匪夷所思"在两岸的基义大致相同，但是色彩义有所区别，台湾《重编》标注为贬义，而《现汉》并没有作类似的标注。

在 20 世纪三四十年代的语料中，"匪夷所思"多用于贬义。例如：

(23) 舞场的花样景：在这年头儿每况愈下，诚匪夷所思丑态百出（《明星上海》，1938 年第 2 期）

(24) 匪夷所思　穿无裆裤者是贵妇人（《都会》，1939 年第 2 期）

(25) 是事实还是宣传？明星合同里的怪条件：怪得有点匪夷所思（《好莱坞》，1941 年第 119 期）

在此后的一段时间里，大陆延续了这种贬义用法。以《人民日报》为例，从 1946 年创刊至 20 世纪 80 年代初，"匪夷所思"在该报中的用例基本都为贬义色彩。例如：

(26) 但是现在竟有人会想做蜉蝣，野心勃勃，要作分而治之的幻想，要轮流执政，既昧于国内的情势，又不察乎国际的局面，异想天开，真是匪夷所思。(1957-06-21)

(27) 这些作品虽然有题名，但也实在有些匪夷所思，作品既对不上题名，题名也不能说明作品的含意。(1981-08-06)

但是，从 20 世纪 80 年代后期开始，该词出现了中性甚至带有褒义色彩的用例：

(28) 许多大型电厂只需少数值班人员，甚至可以有无人工厂、无人车间（锁上电子锁）。这真是匪夷所思，过去不敢想的，现在都可以做到。（大陆，1988-12-11）

(29) 灯光下，那种漫步林间的意境，匪夷所思，妙不可言。（大陆，

1998-10-11)

在前一例中，"匪夷所思"感叹科技的进步远远超过普通大众的想象，该词在句中没有任何贬义色彩；后一例中，"匪夷所思"和"妙不可言"并列，这两个词都用来赞美漫步林间的意境之美，带有明显的褒义色彩。

概括来说，至少从20世纪80年代后期开始，就已经出现"匪夷所思"不含贬义色彩的用例，发展到今天，该词既可以用于褒扬的场合，也可以用在贬义的句中，因此总体而言呈中性色彩。

在台湾，该词的感情色彩基本延续了20世纪初的特征，多数用例都带有贬义。例如：

（30）看到一条年轻生命走向死亡，一百多人竟无反应，甚至还按赞，令人匪夷所思。（台湾，2013-09-20）

（31）对此网友骂翻，台中消保官炮轰"这根本是半价促销活动"，"匪夷所思"。（台湾，2014-09-17）

（32）食品安全已搞得乱七八糟，现在又搞出这个东西，简直匪夷所思。（台湾，2015-02-09）

这三例中的"匪夷所思"都带有明显的贬义色彩。前一例是震惊于人们对生命的漠视和不尊重，"竟无反应"和"按赞"完全出乎作者的意料，毫无疑问，这种行为应引起人们的反思；后两例中的"匪夷所思"分别与"骂翻、炮轰"以及"搞、乱七八糟"等词共现，说明这两句都是典型的贬义句，"匪夷所思"在这两个句子中自然也都有明显的贬斥意味。

2. 铁石心肠

"铁石心肠"在两岸都用来形容"心肠硬，不为感情所动"，台湾《重编》注明该词"多有贬义"，而《现汉》并没有作类似的标注。

在中华人民共和国成立前的语料中，"铁石心肠"并没有明显的贬义色彩，大致可以看作一个中性词语。例如：

（33）吉光片羽：学者有志于道　须要铁石心肠　人生百年转盼耳　贵乎自立……（《广益录》，1913年第54期）

（34）全剧感人之深，铁石心肠者亦为之心酸；以艺术为前提，优点不可抹煞，疵点亦应公诸大众（《开麦拉》，1932年第76期）

在前一例中,"铁石心肠"用于学者,意在强调有志于道者须心性坚定;而在后一例中,"铁石心肠"则用于不易被感动的观众。在这两例中,该词都没有明显的贬义色彩。

在之后的发展中,台湾常用于贬义。例如:

(35)＊＊＊天天提心吊胆,她很怕帅气的老公＊＊＊有朝一日会和她离婚,正如她前两任老公一样铁石心肠,翻脸无情。(台湾,2001-06-20)

(36)她原本有颗善良纯真的心,但在保护家园的过程中深受背叛挫折,让她成为铁石心肠的女巫。(台湾,2014-05-25)

这两例中的"铁石心肠"都带有否定、消极的意味,含有较为明显的贬义。

与此相对的是,"铁石心肠"在大陆开始用于表示"肯定、积极"义的语句中,这使得它呈现出中性甚至略带褒义的色彩。例如:

(37)必须坚持零容忍态度,铁腕整治、铁面无私、铁石心肠,不讲"仁慈"、不松口子、不留余地,全面、干净、彻底地把"三无"渔船拆解完、整治好。(大陆,2014-10-26)

(38)各级各相关部门执法人员,要敢担当、敢作为、敢执法、敢碰硬,依法依规严厉执法,铁面无私、铁石心肠,用铁的手腕来检查,不能徇私枉法。(大陆,2015-06-17)

在这两例中,"铁石心肠"都被认为是一种积极、正确的态度和方式,值得肯定和推广,因而带有褒扬意味。在台湾的语料中,我们没有发现类似的用例,由此也可以体现出该词在两岸的色彩差异。

除此之外,"摇旗呐喊"也有类似的表现。在台湾《重编》中,它被标注为贬义,但在大陆普通话中并不具有完全的贬义色彩,一些非贬义的场合也可以用,《现汉》也没标注为贬义。以下两例中的"摇旗呐喊"就都不含贬义:

(39)当奥运成功举办、"神舟"飞船成功发射时,他们满怀赤诚地和全国人民一道摇旗呐喊;当汶川地震以及冰雪、洪涝、干旱等灾难袭来时,他们第一时间向受灾同胞伸出援手,展现血浓于水的同胞之情。(大陆,2009-12-16)

(40) 我们在为保护中华文明摇旗呐喊之时，常常忽略了一个最为核心的问题：究竟什么是"国粹"？（大陆，2012-07-10）

二、义值相同，义域不同

在公式"G（义位）＝V（义值）＋F（义域）"中，义位由义值和义域组成。在分析义位时，除了以往人们关注较多的义值部分——基义和陪义外，还需要注意一个新的部分——义域。

20 世纪 90 年代初，蒋绍愚在《关于"义域"》一文中最早提出了义域的概念，这篇文章起初收录在《纪念王力先生九十诞辰文集》（山东教育出版社，1991 年版）一书中，之后又收在《蒋绍愚自选集》（河南教育出版社，1994 年版）中。在论文开头，作者指出，对词汇和词义的研究需要进一步深入，在此过程中，还需要提出一些新的术语，"义域"就是其中一个。蒋先生认为，一个义位的义域是该义位各个变体在语义场中所占位置的总和，一个词的义域是该词所有义位义域的总和，单义词的义域等同于义位的义域。以"摇"和"撼"为例，在表达"使物体来回地动"这一意义时，"摇"的义域比较广，包括直线运动、曲线运动、上下摇动、左右摇动、轻微摇动、强烈摇动等多种动作，而"撼"的义域就窄得多，只能指直线的猛烈的动作。

张志毅、张庆云在多篇文章和著作中也提到了这一概念，论述较早的是二人合写的《现代语文性辞书的整体观》，该文发表在《中国语文》1999 年第 4 期上，《词汇语义学》（修订本）对相关概念作了更为详细的阐释。作者认为，义域是义位的量，是义位的意义范围和使用范围。以"英俊"为例，该词常和"小伙子、军官、武士"等搭配，不能说"英俊的老头儿"，也不能说"英俊的老太太"，这反映出该词的义域主要是年轻男性。

义域概念的上述两种理解与表述的主要差异在于前者是在具体的语义场范畴内进行比较，旨在辨析同义词在义域上的区别、考察特定词语在不同历史时期义域变化情况以及不同语言之间对应词的义域差别等；后者是针对"所有的义位"而言的，着力强调义位的"意义范围和使用范围"（徐艳华，2002）。这里我们使用的是后一种界定。

到目前为止，义域的讨论基本上是在古代汉语以及现代汉语普通话的范围内进行的,我们还没有见到比较两岸词语义域差异的论著。

但是,一个客观存在的事实是:在两岸的词汇中,有不少词义值相同,但义域并不一样。以量词"粒"为例,该词在两岸有一个相同的义项"量词,用于粒状的东西"。虽然该义项在两岸义值相同,但是义域有较大的差异。在大陆,该词主要用于体型较小的事物。根据对北京语言大学 BCC 语料库的统计,"粒"的常见搭配对象主要是"米、子弹、沙子、老鼠屎"等,这些事物的体型都比较小。但是,在台湾,该词的义域却广得多,除了体型较小的事物外,一些体积较大的物体也可以与之搭配使用。例如,台湾一份报纸 2014 年 6 月 14 日 D11 广告版刊登大润发超市的打折信息,其中和"粒"搭配使用的就有"智利黄金奇异果、韩国大白菜、台湾马铃薯、台湾金煌芒果"等。除此之外,我们见到的可以称"粒"的东西还有"榴莲、冷冻水饺、酪梨、莲雾、粽子、火龙果、蜜枣、番茄、荔枝",甚至还有"奶(乳房)、肿瘤、陨石"等。从这一意义上来说,义域比较对两岸词汇对比研究大有助益,是了解和揭示某些词语差异的一个重要因素。

我们在义位理论的基础上,把两岸词语的义域对比关系概括为包含关系、交叉关系、重合关系以及相离关系四种,相信这样的分类有助于比较与描述两岸词语在义域上的异同。这四种关系可用下图来表示:

包含关系　　交叉关系　　重合关系　　相离关系

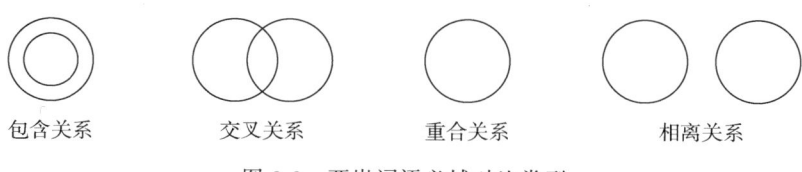

图 3-3　两岸词语义域对比类型

包含关系,是指词语的同一个义位在两个言语社区义域存在大小之别,一个言语社区的义域比较小,另一个言语社区的义域却比较大,较小的义域包含在较大的义域当中。以"几"为例,在表示"询问数量"时,大陆的义域比较窄,涉及的数量通常比较小,而台湾的义域比较广,一些相对大一些的数量(如好几十等)也可以使用。

交叉关系,是指词语的同一个义位在两个言语社区的义域既有相同部分,也有不同之处。以"消灭"为例,该词在两岸都可以用于有害的人或事物(如"敌人、害虫"等),这是两岸义域的相同之处;不同之处在于大陆还可以用于抽象的事物（如"矛盾"等），这一点在台湾基本不用。但是，此词在台湾可以用于比较具体的事物（如"商店、道路"等），而大陆普通话中基本不这样用。

重合关系，是指词语的同一个义位在两个言语社区的义域完全相同。以"太阳"为例，在用来指"银河系的恒星之一"时，该词在两岸的义域完全相同。又如"雨水"，在用来指"由降雨而来的水"时，两地的义域也完全相同。

相离关系，是指词语的同一个义位在两个言语社区义域完全不同。尽管从逻辑上来说存在这种关系，但是我们几乎没有见到这样的具体词语。

在下文进行的义域对比中，我们主要讨论三种类型：包含关系、交叉关系以及重合关系。

需要说明的是，在进行义域对比时，不可避免地会涉及义域中的对象，这些对象是以"类"为标准的，而不以单独的某一个词为标准。以"召开"为例，该词在两岸都有"召集举行"之义，都可以用于会议等，但是两岸所召开的会议并不完全相同。从这个意义上说，尽管两岸召开的会议内容、性质等有所不同，但是其本质是相同的，即都属于会议，因此我们认为"召开"在"开会"这一义位上两岸的义域基本相同。

（一）包含关系

同一义位在两岸义域对比中表现为包含关系，包含以下两个要点：一是该义位的义域在两岸有大小之别，二是较小的义域被囊括在较大的义域当中。对于一个具体义位来说，可能是台湾现代汉语的义域较大，也可能是普通话的义域较大。

1. 同一义位在台湾义域较大

在以往的研究中，学界已经注意到同一义位在两岸义域上存在某些差异。徐复岭（2014）和仇志群（2015）都曾以"夸张"为例进行过说明，该词在两岸的基义都是"夸大"，但这一义位在两岸的义域有所差异，在大陆常用来指"言过其实"，即主要用于言语方面；而在台湾，除了可以表示"言过其实"外，还可以表示"行过其实"。也就是说，该义位在台湾的义域要大于大陆的义域。事实上，这样的现象并不鲜见，这里以"开幕、佩戴、办理"等词为例进行说明。

先看"开幕"。该词在两岸辞书中的释义如下：

【开幕】动①一场演出、一个节目或一幕戏开始时打开舞台前的幕。②（会议、展览会等）开始：～词｜～典礼｜运动会明天～。（《现汉》，第724页）

【开幕】①开建幕府。唐元稹《授郑仁弼检校祠部员外充横海判官等制》："近制二千石以上，乘轺车者则开幕选才。"唐李频《送姚评事诗》："使君开幕日，天子偃戈年。"②戏剧或节目开演时拉开戏台前的布幕，称为"开幕"。如："戏剧一开幕，进入观众眼帘的是一片漆黑的景象。"③事情的开始。如："会议开幕""商店开幕"。（《重编》网络版）

这里比较的是"开始"义在两岸使用范围的差异，即《现汉》中的义项②以及《重编》中的义项③。以下通过具体语料来考察该词在两岸的使用范围，即义域的广、狭。

先看大陆普通话的情况。我们以《光明日报》为语料，从2015年5月起按照时间逆序考察了100个用例（剔除所指不明和表述重复的）。根据这些用例可以发现，在大陆普通话中"开幕"常用在以下几类事件当中：

第一类是会议。这是用例最多的一类，约有40%属于此类，比如"国际足联第65次大会、第十七届中国科协年会、'中巴经济走廊'国际学术研讨会、第十届中国传媒年会、博鳌亚洲论坛2015年年会、山东省政协十一届三次会议"等。例如：

(41) 21世纪海上丝绸之路国际研讨会11日在福建泉州开幕。（大陆，2015-02-13）

(42) 十二届全国人大常委会第十四次会议20日上午在北京人民大会堂开幕。（大陆，2015-04-21）

第二类是展览会。这类用例数量也不少，约占总数的30%，比如"中国江苏（常熟）服装服饰博览会、深圳文博会、俄罗斯中国品牌电子电器展览会、纪念战胜法西斯70周年特别展览、纪念'二战'胜利70周年图片展、2015意大利米兰世博会、马识途百岁书法展"等。例如：

(43) 由国家海洋局、广东省人民政府联合主办的"2014中国海洋经济博览会"在广东湛江开幕。（大陆，2015-03-16）

(44) 2015年意大利米兰世博会将于5月1日开幕。（大陆，2015-04-29）

第三类是各种活动。这类用例相对要少一些，占比大约16%，比如"柏林亚太周'感知中国'活动、第五届北京国际电影节、第六届新疆·伊犁杏花旅游节、临汾帝尧古都文化旅游节"等。例如：

（45）第五届北京国际电影节于4月16日开幕，300多部国内外电影佳作汇成的视觉盛宴已经开启。（大陆，2015-04-18）

（46）由人力资源和社会保障部主办的第二届跨区域高校毕业生巡回招聘"北京站"活动2日在京开幕。（大陆，2015-04-03）

第四类是各类赛事。这类用例数量也不多，约占14%，比如"第53届世界乒乓球锦标赛、第26届北京世乒赛、2022年冬奥会、冬残奥会、花滑世锦赛"等。例如：

（47）2015年世界花样滑冰锦标赛将在上海东方体育中心海上王冠体育馆隆重开幕。（大陆，2015-03-25）

（48）如果申办成功，2022年冬奥会计划于2022年2月4日开幕。（大陆，2015-03-26）

在台湾，以上几种类型也都有。为方便对比，这里各举一例：

（49）2014年全球采购伙伴大会今天开幕。（台湾，2014-03-27）

（50）缅甸电机工具机双展昨天在缅甸仰光市"缅甸会议中心"开幕。（台湾，2014-11-14）

（51）音乐盛事——第23届嘉义市国际管乐节，将于明（19）日正式开幕。（台湾，2014-12-18）

（52）就在巴西世界杯足球赛即将开幕前夕，泰国军政府埋单，让全泰国民众可以免费在家看比赛。（台湾，2014-06-13）

除了这几类之外，"开幕"在台湾还可以用于商家开业或机构开始营运等。例如：

（53）为了深耕有机饮食文化，"棉花田有机餐厅"正式开幕。（台湾，2014-12-27）

（54）瑞士名表ROGER DUBUIS全台首间专卖店开幕，成为全球第22家专卖店。（台湾，2014-12-26）

（55）位于台中市西屯区环中路与市政路口的环中夜市，昨天盛大开幕。（台湾，2014-12-28）

（56）永丰金租赁大陆布局再添一据点，旗下永丰金融资租赁（天津）重庆分公司正式开幕。（台湾，2014-12-24）

（57）"老K舒眠文化馆"20日开幕，选在25日桃园升格前的吉日，让拥有全台最多观光工厂的桃园市更添特色。（台湾，2014-12-25）

在这几例中，"开幕"分别用于餐厅、商店、夜市、公司、馆所等开始营业或营运。这种用法在台湾非常普遍，在大陆普通话中却用得很少。

"开幕"在两岸使用范围的差异，很大程度上是由大陆使用范围的缩小造成的。在20世纪初，"开幕"的使用范围就比较广，除了用于各种会议之外，台湾的其他用法在当时基本都有用例。如：

（58）粤省自来水公司开幕（《大同报》，1908年第十卷第5期）

（59）万国妇女选举会开幕（《中西教会报》，1911年第228册）

（60）明治纪念博览会开幕（《中国实业杂志》，1913年第7期）

（61）江苏省教育会徐州演讲会开幕（《新教育》，1924年第8卷第3期）

（62）第八届远东运动大会今日开幕（《体育》，1927年第1卷第3期）

"开幕"在这几例中分别用于公司、会议、展览、活动和比赛。需要说明的是，在当时，用来描述公司、机构等开幕还可以用"开业"一词，如"学校开业"（《实学报》，1897年第1—14期）、"盐业银行开业"（《东方杂志》，1915年第12卷第5期）等。

在1946年的《人民日报》中，"开幕"还有用于公司开业的例子，如"瑞华银行总行于六月十一日开幕了"（1946-06-16）、"长治分行于七月六日开幕"（1946-07-25），而到20世纪80年代，这一用法基本都被"开业"替代了。

在台湾，"开幕"的这一用法被继承下来，和"开业"呈现出并用的态势。例如：

（63）COACH台北101旗舰店全新开幕，占地2百多坪，陈列男女装、包款、配件、手表以及鞋款，以单层楼面积而论，是目前COACH全球最大的概念店。（台湾，2015-02-16）

（64）近几年来在台湾快速窜起的美式连锁快餐店"鲨鱼咬土司"正式登陆上海，首家旗舰店1日开业。（台湾，2014-09-02）

再看"佩戴"。该词在两岸词典中的释义是：

【佩戴】动 （把徽章、符号等）挂在胸前、臂上、肩上等部位：～校徽｜～肩章。也作佩带。（《现汉》，第 985 页）

【佩戴】系挂物品在身上。如："她佩带一只新表。"（《重编》网络版）

《现汉》的释义提到，"佩戴"也作"佩带"。为了便于说明，我们将两岸"佩带"的释义列在下面：

【佩带】①动 （把手枪、刀、剑等）插在或挂在腰部：～武器。②同"佩戴"。（《现汉》，第 985 页）

【佩带】将物品系挂在身上。如："胸前佩带一朵康乃馨。"（《重编》网络版）

比照"佩戴"与"佩带"的两岸释义，可以发现，《现汉》根据动词关涉的对象以及该对象所处的位置，将"佩带"分列为两个义项，一个用于腰部，另一个用于身体上部，后者也可以用"佩戴"。也就是说，"佩戴"仅限于身体上部，其适用范围小于"佩带"。

相比之下，《重编》的释义就显得笼统得多，既没有区分"佩戴"与"佩带"的概念义，也没有明示二者在关涉对象及对象所处位置的差异。一些反映两岸差异的词典也将其作为通用词收录，并以大陆的区别来涵盖台湾地区。例如：

【佩带】①（把手枪、刀、剑等）插在或挂在腰部。例 ～军刀。②（把徽章、符号等）挂在胸前、臂上、肩上等部位。例 ～袖章｜胸前～着几枚勋章。也作佩戴。（《两岸现代汉语常用词典》，第 825 页）

【佩戴】同"佩带"②。

在这两条释义中，没有任何★（大陆特有）和▲（台湾特有）的标记，这就意味着二者可以在两岸通用。但是，事实并非如此，"佩戴"在台湾的义域要比普通话宽广得多。

在台湾，"佩戴"的使用并不局限于身体上部，腰部也可以用。例如：

（65）……国际拳击联盟发言人罗斯曼称，＊＊＊在出场时，未按照规定佩戴该会所发的拳王腰带，是一种违反规定的举动。（台湾，1988-03-24）

(66) 她认为，过去流行的皮包不是手提的，就是肩背的，独有腰臀包是最新的产品。虽然这种包包过去曾在青少年之间风行过，但是正式变成一种跨年纪的流行商品倒是第一次，这种包包佩戴起来方便轻松，年轻化，同时十分吻合九九春夏运动休闲化商品的精神。(台湾，1999-02-23)

(67) 据查，观众眼睛果真雪亮，演曹操的＊＊＊，身上佩戴的"倚天剑"耗时3个月打造，费用破400万台币，可说是把一台高档进口宾士车拿在手里把玩，枭雄的派头和气势惊人。(台湾，2012-07-15)

(68) 出关之日，师父特地在他腰间佩戴一条铁链，铁链的尾端锁上一根大铁钉，像恶灵战警的催命索。(台湾，2014-02-25)

在这几例中，"佩戴"关涉的对象分别是"腰带、腰臀包、倚天剑"和"铁链"，腰间的"腰带、腰臀包、铁链"在大陆普通话中一般不属于"佩戴"的范围，而"倚天剑"就更是如此了。《现汉》明确指出，"剑"不属于"佩戴"的范畴，应该用"佩带"。

不仅腰部可以用，"脚"上一些事物也可以用"佩戴"。例如：

(69) 除了给性侵犯佩戴电子脚镣外，还需要实施"药物治疗"（化学阉割）等措施。(台湾，2012-09-03)

(70) ＊＊＊遭检方判决需佩戴酒测脚环，让她从上周起，每天出外都穿喇叭裤。(台湾，2010-05-30)

无论是"电子脚镣"还是"酒测脚环"，其使用部位无疑都是脚腕部，这一部位不仅突破了普通话中"佩戴"的限制（身体上部），也超过了"佩带"的使用范围（身体上部和腰部）。

也就是说，在台湾现代汉语中，从"手环"到"脚环"，都可以用来"佩戴"，以下这一例就说明了这一点：

(71) 马来西亚治安恶化，大马当局打算用重典；经保释重犯、惯犯须佩戴电子手环或脚环，以便警方监督。(台湾，2013-08-17)

句中的"重典"指的是严酷的法令。《周礼·秋官·大司寇》有云："刑乱国，用重典。"

除了上文例句中涉及的词语外，在我们所见范围内，"佩戴"还可以和下列词语组合，包括"黑纱、丝带、徽章、安全帽、手表、首饰、眼镜、胸罩、腰带、警棍、证件、呼叫器、手枪、耳机、胸花、番刀、尿袋"等。在这些词当中，有些可以用于大陆普通话，如"首饰、手表"等，但像"腰带、番刀、警棍、尿袋"等很少出现在普通话中，由此也可以看出该词在两岸义域上的差异。

最后看"办理"。该词在两岸词典中的释义为：

【办理】动 处理（事务）；承办：这些事情你可以斟酌～｜本店～邮购业务。(《现汉》，第36页)

【办理】处理、安排事务。《儒林外史》第四十三回："我们将此事叙一个简明的禀帖，禀明上台，看上台如何批下来，我们遵照办理就是了。"(《重编》网络版)

从两本词典的释义来看，"办理"在两岸的基义大致相同，都指安排、处理（事务）。不过从语料来看，被办理的"事务"在两岸有所不同。也就是说，该词在两个言语社区的义域有所不同，相较而言，其在台湾的义域更大一些。

在中文词汇特性速描系统中，我们对"办理"在两岸的对象进行统计分析，其中大陆用例3746个，台湾用例7996个，根据义域中各对象的出现次数，以饼图的形式标注其百分比：

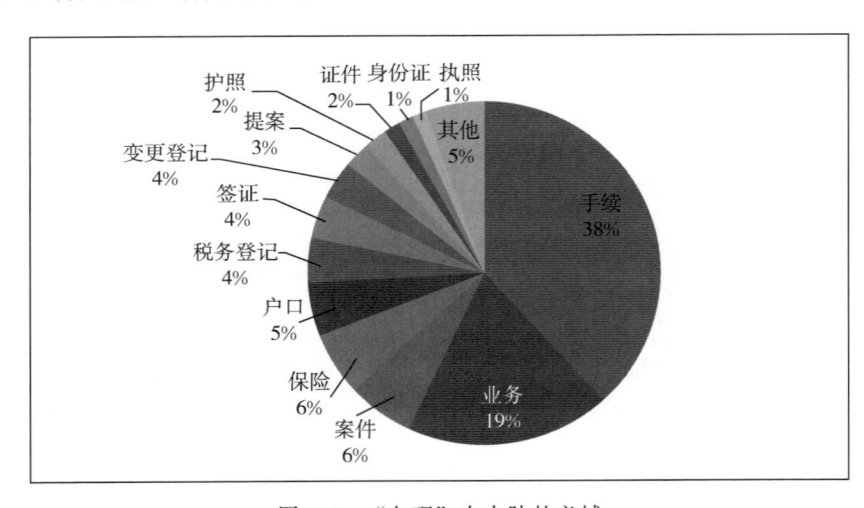

图 3-4 "办理"在大陆的义域

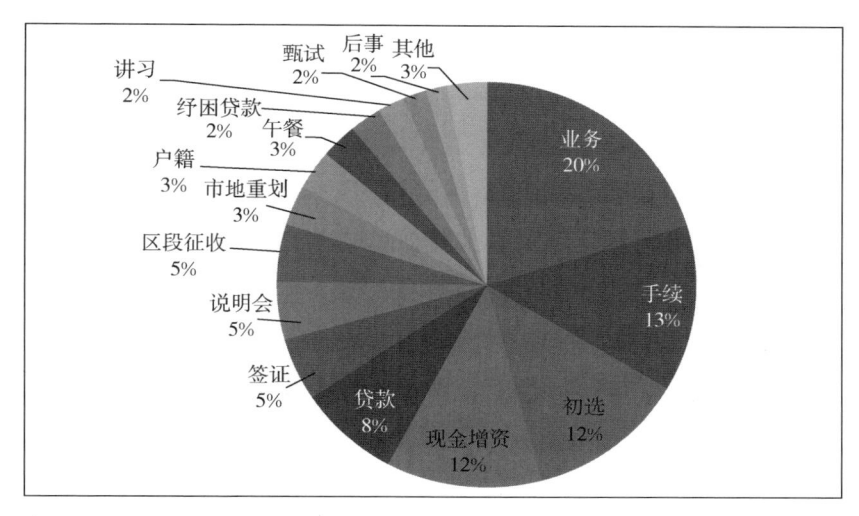

图 3-5 "办理"在台湾的义域

由上图可以看出，"办理"在两岸义域的相同之处是一些手续和业务，常见的有贷款、户籍、证件、保险等；不同之处是，两岸对"业务"的理解有所不同，像"说明会、讲习"等事宜在台湾被视为业务的范畴，因而可以用"办理"，但在大陆不属于业务范畴，因此也就不属于"办理"的搭配范围。例如：

（72）为协助民众也能"聪明报税"，避免受罚，政府举办一系列讲习，分别于 4 月 22 日上午 9：00 至 11：40 在税务大楼 3 楼礼堂，办理"营利事业所得税结算申报讲习会"。（台湾，2013-04-15）

（73）苗栗县竹南君毅中学昨天办理说明会，参加家长人数约是去年 4 倍，远远超乎预期，他们想带着孩子抢私校"卡位"，直升接受连贯教育。（台湾，2013-05-05）

（74）春节来临，桃园市沿海地区昨天纷纷办理关怀弱势送暖活动，芦竹诚圣宫提前赠送红包、物资给弱势家庭，五福社区办理免费挥毫送春联，78 岁阿嬷徐刘绢挥毫"三阳开泰"，被民众索取一空。（台湾，2015-02-04）

在这几例中，"办理"的对象分别是"营利事业所得税结算申报讲习会""说明会"和"关怀弱势送暖活动"，这种搭配在台湾现代汉语中比较常见，但大陆普通话基本不这样用——在表达类似意思时，常用"举办"一词。由此可以看出，"办理"在台湾现代汉语中的义域比大陆普通话要大一些。

2. 同一义位在普通话中义域较大

和前一类情形正好相反，这一类反映的是同一义位在大陆普通话中的义域大于台湾现代汉语中的义域。在已有的研究中，这一类型的论述及所举例证明显少于前一类。徐复岭（2014）曾以"管制"为例进行说明，该词在两岸的基义均为"管理控制"。在台湾，这一义位的义域仅限于事物，包括灯火、枪支、交通等方面；在大陆，除了上述范围外，还可以用于人（即某些犯罪分子）。由此显示，该义位在大陆的义域明显大于台湾。

以下以"依靠"为例进行分析和说明。

先看该词在两岸辞书中的释义：

【依靠】①动指望（某种人或事物来达到一定目的）：～群众｜～组织。②名可以依靠的人或东西：女儿是老人唯一的～。（《现汉》，第 1542 页）

【依靠】①靠着。如："他依靠着街灯伫立。"②依托、仰仗。《红楼梦》第三十三回："既要勒死他，快拿绳子来，先勒死我，再勒死他。我们娘儿们不敢含怨，到底在阴司里得个依靠。"（《重编》网络版）

这里我们主要讨论的是动词义"指望"，即《现汉》中的义项①以及台湾《重编》中的义项②，比较该义位在两岸的义域差异。

在 20 世纪 30 年代，"依靠"就已见诸报端，"依靠"的对象比较零散，常见的有人、物以及组织等，例如"依靠自己"（《上海邮工》，1936 年第 5 期）、"长大了的女儿，不应该依靠父亲，应独立生活"（《妇女界》，1940 年第 5 期）、"医师的家庭：多注重卫生少依靠医药"（《生命》，1942 年第 9 期）、"相信政府、依靠政府、帮助政府"（《前哨·徹七札联合旬刊》，1938 年第 3 卷第 16 期）等。

无论大陆还是台湾，这几种用法都保存了下来，以下举几个台湾的用例：

(75) 17 日曝光的光碟揭露美国共和党总统候选人＊＊＊表示有 47％的美国人都依靠政府过活后，他的支持度明显下降。（台湾，2012-09-21）

(76) 由于当地属农业县，各地木质、砖造与钢筋水泥建物不一，加上道路中断，民众除徒手抢救外，多依靠摩托车运送伤患。（台湾，2014-08-04）

(77) 网友认为＊＊＊努力赚钱养家活口，虽是慈父表现，但孩子已工作，应独立不再依靠父母。（台湾，2014-09-15）

在这几例中，"依靠"的对象分别是"政府""摩托车""父母"。语料显示，较多的用例集中在人与物上，以组织机构为对象的用例相对较少。

中华人民共和国成立前，除了上述几类外，"依靠"还可以和另一类对象搭配——普通百姓，常见的表达有"依靠群众""依靠人民"以及"依靠人民群众"等，这显然与中国共产党的方针政策有密切关系，因此似乎只见于解放区。以下都是《人民日报》中的用例：

（78）只要耐心地接近群众，依靠群众，为群众办事，这些困难都可克服的。（大陆，1946-08-15）

（79）让我们二百万党员全体奋起，依靠人民，坚决地相信人民的创造力量是无限的。（大陆，1946-11-07）

（80）革命政权建设的基本原则，就是动员人民群众，依靠人民群众。（大陆，1949-07-26）

中华人民共和国成立后，这样的用法更为普遍且有较高的使用频率，甚至成为口号并一直沿用至今。根据对北语 BCC 语料库中报纸库的统计，按照出现频次由高到低进行排列，"依靠"的前十个对象分别是"群众、科技、工人阶级、人民、集体、党、贫农、科学技术、工人、职工"，其中排在首位的（与"群众"的搭配）共出现 35269 次。

为进一步了解"依靠群众"的使用情况，我们在《人民日报》（1946—2014）中进行检索，首先统计该关键词在每个自然年份出现的次数，然后以此为依据绘制使用次数变化的折线图：

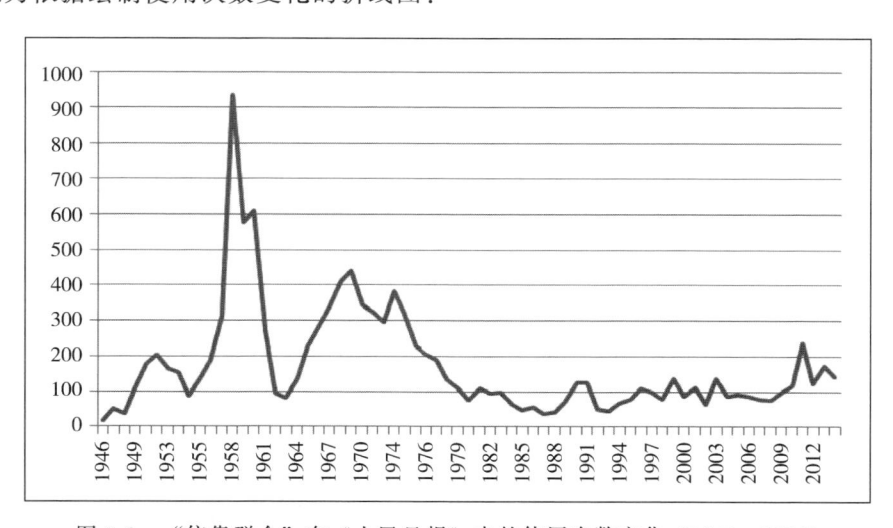

图 3-6　"依靠群众"在《人民日报》中的使用次数变化（1946—2014）

由上图，至少可以看出以下几点：

其一，"群众"作为依靠对象，自1946年考察开始至2014年结束，一直处于使用状态，在近七十年的时间里，从未出现年使用量为零的情况。

其二，在1960年前后以及1970年前后出现过较大的增加，其中1958年使用量达到932次，是所有年份中最多的一年。

其三，改革开放以来，该法使用量相对平稳，没有出现之前使用量激增或锐减的情况，年使用量在100次左右浮动。

与此形成鲜明对比的是，台湾现代汉语中并没有这一用法。在台湾新闻智慧网中，以"依靠群众"为关键词，检索结果只有以下这一例：

（81）今天发自西安的报导，再度指出＊＊＊近日在陕西考察时仍然强调，要依靠群众，真抓实干。（台湾，1995-05-23）

且不说该例属于孤例，仅就内容本身来说，也属于转引时任大陆领导人的讲话，因此，可以说"群众"在台湾现代汉语中基本不作为"依靠"的对象而出现。

那么，为什么会有这种情况呢？事实上，"依靠群众"这种用法早在20世纪30年代就已出现在中共中央的文件当中。1933年2月8日发表的《苏区中央局关于在粉碎敌人四次"围剿"的决战前面党的紧急任务决议》中说，"一切决定的执行，必须面向群众依靠群众与经过群众"，由标题可以看出，这份决议的流通区域应该是"苏区"。此后，在我党领导人的多篇文章中都出现了这样的用法。例如：

（82）因为革命战争是群众的战争，只有动员群众才能进行战争，只有依靠群众才能进行战争。（毛泽东《关心群众生活，注意工作方法》，1934-01-27）

（83）共产党员无论什么时候，什么地方，都要依靠群众，加强和巩固与基本群众的联系。（刘少奇《关于减租减息的群众运动》，1942-12-09）

（84）只有依靠群众，依靠根据地，诱敌深入，才能大量歼灭敌人。（朱德《在编写红军一军团史座谈会上的讲话》，1944）

文学作品的情况也基本类似。在姜振昌、陈爱强编写的《破雾与待旦——抗战和解放战争时期国统区杂文选》（文化艺术出版社，1996年版）一书中，收录了茅盾、郁达夫、夏衍等人的作品，共计26万余字，其中也未见"依靠群众"的用例。

由此可以推知,"群众"作为"依靠"的对象,最初起源于苏区,在我党领导人的大力倡导下得以普及、推广并一直沿用至今。国统区在20世纪三四十年代并没有同步使用这一形式,直到今天的台湾依然如此。

除了"群众"之外,"依靠"跟其他一些词的搭配也有类似的情况,如"人民、人民群众、集体、国家、党"等。在大陆普通话中,这些词的所指全都属于"依靠"的对象,有些使用频率还非常高;但是在台湾,它们基本都不在"依靠"的使用范围当中。由此可以看出,"依靠"的动词义位在台湾的义域小于大陆。跟其他义域有所不同的是,"依靠群众"已经成为普通话中一个比较固定的搭配形式,这也从一个侧面反映出"依靠"与"群众"之间的组合是稳定且高频的。在大陆,"依靠群众"是党和政府日常工作的基本方针,这一点明显有别于台湾地区,可以说两岸不同的政治信念及社会生活等是造成上述差异的根本原因。

(二) 交叉关系

交叉关系意味着同一义位在两岸的义域既有相同之处,也有不同之处,其中交叉部分代表该义位在两岸义域的相同内容,而非交叉部分反映出该义位在两岸义域的特有内容。这里结合"改造、消灭"等词进行说明。

1. 改造

先看该词在两岸词典中的释义:

【改造】 动①就原有的事物加以修改或变更,使适合需要:～低产田。②从根本上改变旧的、建立新的,使适应新的形势和需要:劳动能～世界。(《现汉》,第418页)

【改造】改革变更、重新制造。《诗经·郑风·缁衣》:"缁衣之好兮,敝,予又改造兮。"(《重编》网络版)

两本词典在义项的划分上有粗细之别,《现汉》划分得比较细致,台湾《重编》则相对笼统一些,而这也正是对该词在两地使用情况的真实反映。

在台湾现代汉语中,"改造"的搭配对象主要是具体事物,这些事物可分为两类:

一是枪支类,常见的有"手枪、玩具枪、枪械、狙击枪"等。例如:

(85) 苗栗机动查缉队昨天宣布破获刘姓男子为首的贩毒集团。这一集团不仅将摇头丸等毒品混充三合一咖啡包,卖给酒店小姐,刘男还上网学习改

造手枪，拥枪自重。刘男及11名同伙都被依毒品、枪炮等罪嫌送办。（台湾，2014-03-19）

（86）白天当厨师，晚上改造枪械！（台湾，2014-05-29）

（87）高雄谢男为帮年迈父亲保护芒果园，驱赶台湾猕猴，去年向台南蔡姓玩家委托改造玩具枪。（台湾，2015-02-17）

在这几例中，"改造"的对象分别是"手枪、枪械、玩具枪"，枪类词语在台湾现代汉语中是"改造"一词最为常见的搭配对象。我们在中文词汇特性速描系统中对"改造"的搭配对象进行统计，在使用次数较多的15个词中，有8个都属枪械或与之有关，即"手枪、枪械、枪支、枪弹、左轮手枪、模型枪、长枪、枪管"，由此可以看出，"枪"类事物在台湾现代汉语中是"改造"的最常见搭配对象。

二是建筑类，包括房屋、社区、门脸、公园、街巷等。例如：

（88）莺歌社大讲师＊＊＊回忆推动社区营造历程，酸甜苦辣说不完，由她带领的陶涂鸦小队继6月彩绘行动，昨再度改造莺歌区建国路580巷，希望陶瓷拼贴像火种，点燃民众社区意识。（台湾，2014-11-02）

（89）台大研究生＊＊＊运用所学，带领双和社区的老老少少改造社区。（台湾，2014-11-17）

（90）台东县鹿野乡瑞源小学推动"未来想象教育"，教孩子用摄影镜头及文字记录家乡的故事，进而发挥想象力，和社区共同改造学校的老书屋及旧宿舍。（台湾，2014-11-24）

在这几例中，"改造"的搭配对象分别是"莺歌区建国路580巷""社区"和"学校的老书屋及旧宿舍"。除此之外，我们见到的还有"戏院门面、台中总店、老屋'仕安厝'、广场"等，这些对象也都属于建筑类事物。

在大陆普通话中，"改造"的搭配对象涉及人和事物两个类别，其中"人"这一类别在台湾基本不见，包括人本身以及人的思想等；而在"事物"这一类别中，台湾常见的枪支类在普通话中却非常少见，由此形成了两岸义域的交叉关系。

在BCC报纸语料库中，以"改造"为关键词，可以获得数百个结果，其中排在首位的是改造"世界观"，"思想"一词也在组合的前三名之列，而改造"罪犯"也有相当数量的用例，以下各举一例：

(91) 文艺工作者不能特殊，应当和其他人一样，还是要不断地进行心灵的自我净化，也就是改造世界观。（大陆，2015-02-28）

(92) 要坚持理论联系实际的优良学风，大力纠治学习不联系实际、不触及灵魂、不解决问题的现象，切实在解放思想、改造思想、统一思想上下功夫。（大陆，2015-07-06）

(93) 犯罪现象是个复杂的社会问题，改造罪犯离不开社会的共同参与。（大陆，2007-12-29）

而在台湾新闻智慧网中，以"改造思想""改造世界观"以及"改造罪犯"为关键词进行检索，除了极个别引述大陆新闻外，基本没有其他用例。也就是说，"思想、世界观、罪犯"等大陆常见搭配对象在台湾基本不用。

前面提到，台湾现代汉语中的两类搭配对象分别是枪支类和建筑类，在大陆普通话中建筑类也可以使用，但枪支类基本不用。建筑类用例如下：

(94) 截至目前，朝阳区建筑外立面粉饰240万平方米，综合改造老旧小区24栋楼，围栏粉饰5.1万平方米，道路硬化铺装6.7万平方米，规范整治牌匾标识和户外广告近2000块。（大陆，2014-09-15）

(95) 住建部统计数据显示，2008年至2014年，全国共改造各类棚户区2080万套，其中，2013年至2014年改造各类棚户区820万套。（大陆，2015-06-30）

"改造"在两岸义域的差异，主要由以下两种原因引起：

其一，台湾现代汉语义域缩小，这一点主要体现在"思想"方面。事实上，"思想"作为"改造"的对象，早在20世纪初就已经出现，在之后的发展中大陆延续了这种用法，台湾却没有保留下来。以下是20世纪初的两个用例：

(96) 怎样去改造武人思想？（《解放与改造》，1920年第2卷第8期）

(97) 青年俱乐部：我们怎样改造思想（《学生》，1922年第9卷第1期）

其二，大陆普通话义域的进一步扩大，这一点主要体现在"世界观"和"罪犯"两方面。在我们所见范围内，这两个词作为"改造"的对象，主要产生并大量用于两岸隔离之后。在20世纪60年代的《人民日报》中，"改造世界观"开始成为一种较为常见的表达形式，仅1960年一年，该报就使用了41次。例如：

(98) 这次会议的任务和要求是：交流各界人士政治理论学习的经验，并着重讨论如何以学习毛泽东思想为纲广泛深入开展政治理论学习问题，以便进一步推动各界人士兴无产阶级思想，灭资产阶级思想，改造立场，改造世界观。(大陆，1960-07-03)

(99) 民革全体成员要认真学习马克思列宁主义和毛主席的著作，逐步改造世界观。(大陆，1960-09-25)

这两例反映的都是当时的会议精神，前者是中国人民政治协商会议全国委员会政治理论学习工作会议，后者是中国国民党革命委员会第四届中央委员会第二次全体会议，也就是说，"改造世界观"在当时已经被作为一种精神自上而下在民众中进行推广。由于历史的原因，这种状况并没有影响到当时的台湾，反映到语言上，一个典型的差异就是"改造世界观"这种表达在台湾很少出现，甚至完全不见。与前文讨论的"依靠"类似，这种差异很大程度上是由两岸不同的社会生活造成的。

"罪犯"在普通话中成为"改造"的对象，也产生在两岸隔离之后。例如：

(100) 我们成功地改造罪犯的结果，使不少罪犯都有了确实改恶从善的表现，使消极因素转为积极因素，这是党的政策的伟大胜利。(大陆，1959-05-18)

(101) 二十多年来，我国改造罪犯的政策，取得了很好的效果。(大陆，1975-12-24)

这两句话都提到"改造罪犯"是我国的一项政策，在后一句所在的文章里，作者指出，这些罪犯包括各类战犯、反革命分子以及刑事犯罪分子等。然而，这样的政策只是在大陆实施，并没有及于台湾，因此从语言的角度来说，"罪犯"在大陆普通话中属于"改造"的对象，在台湾语言表达中却并非如此，由此也就使得该词在台湾的义域比大陆要小一些。

2. 消灭

先看该词在两岸词典中的释义：

【消灭】 动 ①消失；灭亡：许多古生物，如恐龙、猛犸早已经～了。②使消灭；除掉（敌对的或有害的人或事物）：～蚊蝇｜～差错｜～一切敢于入侵之敌。(《现汉》，第1437页)

【消灭】消除毁灭。《汉书·卷三十六·楚元王刘交传》："决断狐疑，分别犹豫，使是非炳然可知，则百异消灭，而众祥并至。"《西游记》第三十二回："一身魔发难消灭，万种灾生不易除。"(《重编》网络版)

"消灭"在两岸都用作动词，尽管台湾《重编》只列举了一个义项，但是从语料来看，《现汉》中的两个义项在台湾都有使用。这里我们比较的是义项②的义域在两岸的异同，并梳理该义项在两岸义域的交叉关系。

"消灭"在表达"使消灭；除掉"这一义项时，两岸相同的搭配对象可以分为两类：

一类是有敌对关系的人，包括敌人、敌军、侵略者等，以下两岸各举一例：

(102) 在稳定行动中，情报力量往往比军事力量更有用，因为成功的前提是争取民心，而不是一味消灭敌人。(大陆，2010-05-19)

(103) 这些武器不是用来消灭敌人的，而是用来追踪敌人——可以识别恐怖分子、掌握行踪、监听行动电话、拦截电子邮件。(大陆，2001-10-07)

另一类是有害的事物，包括蚊虫、老鼠、蟑螂及各类疾病等，先看两个普通话用例：

(104) 佩特里奇说，对于个人来说，消灭蚊子最好的办法就是养成良好的卫生习惯，减少积水现象。(大陆，2002-08-16)

(105) 为早日实现彻底消灭麻风病的理想，耄耋之年的＊＊＊教授仍然奋斗在麻风病防治研究一线，并亲自到我国边远麻风病高发区开展现场工作。(大陆，2013-01-27)

再看两个台湾的例子：

(106) 夏天，特别容易滋生登革热病媒蚊，更需要大家一起来消灭蚊虫，才能事半功倍，使人远离恼人的害虫。(台湾，2014-06-16)

(107) 但目前B型肝炎疫苗已全面接种，治疗B肝的抗病毒药物有四至五种，至于C型肝炎，也成功研发出口服药物，消灭肝癌几乎只剩下最后一里路。(台湾，2014-08-10)

除了上述相同的搭配对象外，"消灭"在表达"使消灭；除掉"这一义项时，两岸还有各自特有的搭配对象，由此形成了该义位在两岸义域上的交叉关系。

在大陆普通话中,"消灭"还可以搭配一些相对抽象的事物或概念,如各类矛盾、各种主义、各种阶级等,这类对象在普通话中非常多见,但在台湾却很少出现。以下是普通话中的用例:

(108) 社会管理的目的不在于消灭矛盾,而在于合理地容纳矛盾,有效地化解矛盾。(大陆,2012-09-17)

(109) 中国人民的胜利,乃是本世纪继苏联十月革命和消灭希特勒法西斯主义之后的最伟大事件。(大陆,2009-09-28)

(110) 当时,马克思提出一个口号,消灭资产阶级,实行无产阶级专政。(大陆,2002-08-06)

根据北语 BCC 报纸语料库的统计,在"消灭"搭配的对象中,出现次数较多的前十个里有五个都属于这一类型,它们是"阶级、帝国主义、资产阶级、殖民主义、资本主义"。但是,在收录海量数据的台湾新闻智慧网中,上述词语都很少与"消灭"共现,它们基本都不属于"消灭"的搭配对象。从义域的角度来说,这部分内容属于大陆普通话的义域范畴,基本不属于台湾现代汉语的义域范畴。

在台湾,"消灭"经常和一些比较具体的事物或概念搭配,表示"使消灭"或者"除掉"的意思。这些事物或概念范围较广,我们见到的有指称公司、学校、违建、道路、银行账户甚至食物等的词语。例如:

(111) 在不断渲染的新闻事件中,笔者思索的是"消灭某集团,台湾的食安问题就能解决吗"。(台湾,2014-10-17)

(112) 此举已违反《地方制度法》,根本是"霸凌地方自治",甚至消灭建中、北一女等传统名校,导致学生一窝蜂报考明星私校。(台湾,2013-06-18)

(113) 今年将消灭 605 件增建 3 层楼以上的违建,总经费恐超过上亿元,希望市议会尽速通过收费方案,避免全民买单。(台湾,2015-02-04)

(114) 米粉标示新制才上路第一天,就被新竹米粉业者强烈抗议"消灭新竹米粉"。(台湾,2014-07-02)

在这几例中,"消灭"的对象分别是"某集团,建中、北一女等传统名校,605 件增建 3 层楼以上的违建"以及"新竹米粉",这些都是比较具体的事物,"消灭"在句中的词义均为"使消失"。这样的用法在台湾非常普遍,在大陆却很少这样用。从义域的角度来说,这些搭配对象属于台湾现代汉语义域的一部分，但基本不属于大陆普通话义域范畴。

事实上，"消灭"在两岸义域上的这种交叉关系也是在历时发展过程中逐渐形成的。前文提及的两岸相同以及不同的搭配对象在两岸隔离前都已经存在，只是在之后的发展中两岸继承的部分各不相同，由此形成了今天的差异。先看以下两个例子：

（115）要积极消灭本省今年蝗患（《昆虫与植病》，1934 年第 2 卷第 11 期）

（116）消灭敌人，捍卫祖国（《汗血周刊》，1936 年第 7 卷第 21 期）

在这两例中，"消灭"的对象分别是"蝗患"和"敌人"，前者属于有害事物，后者属于有敌对关系的人，时至今日，这两类仍然属于该词在两岸常见的搭配对象。

发生变化的主要体现在以下一组用例中：

（117）总理遗教：由于这种"合作社"之发生，便消灭了许多商店……（《广东合作》，1934 年第 1 卷第 1 期）

（118）消灭面上浓密汗毛法（《玲珑》，1935 年第 5 卷第 42 期）

（119）另外一栏：英国在从事消灭纳粹主义的工作（《中美周刊》，1939 年第 1 卷第 10 期）

（120）半月论评：消灭官僚主义（《新评论》，1944 年第 10 卷第 4—5 期）

在这几例中，"消灭"的对象分别是"商店、脸上的浓密汗毛、纳粹主义"以及"官僚主义"，前两项属于比较具体的事物，后两项属于相对抽象的概念。在之后的发展中，台湾主要保留了前一种用法，而大陆普通话保留了后一种用法。这种在发展中的不完全一致性，最终使得该义项在两岸的义域呈现出有同有异的交叉关系。

此外，虽然"消灭"在两岸都有"消除"义，但是它的词义轻重稍有区别，其在大陆词义较重，在台湾则要轻一些。

（三）重合关系

重合关系意味着一个词的某一义位在两岸义域相同或基本相同。在前文中，我们曾提到，一个义位的义域往往由一个或多个类别对象组成，这里的"重合"指的是从整体上来看这一个或多个类别对象在两岸都属于该义位的使用范围。但是，如果着眼于义域内部，两岸仍然存在一定的差异，比较典型的是各类别对象的使用倾向不同。

与前述包含关系、交叉关系不同的是，我们这里讨论的重合关系中所包含的不同，主要反映的并不是有与无的区别，而是多与少的不同，即差异点不在于某类词是否属于该义位的义域范畴，而在于相同义域中哪一类词用得更多或者哪一类词用得较少。以下结合"掌握、引进、攻克"等词进行说明。

1. 掌握

先看两岸词典对"掌握"的释义：

【掌握】动①了解事物，因而能充分支配或运用：～技术｜～理论｜～原则｜～规律｜◇～自己的命运。②主持；控制：～会议｜～政权。（《现汉》，第1651页）

【掌握】①在其权限内。《汉书·卷七十六·张敞传》："海内之命，断于掌握。"②控制。《史记·卷九十二·淮阴侯传》："且汉王不可必，身居项王掌握中数矣，项王怜而活之，然得脱，辄倍约。"（《重编》网络版）

《重编》的这两个义项都包含[+控制]的语义特征，词典列举了该词的"相似词"，包括"把握、控制、掌管、操纵"等，这些词也都包含[+控制]义。比照《现汉》的释义，义项②[+控制]义明显，义项①则稍弱一些。这里我们主要考察"掌握"在[+控制]义上的义域。

从现有的辞书来看，多数词典都认为"掌握"属于两岸通用词，虽然各自释义在用词上并不完全相同，但所举的例证大体上是一致的，从词条本身基本看不出该词在两岸义域上的差异。例如，以下是两本相关词典的释义：

【掌握】①了解、熟悉并熟练运用。例～技术｜～理论｜～规律｜～一门外语。②主持；控制。例～会议｜～政权｜～时间｜用料多少，由你～。（《两岸现代汉语常用词典》，第1404页）

【掌握】1掌控；主持。[例]～大局｜～权势。2了解事物且能充分运用、支配。[例]～原理｜～技术。（《两岸常用词典》，第1239页）

根据"掌握"所搭配词语的语义特征，该词在两岸的搭配对象大致可以分为以下三种类型：

一是权利类词语。这类词语的典型特征是都包含[+权利]义，常见的有"主动权、控制权、主导权、实权、制空权、大权、军权、制空权"等。

这里以"主动权"为例,两岸各举一例:

(121) 只有通过举行新大选,他们才能维持目前的执政地位并在今后的政改中掌握主动权。(大陆,2014-05-17)

(122) 里尔在首回合主场0:1负于葡超劲旅波图,从比赛来看,虽然拥有主场优势,但却并未掌握主动权。(台湾,2014-08-26)

二是知识技能类词语。这类搭配对象的所指常常需要通过学习来完成,因此大多包含[＋学习]的语义特征,常见的有"技术、知识、技能、本领、一技之长、科学知识、外语、新知识"等。这里以"技能"为例,两岸各举一例:

(123) 2—3年的职业教育,使其掌握一门技能,提高就业、创业能力,切实"拔穷根"。(大陆,2014-04-09)

(124) 外来农民工掌握职业技能平均需要4.6个月,建筑业技能为6.6个月。(台湾,2014-06-25)

三是资料、信息类词语。这类搭配对象的所指常常需要通过收集来获得,因此常常包含[＋收集]的语义特征,常见的有"情况、动态、证据、行踪、线索、进度"等。这里以"证据"为例,两岸各举一例:

(125) 韩国国家情报院方面也称掌握了朝方成功试射的确凿证据。(大陆,2015-05-28)

(126) ＊＊＊今出面表示,手中已掌握足够证据认定承办厂商造假,今将正式对厂商提出告诉。(台湾,2012-12-14)

从类别的角度来说,上述三种类型的词语在两岸都可以作为"掌握"的搭配对象。也就是说,就义域而言,两岸大致相同。但是,如果深入义域内部就会发现,这几类词语在两岸的使用呈现出明显的不对称——大陆搭配对象以知识技能类为多,权利类和资料信息类词语相对较少;台湾则以资料信息类为主,权利类和知识技能类词语所占比例相对较小。

为了相对清晰地描写这种区别,我们对 gigaword 语料中"掌握"的搭配对象进行了量化分析,其中台湾语料共有3万余条,大陆语料共有1.6万余条。根据语料中各个搭配对象出现的次数及所占比例,我们以饼图的形式将其呈现出来,以下分别是"掌握"在大陆语料及台湾语料中搭配对象的分布情况。

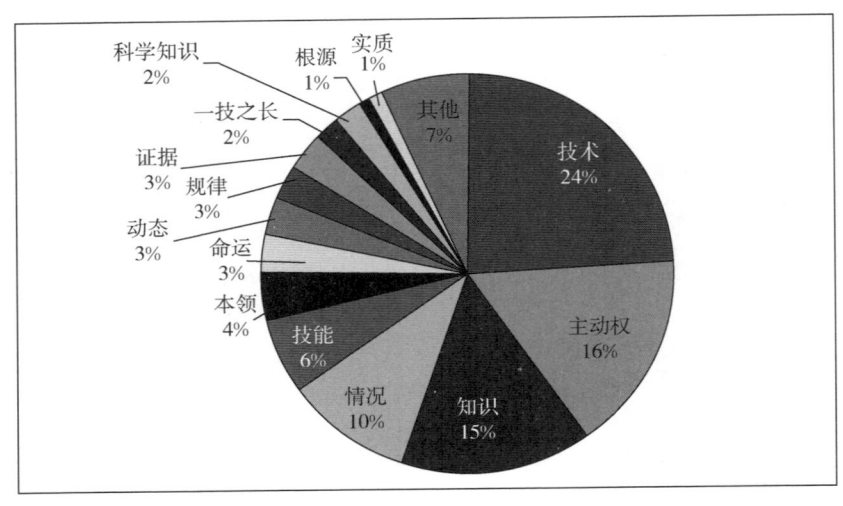

图 3-7　大陆语料中"掌握"搭配对象的分布情况

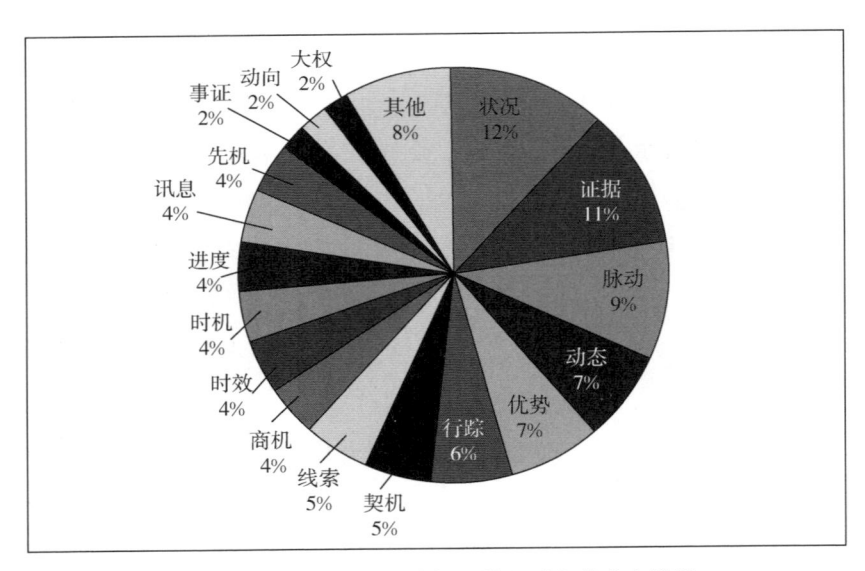

图 3-8　台湾语料中"掌握"搭配对象的分布情况

由语料和饼图可以看到,前述三类搭配对象在两岸使用的分布有如下特点:

其一,大陆使用最多的是知识技能类,权利类和资料信息类相对较少。在大陆饼图中,使用最多的是"技术"一词,约占 24%,一个词几乎占了四分之一的比例,如果加上占比 15% 的"知识"、6% 的"技能"以及 4% 的"本领",这四个词所占比例就高达 49%,接近总数的一半。相比之下,"主动权、控制权、主导权"等权利类对象和"证据"等资料信息类对象所占比例就少得多。

其二，台湾使用较多的是资料信息类，权利类和知识技能类词语相对较少。在台湾饼图中，使用较多的前十个对象分别是"状况、证据、脉动、动态、优势、行踪、契机、线索、商机、时效"，这些词基本都属于资料信息类对象，所占比例分别是12％、11％、9％、7％、7％、6％、5％、5％、4％、4％，总计70％。"大权、主导权、实权、制空权、军权、主动权"等权利类对象所占比例就少得多，因为数量较少，部分内容合并至"其他"中。需要说明的是，图中并没有出现知识技能类词语，之所以如此，并不是说这类对象在台湾没有，事实上，我们也见到过"掌握语言/知识/技术/技能"等，但是和资料信息类以及权利类词语相比，这类词的使用量就显得少之又少，加之饼图的空间有限，已有的常见词已经将其切分得非常细碎，知识技能类词语也就难以找到"立锥之地"，这一情形正好和大陆的使用情况形成了鲜明的对比。

2. 引进

先看该词在两岸词典中的释义：

【引进】动①从外地或外国引入（人员、资金、技术、设备等）：～良种｜～人才｜～外资。②引荐。（《现汉》，第1565页）

【引进】①介绍、推荐。《三国演义》第四十七回："二公若有归顺之心，吾当引进。"《初刻拍案惊奇》卷十九："小人情愿投赁佣工，烦劳引进则个。"②引导入内。《南史·卷八十·贼臣传·侯景传》："以次引进，赉以酒食，言笑谈论，善恶必同。"《西游记》第四十一回："三弟即引进见毕，行者备言借水之事。"③从外地或国外引入。如："这是刚从国外引进的新型医疗器材。"（《重编》网络版）

《现汉》中的义项①和《重编》中的义项③释义大致相同，我们所要考察的就是这一义位在两岸的义域情况。

《现汉》在释义中用括号的方式标注了"引进"在大陆的常见搭配对象，而《重编》并没有作类似的描述。从语料来看，该义项在两岸的义域大致相同，主要包括资金、技术、设备和人员四类。在和平与发展的大背景下，各个国家和地区要实现经济发展都离不开这几个方面。

从语言的角度来看，资金、技术和设备在两岸的所指大致相同，这里结合大陆和台湾媒体用例分别进行说明。先看大陆的相关用例：

（127）初步统计，今年前三季度北京市共推进产业转移疏解项目53个，同期，河北省与北京的合作项目达2948个，从首都引进资金2568.5亿元，同比分别增长4.7％和12.9％。（大陆，2014-11-28）

（128）在加强自主研发的同时，中国巨大的市场成为引进技术的重要平台。（大陆，2014-09-25）

（129）在引进设备中，由省市经贸专门安排技改扶持经费，鑫港累计投入5000多万元，配备了国际上一流的现代化生产加工装备，保障了产品精度误差控制在1丝（0.1毫米）以内。（大陆，2013-01-06）

在这几例中，"引进"的对象分别是"资金""技术"和"设备"。再看几个台湾的例子：

（130）如果真要数位汇流、公平竞争，就应该打破障碍，松绑法令，引进更多资金，才能活络产业发展。（台湾，2014-08-01）

（131）……贸易公司引进德国技术，推出全新研发第3代产品……环保纤维泥。（台湾，2014-11-13）

（132）……有限公司斥资引进美国OMAX水刀切割设备，这款以高精度、快速图形切割为诉求的设备，将全方位满足各种特殊材质的异形切割。（台湾，2014-09-29）

和这三种搭配对象相比，"人员"在两岸的所指相对复杂些，主要包括两类：一类是专业技术人员，另一类是普通劳工。以下分别举例说明：

（133）缺人才，浙江双管齐下：一方面设法提高劳动力素质，另一方面设法引进高精尖人才。（大陆，2015-03-22）

（134）福建今年将在宁夏、甘肃和贵州等地设立劳务派遣基地，并拟派专人前往甘肃，引进西部劳动力来闽务工。（大陆，2007-03-25）

（135）希望透过培训单位搭桥，……引进更多优秀人才进入产业就业或自行创业，加速促进整体产业发展。（台湾，2015-04-01）

（136）＊＊＊分析，菱角属于劳力密集农业，从种植到采收，几乎都靠人力，采收时如不乘小船，就得穿青蛙装跪在田里，年轻人视为苦差事，如能引进农业外劳，可纾解各农村缺乏的人力。（台湾，2014-10-18）

对于经济发展而言，无论是高端技术人才还是普通劳动者，二者都不可或缺，反映到语言上，"引进"的对象自然也包括了这两类人。

尽管两岸引进的对象大致相同，"引进"一词在两岸的义域也基本一致，但是在义域内部，这几种对象的侧重程度并不完全相同，相比之下，大陆更关注资金，而台湾更关注劳动力。

我们在中文词汇特性速描系统中对两岸"引进"的对象进行分析，其中大陆资料31440笔，台湾资料25802笔。根据出现次数的多少，我们把最常使用的十个对象列在下面，并以饼图的方式标注各个对象的使用比例：

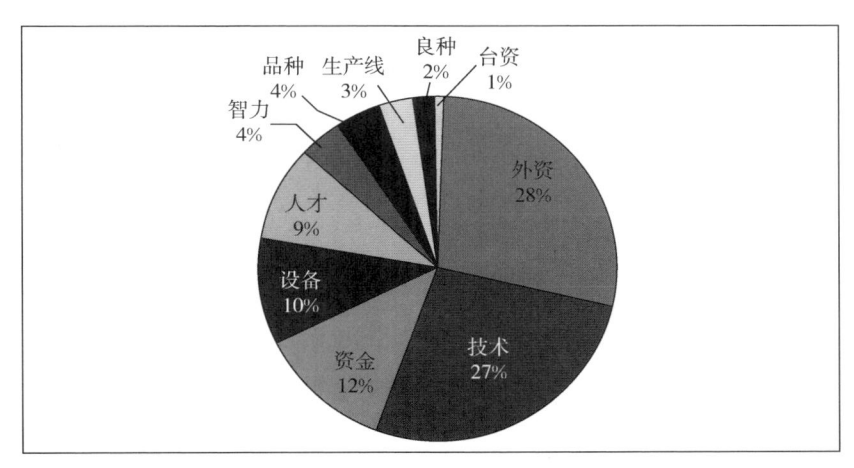

图 3-9　大陆语料中"引进"搭配对象的使用情况

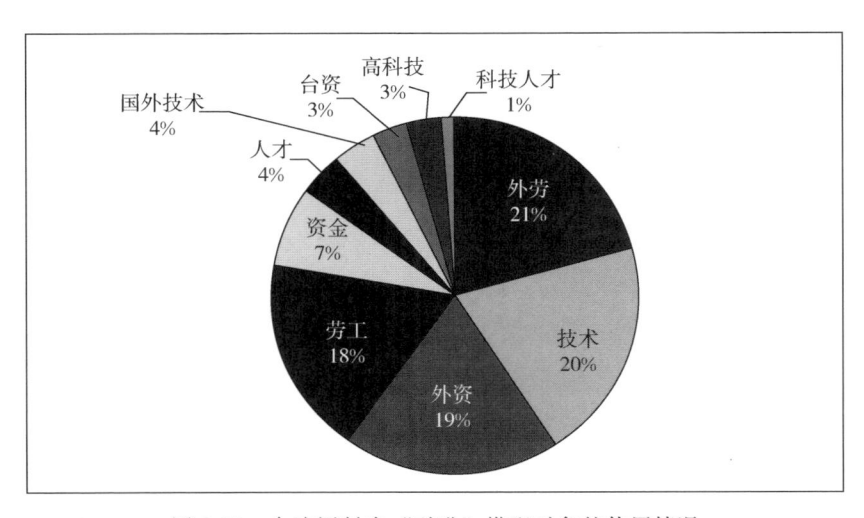

图 3-10　台湾语料中"引进"搭配对象的使用情况

对比这两幅饼图可以发现,两岸最为关注的对象并不相同。大陆方面,关注度最高的是资金,图中出现的"外资、资金、台资"等都属于此类,这三者所占比例分别为 28%、12% 和 1%,总计 41%。从语言的角度来说,"引进"在大陆普通话中最为常见的对象是资金类词语。台湾方面,关注度最高的是劳工,图中出现的"外劳、劳工"等都属于此类,这二者所占比例分别为 21% 和 18%,总计 39%,由此也使得这类词语成为"引进"在台湾最常见的搭配对象。

语言是对社会生活的反映,两岸不同的经济状况及发展战略等使得各自关注的重点有所区别,由此也带来词语常见搭配对象的差异。大陆自 1949 年以来到改革开放初期,长期以来人口多、底子薄,困扰经济发展最大的问题就是资金不足。而台湾的情况有所不同,劳工短缺是一直以来就存在的问题。在 20 世纪 80 年代的新闻中,台湾就有报道说"研拟引进外籍劳工管理办法"(台湾,1988-05-16)、"劳工市场人手短缺 考虑引进菲籍工人"(台湾,1988-06-30)。时至今日,这种问题依然存在,有报道称"高等教育普及促使大学毕业生与新鲜人职位需求不平衡及 3K 工作乏人问津不得不引进外劳"(台湾,2014-10-07)。所谓的"3K 工作"指的是铸造业、纺织业等工作辛苦、环境嘈杂、民众意愿低的行业,这些行业缺工严重,但行业本身仍具重要性。为了平衡当地劳动力短缺的情况,不得不引进外劳,仅蓝领外劳就已"暴增到 54 万人"(台湾,2015-01-02)。

3. 攻克

先看两岸相关词典中的释义:

【攻克】动 攻下(敌人的据点),也用于比喻:~堡垒 | ~设计难点。(《现汉》,第 455 页)

【攻克】攻下、攻占。如:"攻克城池"。(《重编》网络版)

对比上述两条释文可以发现,"攻克"在两岸都用来指"攻下",其本义与战争和战斗有关。《现汉》指出该词还有比喻用法,台湾《重编》释义简略,没有作类似的说明。

通过检索两岸语料可以发现,"攻克"在两岸的义域大致相同,在表达"攻下"义时,其使用范围主要集中在以下几个领域:

其一,战争领域。这是"攻克"最初的使用范围,上述释义中的"堡垒"

以及"城池"都是和战争相关的词,以下两岸各举一例:

(137) 各抗日根据地共作战 1.1 万余次,歼灭日、伪军近 20 万人,攻克县城 20 多座,攻克和逼退据点 2500 多个,解放人口 1700 多万。(大陆,2015-07-22)

(138) 美国利用精准的遥测影像资料迅速攻克伊拉克,令国际瞩目,发展遥测科技成为各国重要科技政策。(台湾,2003-05-09)

其二,科技领域。进入 21 世纪,"军事词语泛化"是当代汉语发展变化的重要特征之一(刁晏斌,2013),"攻克"一词也不例外。此词的使用范围延伸到这里的科技领域以及下一类的证券领域,都属于词义泛化的结果。在科技领域,"攻克"的对象主要是各种各样的疑难问题(尤其是技术难题),这在两岸都有相关用例:

(139) 要加大对基础研究的支持力度,攻克一批重大关键技术难题,以更多高水平原创性成果推动应用研究和产业升级。(大陆,2015-05-08)

(140) 过去 3 年多来,＊＊＊和他的搭档＊＊＊抓住部队换装转型的空档,与时间赛跑,分别攻克新装备训练难题与新装备人才培训。(台湾,2015-06-09)

其三,证券领域。"攻克"在泛化到证券领域时,常用来指股指的变化,大致义为"达到"。例如:

(141) 正是在杠杆的助推下,市场疯牛式地上涨,在 6 月初一举攻克了 5000 点整数大关。(大陆,2015-07-14)

(142) 本周台股维持高档震荡格局,在台积电、鸿海等权值股,以及联发科、大立光等高价电子带动下,指数攻克 9300 点。(台湾,2014-06-20)

从义域本身来看,"攻克"在两岸大致相同,不过,如果着眼于义域内部,可以发现两岸在上述几个领域的使用倾向上并不相同,大陆使用最多的是科技领域,台湾使用最多的则是证券领域。

先看该词在普通话中的使用情况。根据北语 BCC 报纸语料库的统计,与"攻克"搭配的词语中使用频次较多的前十个词依照频次由高到低分别是"技术、难关、癌症、难点、肿瘤、糖尿病、难题、艾滋病、乙肝、痤疮",其中"技术"一词使用频次最高,在数据库中一共出现 425 次。在这十个词中,除了"难关""难点"以及"难题"外,其他七个词从字面上就可以直接判断其领域归属，而这七个词中有六个都与疾病相关。

中文词汇特性速描系统的检索结果也可以提供进一步的佐证。根据出现次数的多寡，我们以饼图的方式展示各搭配对象的使用情况：

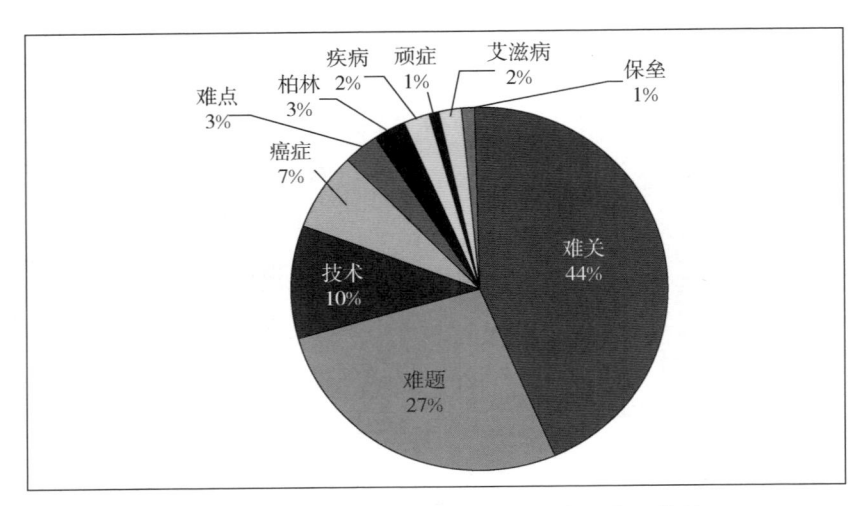

图 3-11　大陆语料中"攻克"搭配对象的使用情况

在图中，占比最大的是"难关"一词，其次是"难题"，我们对语料库中与此相关的用例一一分析，发现这两类对象所指的大多数都是技术问题，如"宁波塑料机械总厂在研制分清双色注塑机时，与清华大学联合攻克难关""工程技术人员和工人攻克道道难题，摸索出从钻井、采油到运输的一系列浅海石油开发的技术，积累了丰富的经验"等。此外，图中的"技术、癌症、疾病、顽症、艾滋病"等也都属于需要科学技术才能攻克的对象。由此可以看出，"攻克"在普通话中更倾向于与科技领域的词语搭配，或者说在"攻克"的义域中，科技类词语的使用度更高。

再看该词在台湾的使用情况。在台湾一份报纸中，从 2004 年初到 2014 年末，包含"攻克"的用例共有 42 个，其中和股票相关的有 35 个，仅有 7 例属于其他范畴。中文词汇特性速描系统的检索结果也与此基本一致，在该系统中，"攻克"的搭配对象主要有"点、关卡、仁安羌（地名）、大关、难题、反压、喀布尔（地名）、技术、难关、台湾"等，这十个词语也是依照使用次数由高到低排列，其中属于股票方面的有"点、关卡、大关、反压"等，使用最多的是股市术语"点"，如"台股在冲过季线、站上半年线后，今日又顺利攻克四六○○点""上周集中市场由塑化、纺织带领，大盘顺利攻克6000点"等，以下同样以饼图的方式反映上述搭配对象在语料中的使用情况：

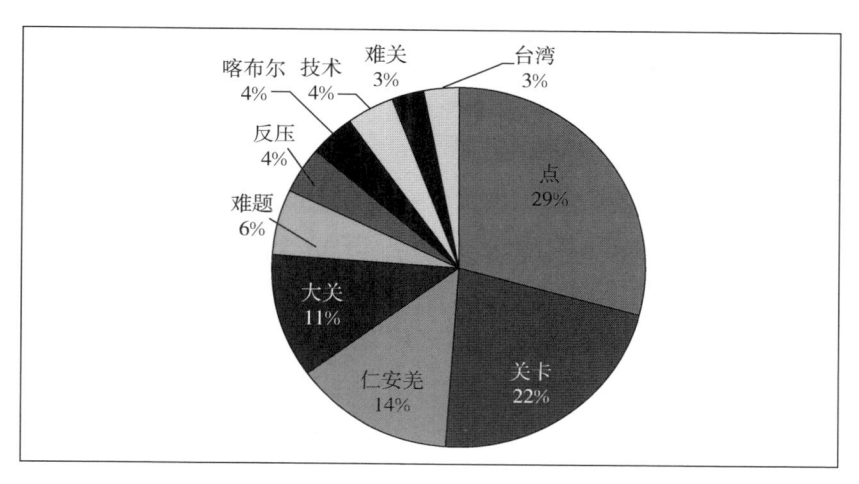

图 3-12　台湾语料中"攻克"搭配对象的使用情况

由上图可以看出，仅"点"和"关卡"这两项占比就达到51%，如果加上"大关"和"反压"，此类对象总比例合计66%。也就是说，在"攻克"的义域中，股票类对象所占比例最大，战争类和科技类对象要少得多，这一点和该词在普通话中的使用倾向大不相同。

三、小结

如果说上节是以词为基本对象并比较同一个词在两岸义位上的异同的话，那么本节就是以义位为对象，深入义位内部，比较义位中各要素在两岸的差异。相比之下，前一节的内容相对宏观，这一节的内容更为微观。

在对义位内部各要素进行分析时，本书借鉴了张志毅、张庆云（2005）的义位理论，将义位分解为义值和义域两部分：义值是义位的质的要素，包括基义和陪义两部分；而义域是义位的量的要素，指的是义位的意义范围和使用范围。在此基础上，我们比较了词的某一义位在两岸义值和义域上的差异。由于比较的前提是该义位的基义（或者说概念义）在两岸基本一致，因此差异部分主要集中在陪义和义域上，二者当中尤以后者为多。

在论述陪义的差异时，主要结合感情色彩来进行对比。事实上，这一工作在 20 世纪 80 年代中后期就已经受到了学界的关注，但是截至目前，这些研究大都只在共时平面列举差异，很少从历时的角度梳理差异等的形成过程，因此对这些差异究竟是如何形成的知之甚少，这是促使我们继续从事此项研究的重要原因。

刁晏斌（2007）曾指出，现代汉语词汇在发展过程中经历过两次大规模的感情色彩变迁：一次是中华人民共和国成立后到"文革"时期，另一次是改革开放以后直至今天。在前一次变迁中，词义产生了较大规模的"贬义化"，原有的贬义词继续保持贬义，而原有的部分非贬义词开始贬义化，同时产生了一些新的贬义词；在后一次变迁中，词义产生了较大规模的"去贬义化"，这一时期是现代汉语史上贬义词数量最少、使用范围最小、使用频率最低的时期。由于两岸的隔离，台湾并没有发生相同的词义变迁，这是导致两岸词义感情色彩产生差异的最重要的原因。

此外，李海霞（2005）还提出词义的"褒贬度"概念，词义的褒贬色彩可以根据程度的不同而进行多层次区分，从而使相关研究更加精细化。这一概念不仅适用于普通话，也同样适用于两岸词义对比，这将是未来两岸词义感情色彩对比研究的重要方向之一。

义域比较在古汉语以及普通话研究中已有一些成果，然而到目前为止这一理论还没有应用到两岸词语对比研究中。在张志毅、张庆云（2005）义域理论的基础上，本书提出了两岸义域的四种对比关系：包含关系、交叉关系、重合关系以及相离关系。这是从理论上概括出的所有可能的逻辑关系，但在语料中前三种都比较常见，目前尚未发现相离关系存在。因此，本书重点论述的是包含、交叉以及重合关系三种，其中包含关系和交叉关系反映的是两岸义域在有无上的区别，即哪些搭配对象在两岸都有，哪些搭配对象只在其中一个言语社区使用，由此来判断义域上的包含或者交叉关系；重合关系反映的则是两岸义域相同的情况下，其搭配对象的使用倾向问题，这不是有与无的区别，而是多与少的差异。

在论述义域差异时，本书同样注重从历时的角度梳理差异的由来，即不仅要观察同一义位在两岸的共时差异，同时要分析这些义域上的差异是如何形成的。

应该说，这部分内容既是义位理论的一次拓展应用，同时也是对原有理论的丰富与发展,我们希望这样的尝试能带来新的研究视角,并使现有的研究向前进一步。

第三节 个案研究(一)
——对"爱戴"基义变化的历时考察

在本章中,我们先比较了同一词语在两岸义项间的差异,然后深入义项内部比较了各组成要素在两岸的差别。在本节中,我们以"爱戴"为对象,考察其在两岸基义变化的历时过程。

在考察中,我们先描写"爱戴"的语义特征"[＋生命][＋尊崇]",然后在历时语料中观察上述语义特征在两岸的变化情况。之所以要作这样的描写,主要基于两方面考虑:一是可以比较细致地揭示词义的基本内容,二是可以建立一个比较的视角,通过语义特征的增减来描写词义变化的细微过程。

一、"爱戴"的语义特征:[＋生命][＋尊崇]

"爱戴"一词由"爱"和"戴"两个语素组成。清代段玉裁《说文解字注》说:"分物得增益曰戴,引申之凡加于上皆曰戴,如土山戴石曰崔嵬。""戴"与"爱"组合,意思并不复杂,大致就是对某一对象"爱加于上"。

"爱戴"一词在唐五代就已出现,词义相当于"敬爱、拥护",以下是我们见到的两个较早的例子:

(1)(王景崇)洽三军爱戴之情,荷千里折冲之寄。(《旧唐书·懿宗纪》)

(2)自是军政大理,汴人无不爱戴。(《旧唐书》卷一百五十六)

这两例表达的都是下对上的敬爱和拥护,其对象基本都是各级官员直至最高统治者,这种用法一直延续到清代。例如:

(3)本朝兵革之祸亘古未闻,然赖祖宗德泽之厚,陛下勤抚之至,所以亿兆之心无有离异,远近爱戴,国势可保。(宋·朱熹《伊洛渊源录》卷十

一)

(4) 永乐二年,任清河令,抚绥贫穷,民爱戴之如父母。(明·陈柴《广平府志》卷十一)

(5) 前潮州镇总兵郑绍忠,自光绪十年办理海防奏署陆路提督以来,威信卓然,军民爱戴。(清·张之洞《张文襄公奏议》卷二十四奏议二十四)

到民国时期,"爱戴"的概念义基本未变,不过该词的适用范围有所扩大,即从上述对象扩大到更广大的人群,如可以用在学生和教师、人民和战士、观众和演员等之间。例如:

(6) 中西学生爱戴校长(《益世报》,1921-05-30)

(7) 苏真理报著文 赞扬红军实力 英勇战士受人民爱戴 国际理论亦日益巩固(《大公报》,1939-02-26)

(8)《难为了妹妹》中的著名悲角丁子明,和她那从舞台而转入了银幕的丈夫万籁天,都曾经为许多的观众所爱戴的,可是如今那里去了?(《青青电影》,1937年第3卷第4期)

《益世报》报道的新闻是中西女学校长满教士竭尽全力为学校作贡献,在其即将回国之际,该校学生于五月二十三日为其庆祝七十寿辰,"以申爱敬",即以此表达对其"爱戴"之情;《大公报》标题中的"爱戴"指的是红军因许多英勇胜利而著名,因而受到人民的爱敬;而《青青电影》杂志中的"爱戴"表达的是观众对两位著名演员的喜爱尊崇之情。

无论是民与官,还是学生与教师,抑或是观众与演员等,"爱戴"都用在人与人之间,表达某种尊崇之义,我们用[＋生命]和[＋尊崇]来描述该词的语义特征。

二、"爱戴"在大陆的使用情况(1949年以后)

中华人民共和国成立后,"爱戴"在大陆延续了之前的用法,概念义基本没有变化。我们以《人民日报》为例,以二十年为一个节点,分别考察此词在1949年、1969年、1989年以及2009年的使用情况。

在1949年的语料中,"爱戴"的用例共有121个,这些用例主要用在"人民(群众)→毛主席/斯大林/共产党/解放军"等方面。在这组关系中,前者属于施事,即"爱戴"这一行为的发出者;后者属于受事,也就是"爱戴"的对象。例如：

（9）我党第二十一届全国代表大会特别向您，毛泽东同志，中国人民的杰出和受爱戴的领袖，致送我们的祝贺。（大陆，1949-12-07）

（10）苏维埃人民全心全意地爱戴着斯大林，正是由于他——领导着他们战胜困难度过战争，正是由于他的领导，挽救了祖国并获得胜利。（大陆，1949-12-16）

在1969年的语料中，包含"爱戴"的文章仅有29篇，这一数据较1949年有大幅度减少，刁晏斌（2006）认为传统褒义词在这一时期出现了分化，部分褒义词"使用频率大幅度降低"，"爱戴"使用量的减少很可能与此有关。就该词本身的用法来看，施事者基本同于前一阶段，受事或对象则除了原有的领袖和先进人物外，还出现了一些普通人物（如"赤脚医生""初中毕业生陈玉元"等），他们之所以受人爱戴，很大程度上是因为在平凡的岗位上做了不平凡的事。

在1989年的语料中，包含"爱戴"的例句共有96个，施事者基本无变化，受事出现较多的是军队（解放军）及领袖等。

在2009年的105个用例中，涉及的施事主要是"人民、官兵、百姓"等，受事主要有"教师、领袖、党员干部、医生、艺术家"等。不过，在这一年的语料中出现了个别"例外"——受事为［－生命］对象。例如：

（11）榕树独立的品格、荣辱与共的生存状态，不仅赢得了人们广泛的敬仰爱戴，在西南少数民族地区，榕树更被奉为神树，成为人们的精神寄托。（大陆，2009-05-17）

（12）品牌需要长期的积淀，需要得到人们的认同和爱戴。（大陆，2009-05-25）

在这两例中，人们"爱戴"的对象分别是"榕树的品格、生存状态"以及"品牌"，它们都属于［－生命］的抽象事物。之所以能从［＋生命］对象扩大至［－生命］对象，主要是因为这两类对象有共同之处，都有值得人们肯定、推崇的品质。不过，当对象变为［－生命］事物时，原有语义特征中的［＋尊崇］义有所弱化。

概括来说，"爱戴"在大陆的使用主要有以下几个特征：

其一，概念义相对稳定。从中华人民共和国成立初期到改革开放，再到现在,其概念义仍然是"敬爱、拥护",没有发生大的改变。

其二,受事对象趋于多样化。具体表现有二:一是受事者的范围渐趋广泛,特别是进入新时期以来,更多地及于各行各业优秀的普通人;二是开始出现［－生命］的对象。从唐五代到清代,"爱戴"的受事往往以官员为主;民国时期以来,各行各业的优秀人物也成为"爱戴"的对象;近年来,一些［－生命］的抽象事物也开始成为受事。

其三,施事群体类型化,最常见的是"人民群众"。我们在《中国青年报》中随机抽取了 100 个施事、受事明确的用例,经统计,以"人民"为中心词的施事共有 66 个。也就是说,仅这一个类别就占了施事比例的六成多。除此之外,使用较多的还有"学生"和"百姓"等。

三、"爱戴"在台湾的使用情况（1949 年以后）

与大陆的情况相比,"爱戴"在台湾的变化要大得多,最主要的一点是受事由［＋生命］对象大面积扩展至［－生命］事物。

在前文中我们提到,"爱戴"在大陆使用时受事以［＋生命］对象为主,近年来的语料中开始出现［－生命］对象。这种从［＋生命］对象向［－生命］事物扩展的情况同样存在于台湾现代汉语发展当中,而从时间来看,似乎要更早一些。

在我们所见的语料中,"爱戴"在 20 世纪 50 年代就已出现［－生命］受事。例如:

(13) 美空中交响乐团此次在远东旅行演奏,不仅获得各地千万听众的爱戴,对他们团员来说,亦是非常愉快的旅行。(台湾,1955-06-02)

(14) 一部影片之所以赢得绝大多数观众的爱戴,除了它在优越的经济基础之下,在形式上获得胜利外,如果缺乏好的内容,这部片子就不完整。(台湾,1956-05-17)

(15) 侨胞爱戴国粹,情况热烈。(台湾,1959-10-22)

在这三例中,"爱戴"的对象分别是"美空中交响乐团""影片"和"国粹",尽管乐团由人组成,但是其本身仍属［－生命］受事。

这样的用法一直延续下来,以下按照时间先后顺序列举几例:

(16) 创业二十年的……眼镜公司,为了答谢顾客爱戴,特别举办特价优

待活动。(台湾,1973-03-18)

(17) 换言之,我们一直企望着把我们的汉堡店变成社区居民爱戴的东西,并且在身体力行。(台湾,1981-08-06)

(18) 小型股魅力不减,依然广为投资人所爱戴,交投热络,周转率居高不下。(台湾,1989-12-03)

(19) 每棵老树并将照相为其编汇"台湾珍贵老树"图鉴附以各老树传奇的动人事迹,好让老树受到爱戴,活得有生命有尊严。(台湾,1991-05-09)

这里的"眼镜公司、汉堡店、小型股、老树"都是"爱戴"的受事,它们都属于[-生命]事物。

时至今日,在台湾,[-生命]事物已经成为"爱戴"受事的重要组成部分。在台湾一份报纸中,我们随机抽取了100个施事、受事明确的用例,其中[+生命]的受事有53个,[-生命]的受事有47个,为了方便对比,我们把[-生命]受事一一列举出来:

《钢铁人3》、《小苹果》恶搞MV、69锁甲包、Ann Demeulemeester的黑色哥德风格、BMW M3车系、Fleece摇粒绒系列服饰、Galtiscopio腕表、Goyard包、olga女装、Phillip Lim新季的贵宾狗设计、Salvatore Ferragamo高跟鞋、宝马汽车、北欧卷门柜、电视剧《主君的太阳》、服饰品牌Azzedine Alaia、服饰品牌Patrizia pepe、该则Po文、韩货、空中小姐职业、蓝宝石玻璃、老店、旅游指南《寂寞星球》(Lonely Planet)、美国鞋品牌Rick Owens、美妆品牌Chantecaille、名媛设计师Tory Burch的作品、牛岛、纽约服饰品牌Altuzarra、清纯形象、***老师新潮的思想和行事风格、热血操控本质、人气眼部美妆品、私房护肤术、他们的新歌、台湾普利司通公司、台湾三洋洗衣机及电冰箱、甜点、娃娃脸、乌来温泉、乌龙面、香港服饰品牌Amen Papa、新台湾食艺美学及"不时不食"的概念、雪豹斯佩特小麦伏特加Snow Leopard Vodka、意大利牛马超跑车、意大利梳具品牌Janeke精致的手工制梳技术、意大利鞋Salvatore ferragamo、意大利休闲服饰品牌Replay、影片《黑暗骑士》

从具体内容来看,这些词语涵盖了服饰、鞋品、化妆品、汽车、食品、杂志等具体事物以及技术、设计等一些相对抽象的概念。其中,反映具体事物的稍多一些,在这47个词语中,"69锁甲包、乌来温泉"等30个都属于此类，这些词语所指的主要是各类商品。例如：

（20）Fleece 摇粒绒系列服饰质地柔软，备受消费者爱戴。（台湾，2013-12-25）

（21）为欢庆3/8妇女节，那个年代杏仁豆腐工坊、高雄华园饭店旺角茶餐厅推出优惠吸客，综合杏仁玉露、紫米红豆汤圆、香酥蛋塔、椰子糕等广受女性爱戴的甜点等，内用只要38元，不过限女性优惠2份。（台湾，2014-03-06）

除具体事物外，抽象事物也可以成为"爱戴"的对象，这类用例略少一些，在上述47个词语中，有17个属于此类，如"纽约服饰品牌 Altuzarra、私房护肤术、＊＊＊老师新潮的思想和行事风格"等。这些词语所指主要是商品品牌、产品技术以及人物的品质特征等。例如：

（22）Ann Demeulemeester 的黑色哥德风格深得男星爱戴，上个月＊＊＊也穿着黑装出席电影宣传，不过论时尚度，＊＊＊还是略胜一筹。（台湾，2014-04-18）

（23）今年初上市的 MINI 新成员 Countryman，挟该品牌受到欢迎的经典元素，再注入了多用途的丰富机能，让它成为 MINI 车系中，最具玩乐本钱的车款。不过原厂并未放弃最受车迷爱戴的热血操控本质，针对 Countryman 陆续推出 JCW 品牌（John Cooper Works）的御用改装套件。（台湾，2011-06-26）

当"爱戴"的受事范围由人扩大至［－生命］的事物并产生大量用例时，前述语义特征中的［＋尊崇］义就部分地削弱甚至消失了。如果说，在人与人之间还可以用"敬爱，拥护"来解释的话，那么人与物之间更多的可能是泛指"喜欢"。例如：

（24）溪头数十年来以宜人气候、美丽山景及便利交通，深受无数游客的爱戴。（台湾，2012-06-24）

（25）除夜市、台北一〇一等吸引游客外，Taipei Free 免费无线上网更受到访台北游客的爱戴。（台湾，2014-02-16）

在这两例中，"爱戴"一词反映的是游客对旅游景点的喜爱，施事和受事之间的［＋尊崇］义完全消失。前一例中的受事是"溪头"（即一处森林游乐区），后一例中的受事则是动词性词组"Taipei Free 免费无线上网"。

在语料中，我们还发现了一类比较特殊的现象。例如：

（26）其实戴墨镜也是中国的固有文化，从前北平"文化街"琉璃厂的墨盒铺都兼卖眼镜，有茶晶、墨晶等名称，做出来的墨镜称为"养目镜"，上年纪的人很爱戴它。（台湾，1954-08-29）

（27）除了服装的变化之外，身上所佩戴的饰物，也可以表示出一个人的气质来，自然，在目前这个选择自由的时代，可以随心所欲，爱戴什么便戴什么。（台湾，1970-07-17）

（28）如图所示为在日本今春受其上班族女性所爱戴的戒指款式，其特色以纤细可爱最受注目。（台湾，1986-06-09）

（29）美国第一夫人蜜雪儿爱戴珍珠，除了台湾货，也钟情纽约时尚饰品CAROLE。（台湾，2009-07-08）

在这几个例句中，"爱戴"的对象分别是"墨镜、饰物、戒指、珍珠"，"爱戴"在句中可以有两种理解：既可以理解为"喜欢佩戴"，也可以理解为"喜欢"。这些受事主要是用来佩戴的各类饰品、配件，除了句中的几类外，我们见到的还有指称手表、耳机、项链、眼镜、耳环等的词语。

以我们对台湾媒体表达策略的了解，这样的组合应该是有意的安排，即是在利用"双关"来表达更加丰富的信息与内容：因"爱戴"而喜欢佩戴，或者是因喜欢佩戴而显示其"爱戴"，总之是达到了二者的一致。

有时，对于同一个受事，在不同的场合中，对"爱戴"的理解也会存在差异。例如：

（30）欧米茄星改款　＊＊＊爱戴（台湾，2009-03-30）

（31）英国腕表品牌格林汉（Graham），独有的纯正英式风格、超大表径和左冠的军事化设计更显耀眼，深受爱表人士爱戴。（台湾，2011-06-22）

这两例受事都指称手表，但由于表达上的差异，前一例可以有两种理解：一是将"爱戴"作为一个整体理解，词义为"喜欢"；二是将其拆分为两个单音节词，意为"喜欢佩戴"。这两种理解似乎都说得通。后一例情况有所不同，理解成一个双音节词可能更合适一些。

四、小结

两岸词义上的差别早已不是新鲜的话题，但是从历时角度梳理其变化过程的研究少之又少。为了相对清晰地描述词义的变化过程，我们以"爱戴"为对象，通过语义特征描写来揭示该词在两岸的发展变化情况。总体而言，该词在两岸处于不同的发展阶段，台湾有了明显的进一步发展并产生了新义项"泛指喜欢"，而大陆基本"原地不动"。

通过分析"爱戴"在两岸隔离后的发展情况，大致可以看出以下两点：

第一，词义发展的相似性。词义演变主要有"引申、同化、泛化、虚化"四种类型（谢智香，2011）。所谓"泛化"，是指词的概念义在演变过程中发生的部分内涵消失现象，即原有的语义特征不断减少，由此越来越多的对象被纳入词语的指称范围。和之前的概念义相比，泛化后的词义"在内涵上缩小了，而外延上拓宽了"（张小平，2008）。对于"爱戴"而言，两岸都出现了不同程度的泛化，一些［－生命］事物开始成为受事对象，原有词义中的［＋尊崇］义有弱化甚至消失的趋势。在由［＋生命］受事扩展至［－生命］受事的过程中，两类对象在"优秀品质"上有相似之处：对于人而言，优秀品格是受到爱戴的重要原因；对于事物而言，优秀的品质也是受人喜爱的原因之一。这种相似性最终使得"爱戴"的外延扩大。该词在两岸以大致相同的路径扩展，很大程度上是因为两岸语言同宗同源，两岸有着相同的民族及语言心理。

第二，词义发展的不平衡性。尽管"爱戴"的词义在两岸朝着相似的方向发展，但在这一过程中表现出非常明显的不平衡性。这种不平衡性主要表现在两个方面：一是时间上的不平衡，二是结果上的不平衡。先说时间方面，"爱戴"的词义变化并不是在两个言语社区同时进行的，相比较而言，该词在台湾产生变化的时间更早，从前文的论述可以看出，至少在20世纪50年代就已出现不少［－生命］的受事宾语。也可以说，早在20世纪中期，"爱戴"在台湾就已出现词义泛化的端倪，而在大陆，该词使用范围的扩大主要产生于最近一些年。两岸词义演变的不同步主要由相互的隔离引起，两个言语社区在隔离后词义的发展很难实现同步，由此就带来词义演变在时间上的不同步。再看结果方面，由于时间上的不平衡，直接带来结果上的差异。"爱戴"在台湾泛化后，经过几十年发展，已经成为一种普遍而稳定的用法，可以认为产生了新的泛化义；而该词在大陆的演变时间很晚，目前仍处于初始阶段，只有等该用法发展成熟稳定后才能确认泛化义的形成,而这显然还需要时间的等待和证明。

第四节 个案研究(二)
——两岸通用词"起跑"的隐性差异

自 20 世纪 80 年代起,海峡两岸词语的差异问题就一直深受人们的关注,这些差异词语主要包括两岸特有词语、同形异义词语以及同义异形词语等。相关辞书在收录时常用文字或符号进行标记,提醒读者注意其中的差异。但是,我们注意到,许多词语在实际使用中存在这样或那样的差异。由于种种原因,它们的存在并未引起人们的关注,一般的工具书往往也没有反映,这种情况既不利于全面了解对方的语言,同时使相关研究留有一些死角或薄弱环节。因此,这些不易被察觉的、尚未引起人们足够关注的隐性差异,有特别提出并加以强调的必要。

本节以"起跑"这一两岸都比较常用的词为例,来对相关问题进行分析和说明。

一、"起跑"的意义、用法及两岸差异

(一)工具书的释义与收录情况

我们先来看"起跑"在两岸辞书中的释义情况:

【起跑】 动 赛跑时按比赛规则在起点做好预备姿势后,听到发令开始跑。(《现汉》,第 1030 页)

【起跑】 刚开始奔跑。如:这位百米公尺赛跑的金牌得主,在起跑时有很强的爆发力。(《重编》网络版)

从上述两则释义和例句来看,"起跑"都用于体育比赛,核心意义都是"刚开始奔跑",虽然两条释文用词有所差别,但是仅从字面来看,该词的意

义在两岸并没有明显的差异。

现有的相关词典一般也将其作为通用词处理，就我们所见，处理方式大致有两种：

一是不收录该词。比如邱质朴主编的《大陆和台湾词语差别词典》以及魏励、盛玉麒主编的《大陆及港澳台常用词对比词典》都没有收录。后者在"凡例"中提到了词条的收录原则，其中一条是"大陆与港澳台词形、词义完全相同的词，一般不予收录"。

二是以通用词形式收录，未标记该词在两岸使用上的差别。比如施光亨、李行建主编的《两岸现代汉语常用词典》就将"起跑"视为通用词，释义为"赛跑时在起点做好预备姿势后开始跑"；李宇明主编的《全球华语词典》也没有标记该词在两岸使用方面的差异。

（二）"起跑"在台湾的主要用法

大量事实显示，"起跑"的使用情况并不像词典描写得那么简单，在台湾，该词的使用要比词典的描述复杂得多。

就使用范围来说，虽然上述几部词典的释义都说明"起跑"主要用于体育领域（尤其是赛跑），但在台湾，"起跑"已经"跨界"到其他多个领域（包括政治、经济、文化、教育等），在此过程中它的词义也发生了变化，从而与大陆形成了较为明显的差异。

"起跑"在台湾的用法主要有三种，以下我们从语义特征的角度分别描述与分析。

1. 本义：[＋人][＋比赛][＋开始][＋奔跑][＋自主动词]

这是"起跑"最初的意义且一直沿用至今。在台湾新闻智慧网里，默认选择全部报刊媒体，时间跨度为默认起点至 2014 年 3 月 31 日，共检索到 2 万多条记录，其中最早的记录是 1948 年的一则图片新闻，在配图文字里有这样的话：

（1）四百公尺初賽者成績最佳之英選手＊＊＊（初賽第三組第一名）向其他三選手顯示他的起跑姿勢。（台湾，1948-08-06）

这里的"起跑"用的是本义，与现行词典中的释义完全一致，这样的用法一直持续至今。再如：

（2）史上第 2 位成功卫冕 100 公尺金牌田径男子 100 公尺决赛牙买加飞

人＊＊＊起跑前，手放在嘴边比了"嘘"，他让现场 8 万人静音，也让质疑他的人闭嘴。（台湾，2012-08-06）

在这里，"起跑"至少包含以下几个语义特征：［＋人］［＋比赛］［＋开始］［＋奔跑］［＋自主动词］。具体来说，与本义搭配的主语是"人"（尤其是短跑运动员），使用的场景是"比赛"，发出的行为是在特定的时间点以最快的速度"开始"向前"奔跑"。在本义里，这几个方面是非常完备的。

2. 过渡义：［－人］［±比赛］［＋开始］［＋奔跑］［－自主动词］

"起跑"在使用过程中逐渐产生了一种新的用法，这种用法和本义有关联，同时又与后来的用法和意义稍有不同，可以称之为过渡义。这类用例主要集中在火炬接力、越野赛、马拉松比赛等方面。

和本义的相同之处是，过渡义仍然保留了［＋开始］［＋奔跑］义。不同之处主要表现在两个方面：一是使用场景有所扩大，［＋比赛］义被突破，一些不具有竞赛特征的活动（如火炬接力等），也可以使用；二是"起跑"的主语不再是运动员，而是比赛活动。也就是说，原本是"人"起跑，在这里变成了"活动"起跑，由此，"起跑"也就由自主动词变成了非自主动词。此外，随着"人"的语义特征弱化并趋于消失，地点和时间成为与"起跑"共现的新信息，通常以处所状语和时间状语的形式出现。例如：

（3）胜利火炬　省运会举行火炬接力　高雄起跑三百廿公里　今起半月内各地有球赛（台湾，1949-09-28）

例（3）是我们在数据库里见到的最早用例，这种用法在很长一段时间内都主要用在标题中，20 世纪 80 年代之后才逐渐出现在正文中。例如：

（4）第二站比赛于二十日下午一时在三重商工报到，二时起跑。（台湾，1983-02-20）

在这里，"起跑"的主语是越野赛。之后，一些休闲骑游活动也可以"起跑"。例如：

（5）海峡两岸 4 城 10 会环太湖骑游活动，26 日清晨在江苏省苏州市起跑开骑。（台湾，2014-04-28）

3. 比喻义：［－人］［－比赛］［＋开始］［－奔跑］［－自主动词］

从本义发展到过渡义，"起跑"的使用范围稍有扩大，但仍然集中在体育领域，在后来的使用中开始跨界到其他领域。在数据库里，我们见到的最早用于体育之外的例子来自 1972 年 12 月 13 日台湾媒体刊发的一则新闻,其标题是"候选人的'起跑'时间"。正文中说,布告栏上贴出告示,候选人才能出动竞选专车,这张告示"一如径赛场上起步跑时"裁判所发出的一声枪响。这则消息把竞选和赛跑相比照,因为二者都具有竞争性,"起跑"在这里显属修辞用法。随着此类用例逐渐增多,"起跑"的比喻义也逐渐形成。

"起跑"跨界使用的条件是新的表述对象与赛跑有某种相似性,主要表现在竞争性和起始性两个方面。

先看竞争性。在本义里,[＋比赛]是语义特征之一,而竞争性是比赛的内在特征。"起跑"在扩大使用范围的过程中,很多都具有竞争性,有时甚至非常激烈,这在政治选举活动中体现得最为突出。例如:

(6) 招训文宣干部　报名意外热络　明年选战未鸣枪已起跑　竞争激烈可期(台湾,1988-11-12)

(7) 马来西亚明天(5 日)举行国会和州议会选举,选战 4 月 20 日起跑。(台湾,2013-05-04)

这两例都用"选战"来指称选举活动,可见竞争之激烈,"起跑"在这里比喻(选举活动)开始。陈荣岚(1989)说,词的本义和引申义在所指称的事物或现象的某一方面特征有联系,这是词义引申的现实基础,而人的思维活动将这种联系关联起来并作为引申新义的线索。对于"起跑"而言,从体育领域跨界到政治领域(尤其是选举当中),其中的联系突出地表现在激烈的竞争上。

除了政治选举外,"起跑"也用于其他具有明显竞争性的活动,比如每到打折季,各种打折活动便争相"起跑"。例如 2013 年 10 月 1 日的一则新闻报道:"继百货、量贩店周年庆全面起跑后,目前全台已有 450 间门市的台湾屈臣氏,即日起也展开周年庆","期望能在一片周年庆大战中突围,业绩再次翻扬"。句中用"大战"来形容周年庆打折活动,足见竞争之激烈。

再看起始性。"起跑"在本义里体现为一个具体的行为过程,有明确的起点,在用于其他活动时,"起点"信息得以凸显,用来表示某个活动的开始。例如:

(8) ＊＊＊·重新起跑(台湾,1981-06-17)

＊＊＊是一名演员,正文里介绍说,他拍过很多电影,但都"乏善可陈",

于是转向"荧光幕"发展,并得到了金钟奖最佳新人奖。这时,原有的电影圈人开始重新关注他的演技,邀请他担纲演出,＊＊＊形容说"这部电影将是他在电影圈的最佳起跑点"。标题中的"重新起跑"就是指"重新开始"。类似的用例,再如:

(9) 大学多元入学方案,今年起跑。(台湾,2002-02-17)

(10) 台湾投资高峰论坛下周起跑,上海自由贸易区研究中心副主任＊＊＊将来台,洽谈两岸自由经济贸易区互助与未来合作规划。(台湾,2013-11-08)

这两例中的"起跑"也是强调"开始",前者是大学入学新方案开始实施,后者是论坛活动正式开始。

基于"竞争性"的起跑和基于"起始性"的起跑有着较为明显的不同:前者着眼于竞争,意味着有两个及两个以上对象同时"起跑",其结果有输有赢;后者着眼于开始,并不要求有竞争对象,也不存在输赢的结果,只是强调某项活动正式开始了。

就我们所见,后一种用法在台湾更为普遍,政治、经济、文化、教育、娱乐等方面都广为使用。在用于一个新领域时,"起跑"常常先作为标题语出现,之后才开始进入正文(邵敬敏、马喆,2008)。

(三)两岸用法的差异

从现有的语料来看,"起跑"的本义、过渡义和比喻义两岸都有使用,这是两个言语社区的共性,但是这三种用法在两地的具体分布上存在较大差异:大陆倾向于使用本义,台湾倾向于使用比喻义。也就是说,"起跑"所反映出的是两岸汉语在多样性基础上的倾向性差异(储泽祥、张琪,2013)。

我们从大陆和台湾各选取一份报纸作为语料来源,自1968年1月1日起每五年作为一个考察点(截至2013年12月31日),分别统计"起跑"本义、过渡义及比喻义的使用情况,具体数据如下:

表 3-2 "起跑"在大陆的使用情况

		1968	1973	1978	1983	1988	1993	1998	2003	2008	2013
本义	数量	0	2	3	2	7	4	12	20	109	18
	比例	0	67%	60%	100%	47%	50%	63%	95%	89%	56%

续 表

		1968	1973	1978	1983	1988	1993	1998	2003	2008	2013
过渡义	数量	0	0	1	0	0	1	0	0	11	4
	比例	0	0	20%	0	0	13%	0	0	9%	13%
比喻义	数量	0	1	1	0	8	3	7	1	3	10
	比例	0	33%	20%	0	53%	37%	37%	5%	2%	31%
总计		0	3	5	2	15	8	19	21	123	32

表 3-3 "起跑"在台湾的使用情况

		1968	1973	1978	1983	1988	1993	1998	2003	2008	2013
本义	数量	1	1	0	0	1	1	1	2	7	0
	比例	100%	100%	0	0	5%	3%	2%	2%	2%	0
过渡义	数量	0	0	0	1	5	6	3	11	10	2
	比例	0	0	0	20%	24%	15%	7%	10%	4%	1%
比喻义	数量	0	0	0	4	15	31	42	100	262	139
	比例	0	0	0	80%	71%	82%	91%	88%	94%	99%
总计		1	1	0	5	21	38	46	113	279	141

从表中的数据可以看出，"起跑"的过渡义在两种报纸中用例都不多，差别比较大的是本义和比喻义。在大陆语料中，本义的用例比较多，所占比例比较高，有的甚至达到 90% 以上，而比喻义相对较少；台湾语料的情况正好相反：本义的用例很少，比喻义用得非常多，从 1983 年到 2013 年间的 7 个节点所占比例都超过七成，有的甚至超过 95%。由此可以看出，三种用法在两地的共同存在是两岸的共性，而其中各种用法的使用倾向体现出共性之中的个性差异。

在以往的研究中，人们已经注意到两岸语言的一些差异，比如台湾现代汉语古旧色彩较为浓厚（刁晏斌，1998），受方言和外语的影响比较大（胡士云，1989），尤其是受闽南话和日语的影响非常大（苏金智，1994）。除此之外，我们还可以看到两岸词语的一些其他差异，如大陆普通话表达相对直白，台湾现代汉语表达相对形象生动。关于后一点，汪惠迪（2012）在讨论"真命天子"移用到一般人由谁首创时说："据笔者观察，极有可能是台湾地区的媒体工作者，他们的思维常年处于活跃状态，点子又多又鬼，时有精彩的创意之作——一个词儿或一个短语一个绰号。"

"起跑"在台湾的比喻义用法大致也是如此，并由此而与大陆形成明显对比。比如"＊＊＊巡回演唱会 2010 年自香港起跑"（台湾，2011-10-23）、"政治大学 EMBA 103 学年度招生即将起跑"（台湾，2013-11-05）等，在大陆普通话里则常用"开始"。

我们在 cnki 报纸库里进行句子检索（一句话里包含两个关键词），"演唱会、起跑""招生、起跑"在同一句中共现的例子均为 0，"选举、起跑"在同一句中共现的有 4 个，全都与台湾有关。与此形成鲜明对比的是："演唱会、开始"在同一句中同现的有 174 个，如"＊＊＊演唱会正式开始"（大陆，2011-6-10）；"招生、开始"共现的有 4986 个，如"沪上各高校自主招生陆续开始"（大陆，2014-02-24）；"选举、开始"共现的有 2526 个，如"埃及总统选举投票开始"（大陆，2014-05-27）。即使排除一些不合格用例，总体数量仍然相当可观。

隐喻是一种形象化表达（保罗·利科，2004）。对于"起跑"而言，是用物质过程（身体行为或事件）去替代存在/关系过程（存在与存在状态）。束定芳（2000）说，在动词的隐喻过程中，动词越具体，越容易构成意象，从读者理解的角度来说，意象也就意味着形象，同时意味着表达的相对生动。

二、两岸词语的隐性差异

李行健（2013）指出，两岸词语的差异有"显性"和"隐性"之分，显性差异往往一见便知或稍加比较就可发现，隐性差异词则需要深入探索、反复比较才能发现。这组概念的提出，对两岸词汇差异研究具有重要意义。它提醒相关研究者：显性差异固然重要，但隐性差异具有更大的价值，它可以使研究视角更为深入、研究成果更加细化，当然，它对研究者的能力也更具挑战性。以下，我们就围绕隐性差异，对其内涵及外延等展开初步讨论。

（一）隐性差异是什么

在以往的研究中，人们从不同角度对词义进行划分，比如根据词的指称特点、在语言中的作用以及主体的主观态度等因素，把词义分为词汇意义、语法意义和色彩意义三部分（杨振兰，1993）。

对于传统语文词典来说，研究者们往往对词典收什么样的词以及如何解释词的概念义十分重视，但是对其他意义成分往往关注比较少（章宜华，2002）。两岸语文辞书也有类似的情况，对色彩义和语法义关注不多，而两岸词语的隐性差异恰恰多集中在这两个方面。

杨振兰（1996）将色彩义分为感情色彩、形象色彩、风格色彩、时代色彩、外来色彩、民族色彩、地方色彩等七类。就感情色彩来说，有些词语在两岸差异明显，比如"搞"字，在大陆基本上是"无色"的（刁晏斌，2012c），在台湾却带有明显的消极义。

两岸词语语法义上的隐性差异也有不少。以量词"粒"为例，两岸辞书一般都作为通用词处理，但在前文义域部分，我们指出该词在两岸义域有别，大陆常用于"米、芝麻、沙子"等形体较小的事物，在台湾可用于蜜枣、荔枝、水饺、奇异果、马铃薯、肿瘤、榴莲、陨石等，无论是事物形体大小，还是事物类别，都比大陆广泛。这样一来，在"一粒＋X"这样的结构里，看似语法结构相同，其实包含着明显的隐性差异。

又如"阶级"一词，在表达"阶层"的义项时，大陆的修饰限定成分通常是双音节词语且数量不多，修饰语和"阶级"之间不加"的"；台湾的使用非常灵活，修饰成分不受音节限制，内容也相对广泛，修饰语之后可以加"的"，如"白领阶级""领薪水的阶级""单身的受薪阶级""居住在太空站上的极富阶级"等。

就前文提到的"起跑"而言，两岸的隐性差异也非常明显：概念义方面，大陆较多使用本义，台湾较常用的是比喻义；语法义方面，一些搭配形式在台湾现代汉语里很常用，大陆普通话里却用得很少；色彩义方面，在大陆该词具有较强的专业色彩，这一点在台湾已经逐渐淡化甚至消失。

（二）隐性差异不是什么

以下我们再从相反的方面来对隐性差异作进一步说明。黎锦熙先生在《新著国语文法》中提出了语言研究的一项重要原则——"例不十，不立法"，对于两岸词语的隐性差异研究来说也是如此。我们关注的是在长期使用中积淀下来的相对稳定的差异或区别，这些用法具有全民性和常用性，不是个别人偶尔出现的言语现象。在具体研究中，我们应当把隐性差异与临时语境义、临时修辞用法等区分开来。

1. 隐性差异不是临时语境义

临时语境义是在特定语义关系中形成的词义（苏宝荣，2001），是在具体使用环境中临时具有的意义。我们所说的词语的隐性差异，是词的语言意义的差异，是词语在脱离语言环境下存在的意义，也就是"无语境义"（王宁，2011）。

2013年7月28日，台湾媒体刊发了一则新闻——《＊＊＊回神 退日军晋8强》，正文里说＊＊＊在台北青少年桌球公开赛单打晋级16强的比赛中，以4：3逆转，击退日本的＊＊＊闯进8强。标题里的"日军"并不是概念义"日本军队"，而是"日本（乒乓球）队"，和"军人、军队"没有关系。如果脱离上下文，很难将其和"日本（乒乓球）队"联系起来。

岑运强（2006）将这种依赖言语环境、必须在一定的言语环境中才能得到的意义表述为言语意义。客观言语环境千变万化，言语意义也灵活多变，这与凝固、稳定、概括、多义的语言意义有较为明显的区别。

2. 隐性差异不是修辞用法

笔者在台湾时曾见到这样一则广告，宣传的产品是台湾亚尼克果子工房生产的"生乳蒸布丁"，其中一句广告语是"纯正无添加的精品级鲜奶是布丁美味的灵魂"。台湾《重编》"灵魂"条下有三个义项：①人死后的灵魂。②心灵、精神。③中枢、中流砥柱。显然，这三个义项都不能很好地解释广告语中的"灵魂"。在这里，"灵魂"是一种修辞用法，通过比喻的方式，将"纯正无添加的精品级鲜奶"比作"布丁美味"的灵魂与精髓。对于两岸词语对比来说，这种修辞用法一般不纳入隐性差异的范畴。

我们将以上两方面与隐性差异区分开来，很大程度上是因为二者都是"偏离词典"语义的临时用法（谭学纯，2008），复现率比较低，尚未真正固定下来。就后者来说，一种临时修辞用法最终固定为词语形式常常要经过"偶用—常用—固化—词化"的过程（黎渝林，2008），处于"偶用"阶段的临时偏离一般不作为两岸词语隐性差异的考察对象，只有经历"常用、固化"甚至"词化"的词语才应纳入考察范围。就"起跑"来说，最初的"越界"只是一种修辞性的使用，而当这种用法有了比较高甚至相当高的复现率，它就完成了上述过程，成为我们不能忽视的修辞义了。

（三）隐性差异的种类

如果以词典是否收录为标准，两岸词语的隐性差异大致可以分为两种情况：一种是尚未被相关辞书收录，因此其差异没能在词典中体现；另一类是虽被相关辞书收录，却作为通用词处理，不揭示差异。或者虽然作为差异词处理，但仍有一些差异没能很好地揭示出来。

先看前一类。台湾《重编》在"斗牛士"等条目里用到了"牛只"一词："表演时穿着以金、银色滚边的华丽服装，一手持剑，一手摇红披风以激怒牛只"，但是词典并没有单独立条；《全球华语词典》《两岸常用词典》以及《两岸现代汉语常用词典》等也没有收录该词。在台湾新闻智慧网里，以"牛只"为关键词，我们一共检索到1902个用例（从默认起点至2014年4月30日），除去少数不合格用例（如"小牛只在防守跟板凳逊于篮网"），剩下的数量仍然不少。例如：

（11）台东县最近1年内，发生多次牛只上街引发车祸事故。（台湾，2010-11-26）

在cnki报纸库里（2000-01-01至2014-07-07），我们在默认的500多份报纸中共检索到626条记录，而这些用例基本都集中在科技领域，如"牛只产后10天要注意监测体温"（大陆，2014-03-09）、"放血量按牛只大小和营养状况而定"（大陆，2005-05-30）等。

"牛只"在两岸的使用范围和语体色彩都有较为明显的差异，在大陆仅用于科技类报刊，科技语体色彩较浓，而在台湾大致具有中性的语体色彩。

再看后一类。《两岸常用词典》（第756页）收录"洽"，作为通用词处理，未揭示两岸在使用上的差异。在台湾，"洽"有一种非常常见的用法，即"洽+对象"，表示与某个对象接洽或接洽某事。接洽对象的范围很广，可以是人或者某个组织，也可以是某种电话或网络联系方式等，如"若有任何意见或建议欢迎电洽新闻发布中心"等。含"洽"的语言单位不仅书面语中常见，口语中也用，比如笔者去台湾，在台湾师大住宿时，服务小姐就问是不是"洽公"，而此词在大陆基本只存在于词典中了。

从语法义的角度来说，"洽"在两岸属于不同层次的语法要素。在台湾，"洽"是一个动词，可以单独使用，也可以带对象宾语；在大陆，"洽"是一个构词语素，可与语素"接"等组合成词，一般不单独使用，很少与对象宾语搭配。从色彩义的角度来说，"洽"在大陆跟其他语素组合成词后主要用于书面语，基本不用于口语，有较强的书面色彩；在台湾则有所不同，无论书面语还是口语都可以用。

（四）隐性差异研究的意义与价值

我们以"起跑"为例，分析其在词典背后存在的隐性差异，一方面是为了提醒人们关注两岸词语及其使用中存在的这一现象；另一方面是希望通过整理分析，进一步认识两岸在用词用语上的一些不同。从研究的角度来说，将两岸词语对比研究从显性差异深入到隐性差异，至少意味着以下几种转变：

第一，研究策略的转变。特别关注并着眼于具体的语用实践，从两岸语言应用的实际对比中发现差异；立足于语言的实际，特别是当下的运用，对它进行实时的调查、历时的考察以及在此基础上的综合分析。我们知道，词义是对客观事物、客观对象的概括反映，经过了从具体到抽象、从复杂到简单、从特殊到一般的认识提炼过程（王化鹏，2001）。在这一过程中，词义和该词在具体语言生活中的使用情况拉开了一定的距离。在概括的过程中，两岸语言在各自相对封闭的环境中发展，同一个词，概括的方式以及取舍等往往会有这样或那样的差异，由此就可能造成彼此参差。如果从历时的角度来看，词语始终处于发展变化当中，在不同的阶段可能会有新的隐性差异产生。因此，只有植根于语言实际运用，用共时与历时相结合的眼光，才能最大程度地帮助我们认识两岸词汇及其使用的真实面貌。

第二，研究方式的转变。这种转变是由从书面到书面，转变为由书面知识到实际的语言运用。也就是说，由以工具书的词条和释义为线索，转变为前者与实际语言调查并重。现有的研究主要立足于书面，即从词典出发，比较两地释义的差异，然后以此为研究对象，按图索骥，找一些适合的例子来作简单的证明，这样的做法存在较大的局限。首先，研究对象的确定受限于词典的收词范围，词典未收的词语很难纳入考察对象，一些比较常见的差异词语也可能因此而被忽略。以"不会"为例，在台湾该词作为"谢谢"的回应语在口语中十分常见，但是多部工具书都未收录。其次，差异的确定依赖于词典的释义，词典未提及的部分很容易被忽略。以"爱戴"为例，词典一般作为通用词处理，释义为"敬爱，拥戴"，而如上所述，此词在台湾还有"泛指喜爱"之义，搭配对象常是一些受人喜爱的东西，如"＊＊＊、＊＊＊等都爱戴的香港时装品牌 Moiselle"（台湾，2014-04-03）、"法国轻时尚鞋款品牌 BENSIMON，因便利耐洗、多色选择而备受好莱坞明星爱戴"（台湾，

2014-03-11）等。

第三，研究诉求的转变。这种转变体现为追求更加全面、完整、深入的研究。一方面，目前的一般研究主要以词为对象，较少涉及其他语言单位，而隐性差异不仅词汇层面有，语言的各级单位可能都有，从语素到词，到词组，再到句子，对隐性差异的发掘与描述可以用于语言各级单位、各个方面的研究，从而在整体上推动、促进研究质量和水平的全面提高；另一方面，已有的研究常常漏掉一些差异，尤其是语法义和色彩义。通过隐性差异的研究视角，从概念义、语法义、色彩义等多个角度全面考察，有可能更加详细地描写两岸词义之间的细微差别，从而使相关研究颗粒度更细、清晰度更高，从而达到更深入、更全面的境界。

从应用的角度来说，对隐性差异的发掘与厘清，一方面有利于双方民众的交际与交流，另一方面有益于工具书的编纂。隐性差异往往能够反映词语精微细致的部分，了解和掌握了它们，自然有助于更好地理解它们，而把其中的一些内容收入工具书，这样无疑可以提供更加丰富的知识，从而给读者提供更大的帮助。

第五节　余　论

本章以两岸同形词为对象，比较同一词形在意义上的差异。按照由浅到深的原则，第一节先从义位入手，比较同一词语在义位上的区别，这些区别常常可以通过比较词典释义而得到；第二节深入义项内部，以同一义位为对象，比较义位内部各要素的差别，包括基义、陪义、义值、义域等方面。

如果用显性和隐性来概括的话，义位之间的有无之别是相对显性的差异，而义位内部各要素的不同是比较隐性的差别。在过去的研究中，人们一直注重显性差异研究，在讨论词义差异时常常以词为单位，比较其概念义的差别，但是较少开展隐性差异研究，很少深入义位内部，比较在概念义相同的情况下陪义和义域等的差异。这说明现有的工作还可以调整与补充，还可以更加精细化，现有的研究还有进一步深入的必要和可能。

在进行词义对比的过程中，我们应该注意区分语境义和修辞用法，同时还应理性看待词义差异与词典编纂之间的关系。词典，尤其是反映两岸词语差异的词典，是普通读者了解词义异同的主要途径，但是两岸词语的词义差异很难通过词典编纂全部解决。对于研究者来说，完全依靠词典来了解两岸词语差异是不可取的，原因至少有以下两个：

一是词典收录范围有限，很难覆盖所有差异词。对于辞书来说，收词是编者最为关注的问题之一，但由于辞书容量、语料规模、编纂时间、编者水平以及资金情况等因素的影响，任何一本词典都很难将所有差异词都收录其中，即使是一些比较常用的词也可能被遗漏，从而造成无处查询的困难。前文所举"牛只"就是一个典型例子，该词在台湾并不是生僻词，但相关词典都未将其立条释义，这就在一定程度上带来了查无所依的困惑。

二是即便词典收录词条，也很难确保全面揭示两岸差异。在解释词义时，传统语文词典关心的是如何解释词的概念义，对其他意义成分关注得比较少（章宜华，2002）。

在反映词语差异方面，《全球华语词典》作了有益的尝试：在释义之外，还增设使用地区、异名词语及知识窗，以期多方面、多角度传递词语的相关信息。但是，想要全面深入地揭示每一个词的具体用法，却是一个难以达成的目标，一个直接的原因是受限于已有研究。因此，一些通用词语在使用同一义位时所包含的陪义和义域差异就无法体现出来。

以"引荐"为例，该词在两岸都有动词义项"推荐"。也就是说，基义相同，另外就感情色彩而言也基本一致，都属于中性词，不过在两地的义域存在一定的差别：在大陆，该词的义域主要是"人"，即推荐的对象以人为主；而在台湾，"引荐"的义域要广一些，除了"人"，其他一些事物也可以成为引荐对象。例如：

（1）那时，＊＊＊向富豪引荐欧美顶级的家具、厨具时，总要费一番唇舌。（台湾，2008-09-22）

（2）一男子主动攀谈，佯装要帮忙引荐工作。（台湾，2010-10-22）

（3）新竹县关西镇石光中学长期注重学生艺术领域发展，因此特别与新竹县在地画家＊＊＊老师及弟子们，引荐34幅系列作品到校内展出。（台湾，

2014-12-23）

  无论是家具、厨具，还是工作、画作，大陆一般都不作为"引荐"的对象，在表达该义时，通常会用"推荐"一词。但是，到目前为止，这样的差异在现有工具书中都还没有体现出来。

  因此，对于研究者来说，要辩证地利用词典，要在词典释义的基础上依托大规模真实语料，植根语言事实，客观描写词语现状，在可能的情况下，在共时研究的基础上展开历时考察，梳理词义发展演变的历时过程，通过语义特征的增减来再现词义的细微变化；对于词典编写人员来说，应根据实际情况丰富条目、完善释义，给研究者及普通大众提供更多便利。

第四章　海峡两岸词汇融合研究

- 第一节　融合以及融合度的界定
- 第二节　影响两岸词语融合度的主要原因
- 第三节　大陆吸收台湾词语研究示例——"资深"
- 第四节　台湾吸收大陆词语研究示例（一）——"抓紧"
- 第五节　台湾吸收大陆词语研究示例（二）——"科普"
- 第六节　两岸词语双向融合研究示例——"力道"与"力度"
- 第七节　余　论

在前几章中，我们主要讨论了两岸词语在词形和词义上的差异，本章则主要探讨两岸词语的融合问题。本章前两节主要从理论的角度进行论述，对融合研究中应当引入的概念、标准等进行界定、分析，包括融合和融合度两个概念的界定、融合度的判定标准、融合度概念对两岸词汇对比研究的意义和价值，以及影响两岸词语融合度的主要原因等；接下来的四节用较大的篇幅进行事实分析，包括大陆吸收台湾词语研究示例——"资深"、台湾吸收大陆词语研究示例（一）——"抓紧"、台湾吸收大陆词语研究示例（二）——"科普"，以及两岸词语双向融合研究示例——"力道"与"力度"。在上述研究中，我们主要考察以下几个方面：

第一，词语在两岸隔离前的情况。现有的研究在论述两岸词语差异时常常停留在定性的层面，即只是指明该词属于大陆特有词或者台湾特有词，抑或是说明某一用法属于大陆或台湾的特有用法等，很少进一步深究这些词或者用法等的差异究竟来自哪里。刁晏斌（2013）指出，从实际情况来看，有些差别可能在两岸隔离前就已经存在，两岸语言的分化肇始于第一次国内革命战争时期（1924—1927）。也就是说，自 20 世纪 20 年代起，两岸语言的分化就已经开始了。我们从两岸隔离前的情况谈起，不仅是为了寻找差异的起点，更是为了以此为基础进一步描述之后的演变过程。

第二，词语在两岸隔离后的情况。从 20 世纪中期开始，两岸进入隔离状态，虽然两岸同根同源，但是由于地理的隔阂与人为的阻隔，长期断绝往来，语言也各自发展变化。众所周知，在语言的各个要素中，词汇的发展速度最快，在近半个世纪的隔离期里，两岸词语都发生了明显的变化。此外，两岸不同的语言政策也进一步加大了语言的差距：大陆推广普通话，重视白话文的发展；而台湾推崇文言文，对白话文有"不自觉的抵触倾向"（蒋有经，2006），这对两岸词语差异的形成也有推波助澜的作用。

第三，词语在两岸的融合情况。自 20 世纪 80 年代中后期开始，两岸逐渐恢复交往与交流，词语的融合也随之产生。有的扩大了义域，有的出现了明显的使用量变化，还有的产生了新的形式及用法等，而更多的时候往往是以上几种情况兼而有之。从融合的结果来看，有的融合度很高，甚至已经成为对方言语社区的一员；有的融合度稍低一些，虽然已经产生了一定程度的融合，但还有进一步提升与扩展的空间；还有的融合度比较低，未来能否进一步融合仍需要时间来检验。

　　本章在写作时强调理论和事实相结合，一方面梳理理论，另一方面发掘事实。在进行事实分析时，我们希望通过共时与历时相结合的方法来对相关例词的发展脉络进行梳理，描述每个词的融合过程及实时状态，并由这些事实来进一步验证"融合"理论的合理性。

第一节　融合以及融合度的界定

　　在两岸词汇对比研究中，"差异"和"融合"是经常提到的两个概念。"差异"就是不同，如词形上的差别、词义上的区别、用法上的不同等。尽管人们并没有对"差异"作全面的解释和界定，在讨论时也可能存在范围广狭、内容多少之别，但对于读者而言，基本不存在理解上的偏差。相比之下，"融合"就要复杂得多，这种复杂性主要体现在两个层面：一是概念层面还不够完善，比如融合的界定、判定标准以及研究意义和价值等，这一系列问题到目前为止都没有相对系统、完整的分析和表述；二是操作层面研究薄弱，融合问题涉及的环节非常复杂，目前还没有行之有效的方法来对词语的融合情况进行区分。上述两个层面是造成融合研究相对困难的主要原因。

一、融合的界定

　　《现汉》对"融合"的释义是：

　　【融合】动 几种不同的事物合成一体：文化～｜～各家之长。也作融和。（第1107页）

　　显然，词典里的释义并不能直接拿来作为两岸词汇融合现象的概念界定。事实上，"语言融合"是语言学上的一个专门术语。《语言文字学常用辞典》（蔡富有、郭龙生）对它的解释是：

　　语言融合（hybridization）：在不同的社会共同体接触或融合的过程中，一种语言排挤和替代其他语言而成为这些社会共同体的交际工具的过程。产生语言融合的原因是会盟、战伐、兼并等，而究竟哪一种语言能够替代其他语言而成为全社会的交际工具，这是由社会历史条件决定的。这方面，商业往来，经济、文化交流是重要的因素。语言融合的过程大体上是先出现双语现象，即社会成员一般都会讲两种语言。这是个过渡阶段。如果两个社会共同体向融合的方面发展，采用一种语言的人越来越多，那么双语现象随之逐渐结束，语言融合即告完成。但在双语并存阶段，必然会产生语言之间的相互影响，被取代的语言，在胜利者的语言中也留下自己的痕迹，这在词汇方面尤其明显，在语音、语法方面也有所反映。

在这段释义中，语言融合包含两个最本质的特征：一是必须有"两个同时存在"的语言，这两种语言相互之间发生直接的接触，这是语言融合的前提；二是必须经过"双重语言制"的过程（伍铁平，1983）。但是，两岸语言的实际情况并不符合这些特征，这段释文也就无法涵盖两岸语言的融合现象。刁晏斌（2000）在谈论这一话题时就曾明确指出，两岸词语的融合并非语言学意义上的语言融合。

那么，发生在两岸词语中的融合现象应该如何界定呢？我们看到的情况是，大多数文章都是直接使用"融合"这一指称形式，并不对其作相关界定和表述，甚至于一些标题中含有"融合"字样的文章也没有具体说明。例如，《论海峡两岸词汇差异及融合》一文在第三部分以分类的形式论述了"两岸词汇的融合"（徐莉，2008），但是通篇都没有具体说明融合的具体所指；《从台湾当代小说看海峡两岸汉语的语法差异——兼析两岸语言融合的态势》也只是在文末提到，随着两岸民众交往的日益频繁，两岸语言也呈现出融合的态势，但何为融合，并未详说（侯昌硕，2003）。

在论述融合现象时，刁晏斌（2000）将其概括为海峡两岸语言由不同到相似、相同的变化。在我们看来，融合是海峡两岸语言在相互借鉴、吸收的过程中产生的趋同变化，其具体表现可以是从无到有的质变，也可以是由少到多或者由多到少的量变。融合是一个变化的过程，同时也是一种变化的结果。

二、融合度的概念及其界定

"融合度"这个概念在经济、教育、旅游、艺术等方面的论著中都有使用，大致相当于"融合的程度"。郭本禹、崔光辉、陈巍（2010）合著的《经验的描述——意动心理学》中有这样的表述：

  所谓乐音融合的程度是指那些常常由最高度到最低度彼此递变的差异程度，简称为融合度（degree of fusion）。

  在语言学领域，"融合度"也不是一个新概念。孙德金（2012）把文言语法系统中语法成分在现代书面汉语系统中的相融性表现称为"系统融合度"，并进一步将其分为三个等级：高融合度、中融合度以及低融合度。

  在海峡两岸词语对比研究方面，仇志群（2013）较早提出了两岸词语的融合度问题，他明确指出词语在融合度上存在差异，有些词语融合度高，有些则相对较低，这种现象可称为"强弱的梯度"。

  在我们看来，海峡两岸词语的融合度反映的是两岸词语的融合程度。就具体词语而言，融合度存在高低强弱之别：有些词语变化明显，表现出很高的一致性，这样的状态可视为高融合度；有些词语有一定的趋同表现，但一致性不如前一类高，这种情况可看作中融合度；还有些词语趋同变化很小，两岸的一致性比较弱，这可以归为低融合度范畴。

三、融合度的判定标准

  判定词语的融合度需要进行多角度的考察。根据目前的实际情况，我们主要考察以下三个方面：一是词语的使用情况，二是工具书的收录情况，三是词语本身的发展变化。除此之外，在可能的情况下还要参照其他材料，比如有关论著中对某些情况的说明等。

（一）词语的使用情况

  在考察词语的使用情况时，主要涉及以下几个方面：其一，词语在哪些平台上使用；其二，词语在这些平台上是如何使用的；其三，词语在这些平台上的使用量大概有多少。

  先看词语的使用平台。语言规范存在层级差别（郭熙，2008），有些层级较高，有些则比较低（戴昭铭，2014）。就大陆而言，根据规范度的高低，可以把词语的使用平台大致分为三类：一是以《人民日报》等权威报刊为代表的高规范度平台，二是以地方报纸为代表的中规范度平台，三是以网络论坛为代表的低规范度平台。一般情况下，在高规范度平台广泛使用的词语融合度常常高于中规范度以及低规范度平台广泛使用的词语。台湾现代汉语也可以作类似的划分。

再看词语的使用形式。这里需要区分两种情况：一是常规使用，二是临时借用。常规使用的词语在表达时和其他词语融为一体，基本看不出"外来"的痕迹；临时借用的词语常常在位置、场合等方面有一定的限制，如用于标题、广告以及新媒体等，另外在文中还常常加引号标记，以表示其特殊性。如果用"进入"和"融入"两个词来作区分的话，临时借用的词语只是进入了对方言语社区，并未真正融入。李明（1992）曾指出，"转载或摘录"港台报刊的文章或者在写作时故意模仿港台作家的笔法，这些都属于引用的性质，并没有融入大陆用语。我们看到的一般情形是，融合往往起于临时借用，终点是常规使用，因此，常规使用的词语融合度要高于临时借用的词语。

最后是词语的使用量。在前文中，我们曾提到，判断词语使用量的方式主要有两种：一是统计使用次数，二是计算使用频率。一般来说，使用次数和使用频率与融合度成正相关，使用次数越多、使用频率越高，其融合度也就越高。在实际操作中，比较理想的情况是，根据时间的不同分别建立两个言语社区的大规模封闭语料库，由此来获取使用次数和使用频率等信息，进而观察与判定融合度及其变化情况。但是，目前的自建语料库很难满足研究的全部需求，尽管我们搜集的语料超过1200万字，但是在使用时常常显得捉襟见肘，在很多项目的统计上仍然需要借助数以亿字的在线语料库，但这种开放性检索系统一般只提供检索结果，基本不提供这些结果所在的语料规模，因此频率统计就无从进行，而如果各阶段语料规模不均衡，通过使用次数来描述融合度变化情况更显得说服力不足。在万不得已、只能依靠使用次数判断融合度情况时，应当注意以下两个问题：一是所使用的语料库的大致规模，不宜将规模悬殊的语料库数据作直接数据对比；二是词语本身的使用频率，不宜将高频词和低频词放在一起作直接横向对比。

（二）工具书的收录情况

工具书是否收录以及被何种工具书收录，是判断词语融合度高低的重要标准之一。一般来说，被工具书收录的词语，其融合度要高于未被工具书收录的词语；而被《现汉》等权威工具书收录的词语，其融合度自然要高于一般新词语词典收录的词语。

先看两岸权威工具书。

大陆方面最权威的词典当属《现汉》。该词典自 1960 发行试印本以来，至今已修订到第 7 版。韩敬体（2006）详述了词典修订的总体原则："增新删旧，调整平衡。"作者在文中提到，《现汉》自 1996 年修订版（第 3 版）出版以来，新词新义大量产生，因此，"积极而稳妥"地增收新词新义是此次（第 5 版）修订的重要任务。所谓"积极"，就是尽可能地增收新词新义，以反映语言运用的实际情况；所谓"稳妥"，就是根据收词原则选择性地收录新词新义，这些原则主要包括以下三个方面：一是新词新义使用的普遍性，二是稳定性，三是词语本身的合理性。作者举例说，"愿景、资深、资讯、智障"等港台词语在传入内地后成为较为流行的词语，因此被收入词典当中，部分稳定性和普遍性稍差的词语在词典中加上了〈方〉的标记。就融合度而言，被《现汉》收入的台湾词语要高于未被收录的词语，在被收录的台湾词语中，如果词典标记为〈方〉，则其融合度要低于未作标记的词语。

如前所述，台湾方面与《现汉》地位大致相当的是《重编》修订本，可以在网上获取。这是一部在台湾地区比较通行的权威规范辞书，1931 年开始编辑，1945 年完成辞典原编本，共四册。1981 年完成首次修订，1997 年完成网络修订版，目前网上使用的就是这一版本。根据苏金智（2014）的统计，该辞典共收录大陆词语 630 个，附录中还收入了 334 个与台湾同义或近义的有差别普通话词语，例如"点评"一词，辞典释义为"大陆地区指指点和评论"。此外，一些大陆特有的词义也被该辞典收录，如"渠道"的第二个义项就是"大陆地区引申为工作进行或消息来源的门路、管道"。这些大陆特有词或特有义项进入辞典当中，说明编撰者认为台湾民众有较大的查阅可能，这也意味着民众在生活中很可能会接触到这些词。与更多尚未写进辞典的词相比，这些已经被收入辞典的词显然有更高的融合度。

再看两岸新词语词典。和《现汉》相比，一般的新词语词典的收词标准有所不同。亢世勇（2003）明确指出，其主编的这本新词语词典和基本词汇词典不同（作者提到，基本词汇词典的代表是《现代汉语词典》和《汉语大词典》），在收词时新词语词典坚持"从宽"的原则，主要指通过新造词语、旧词新用、引进方言词语、外来词、简缩词、字母词、修辞方式构词、专业用语泛化等方式产生，具有基本词汇所没有的新形式、新意义或新用法的词语。正如作者所言，该词典从宽收词，着眼在词语内容及形式上的"新"，这种定位也代表了当下大多数新词语词典的收词原则。新词语词典能相对及时地反映当下的语言状况，但是，新词语层出不穷，被收录的词条中只有很少一部分能进入并最终留在普通话中，大多数都在使用或长或短的一段时间之后趋于沉寂。从这个意义上说，仅被新词语词典收录的词语融合度一般要低于《现汉》等权威词典收录的词语。

台湾方面，受条件所限，我们见到的此类资料只有两种——"新词语料汇编1"和"新词语料汇编2"。前者收录的是1996年7月至1997年12月间的新词语，共5711条；后者收录的是1998年1月至1998年12月间的新词语，共11463条。由于资料匮乏，加上仅有的材料覆盖时间只有两年多，从这个维度来考察大陆词语在台湾的使用情况就显得非常困难。

（三）词语的发展变化

在考量词语融合度的过程时，需要将共时与历时结合起来，通过综合分析来获得正确的认识。前文提到的关于词语的使用情况以及工具书的收录情况，主要是从共时的角度进行分析，这里要说的词语的发展变化则是侧重于历时，即着力考察词语在历时过程中发生的各种变化。

在前文差异部分，我们以张志毅、张庆云（2005）的义位理论为基础，探讨了义位内部的微观结构，即义位由义值和义域组成，义值则由基义和陪义构成，这一理论对于词语融合研究同样具有指导意义。从词的角度来说，融合常常带来义位数量的变化，体现在词典中，表现为词语增加新义项，同时可能带来常用义项和非常用义项的变换与更迭。如果深入义项，最为常见的是义域的变化，其次是陪义的变化，而无论是哪个层面，都可能伴随语法义（即用法）的变化并带来义域的增加或减少。以下针对几种常见的变化情况略作说明。

其一，义项的变化。刁晏斌（2001）在谈及港台词语对大陆词语的影响时提到，"增加义项"是相当多见的一种情况，港台义进入大陆后，原有的单义词变成多义词，而原有的多义词义项进一步增多。以"挺"为例，《现汉》第5版分挺$_1$和挺$_2$，挺$_1$包括五个义项：①硬而直；②动 伸直或凸出（身体或身体的一部分）；③ 动 勉强支撑；④ 特出；杰出；⑤〈口〉副 很。挺₂只有一个义项：量 用于机枪。《现汉》第 6 版将挺₁和挺₂合并为一条，并增加了一个新义项——动 支持。江蓝生（2013）在介绍《现汉》第 6 版时说，台湾地区的有些词语在大陆广为传播，词典在修订时收录了一些新词和新义项，"挺"就是其中一例。根据苏金智（2014）的考察，这样的词语还有一些，以邱质朴主编的《大陆和台湾词语差别词典》为例，该词典附录部分收录台湾词语 281 个，被《现汉》第 5 版和第 6 版收录的就有 38 个，约为 13.5%，其中有些是属于增加新词，有些则属于增加新义项。

其二，义域的变化。袁世旭、张志毅（2011）认为，义项的义域在发展过程中可能发生的变化主要有以下两种：一是多少域的增加和减少，这反映的是名词义位所指类别的变化；二是伙伴域的增加和减少，所谓"伴"就是搭配伙伴（对象），这反映的是动词和形容词的义域变化，这一表述同样适用于两岸词语的融合研究。以"资深"一词为例，该词在台湾最初常用于表彰教师，其语义特征大致为［＋人］［＋职业］［＋年限长］［＋表彰］。随着时间的推移，该词的语义特征不断发生变化，其中的［＋表彰］［＋职业］和［＋人］义逐渐弱化，最终变成［±人］［±职业］［＋年限长］［±表彰］，而在此过程中该词的义域呈现逐渐扩大的趋势，这部分内容我们将在下文详述。

其三，陪义的变化。在前文论述两岸词语的差异时，我们已对陪义作了一定的介绍，这里再进行简单说明。陪义属于义位的附属语义特征，其类别非常广泛，包括属性陪义、情态陪义、形象陪义、风格陪义、语体陪义、时代陪义、方言陪义、语域陪义和外来陪义等（袁世旭、张志毅，2011），两岸词语在融合过程中也体现出某些陪义的变化。以方言陪义为例，台湾词语在被大陆词典收录之初常常标记为〈方〉，随着融合程度的加深，其方言陪义逐渐消失，词典的释文也相应地发生改变。在《现汉》第 5 版中，"管道"收录了义项"途径；渠道"，并标注为〈方〉，到了第 6 版、第 7 版，这一标注就删掉了。与此类似的还有"货柜"一词，第 5 版收录了"集装箱"义项，标注为〈方〉，等到第 6 版、第 7 版时也删掉了这一标注。从表面上看，变化的是〈方〉的从有到无，但其本质上反映的是该词语在大陆使用的进一步普及，或者说融合度的进一步提高。可以说，陪义的这一变化是两岸词语融合度变动的真实写照。

其四，语法义的变化。按照一般的认识和做法，词的词汇义和语法义是相对分开的，本书在写作时主要立足于词汇义，因此前文在论述两岸词语的差异时很少涉及语法义，没有设专门的章节来展开论述。但是，在融合部分，语法义是很难绕过的：一方面，语法义和词汇义密切相关，前者不能脱离后者而独立存在（束定芳，2014）；另一方面，两岸词语在融合中的许多语法义变化常常带来词汇义的变化。以"抓紧"为例，该词在大陆主要用于两种形式中：一种是"抓紧＋N/NP"，另一种是"抓紧＋V/VP"。在两岸词语融合之前，该词在台湾主要使用前一种形式，并且N/NP的限制也比较多；在融合后，N/NP有了较大程度的扩展，甚至还出现了一些大陆很少见的形式，产生了和V/VP搭配的用例。概括来说，"抓紧"在语法义变化的同时带来了词汇义的变化，这里的"词汇义"并不是概念义，主要是义域，即在融合中义域发生了由少到多的变化。这部分内容将在下文详述。

考察词语的发展变化是判断词语融合度的重要环节之一，对于这项工作来说，历时思维显得格外重要。两岸词语在融合中有些会发生变化，有些基本没有变化，前者应该特别引起注意，比如有些词语在对方言语社区里具有了一定的能产性，产生了新的、本方没有的仿拟形式，就像大陆的"一国两制"在台湾仿拟出了"一市两制"等，这种创造性使用体现了词语从引入到融入的发展过程，代表了融合的最高阶段。

需要说明的是，融合度的判定并不是一项简单的工作，相反，具体操作过程常常是复杂烦琐的，有时甚至不大容易得出结论。

以上所说的几个方面只是粗线条划分，在实际操作中有时可能很难准确说出某一词语的具体融合程度及其所处的阶段，这里边主要有以下几方面原因：

其一，融合度高低本身具有模糊性。融合度是一个连续统，无论是从低融合度到中融合度，还是从中融合度到高融合度，都表现为一个连续渐变的过程。在整个过程中，很难找到准确的临界点，因此"低—中—高"的边缘总是相对模糊的。

其二，融合度高低具有相对性。对于某一个词来说，其融合度的高低判定需要与之前的情况相比较，如果脱离对比，则很难描述该词在某个时间点上是否发生融合，以及融合度是高还是低；而对于词和词之间的比较来说，融合度的高低对比就更具相对性，某个词的融合度高低判定很大程度上取决于比较的对象——与高融合度词语相比其结果可能显得比较低，而与低融合度词语相比结果就有可能正好相反。

第三，融合度高低判断还具有一定的主观性。一方面，融合度的判断是一项复杂的工作，需要综合考虑词语的使用以及辞书收录情况等多个方面，判断过程及结论有时可能不可避免地带有某些主观性；另一方面，在实际操作中，语料的选择也存在较大的主观因素，不同的人使用不同的语料，统计的结果就可能存在很大的差异，由此也将使融合度的判断带上一定的主观性。

鉴于以上各点，在具体操作中，可以依次从多个角度分别考察。首先，看词典是否收录。如果被权威词典收录，可以初步划入高融合度类别；如果仅被新词语词典收录，则须进一步考察使用量，包括各级规范度报刊媒体的使用情况。如果在高规范度媒体中大量使用，则其融合度较高；如果仅用于中低规范度媒体，则其融合度相对较低。其次，须观察词语本身的发展变化。如果词语在对方言语社区有进一步发展，其融合度应有适当的提升。总的来说，这几个方面需要综合考虑，不能简单地以某一个方面来判断词语的融合度。

第二节　影响两岸词语融合度的主要原因

一个词能否从原言语社区进入新言语社区，以及该词在新言语社区融合度的高低，常常会受到很多因素的影响和制约，这些因素至少包括以下三个方面：其一，社会方面的原因，如社会的隔离与开放、交流平台的多寡等；其二，语言自身的原因，如交际需求、词语竞争等；其三，语言使用者的心理倾向。以下对这三个方面分别进行讨论。

一、社会方面的原因

两岸语言的融合与整个社会的外部因素密切相关,社会环境的封闭与开放以及交流平台的多寡等都会直接影响两岸词语的融合及融合度。这两个方面其实并不在同一个层次上,前者是就整个社会状况来说的,后者是社会内部的一个方面,二者可以作为由高到低的两个层次。

(一) 社会的封闭与开放

两个言语社区的语言健康交流离不开良好的社会环境。历史经验告诉我们,社会封闭将导致语言的隔离,社会的稳定开放也将带来语言的吸收融合。以下结合这两方面分别论述。

第一,社会的封闭导致语言的隔离。海山、高娃(1998)在论述地理环境对语言的影响时说,广阔的地域空间使语言的相互作用有所减弱,"即使是在通信交通发达的工业社会",地域空间距离也发挥出它的隔离作用,而高山、湖泊、沙漠、森林等天然屏障不仅是地理分界线,常常也是语言分界线以及政治疆界,这些天然屏障阻碍两边人员往来,由于相互影响减少,语言差异便逐渐产生并日渐增加。由于历史的原因,两岸自20世纪中期开始进入隔离状态,两个言语社区的交流与沟通也被迫中止。20世纪末,大陆学者朱广祁(1992)在浏览台湾文学作品时说,感觉用语和大陆有所不同,有的词语让人感到陌生,还有的甚至让人难明其义,这种感觉很大程度上就是因为两岸的空间隔离带来了语言上的差异。

第二,社会的稳定开放带来语言的吸收融合。陈建民(1989)在论述语言接触时说,语言接触不仅包含一种语言与另一种语言的接触(如汉语与非汉语的接触),还包括普通话与方言的接触,这种接触可以使语言的词汇、语音及语法发生变化,两岸语言的接触也同样如此。自20世纪80年代末开始,两岸的隔离状态被打破,"和平发展"成为两岸关系的时代主题(王建民,2009)。在稳定开放的社会背景下,两个言语社区的交流日益增多,反映到语言上,一个突出的特点是词语的相互吸收与进一步的融合。刁晏斌(2015a)认为,在21世纪初,这种融合主要通过"大陆语言的变化"来实现,如今已达到"基本均衡的双向互动交流"。台湾学者曾萍萍(2009)说,大陆的词语在当今台湾报章杂志上"数见不鲜",这种现象是在社会融合过程中人们选择词语时作出的适切性考量。

（二）交流平台的多寡

语言交流需要适当的平台。平台少，交流的途径和空间就比较有限；平台多，交流的机会就增多，词语融合的可能性也随之增加。在过去的几十年间，两岸语言的交流平台呈现出多元化趋势，同时网络媒体的作用也日益增强。

20 世纪 80 年代末，两岸在阻隔了近四十年后开始交流沟通，西德波恩大学的彭小明（1988）当时作了这样的描述："两岸的体育代表队和留学生首先开始了接触，电影和录像逐步在两岸民间交流传看，又互相出版了对岸的小说和其他著作，部分民众的直接交往已经开始。"从这段叙述中可以看出，人与人之间的直接交往还比较有限，"电影电视、文学作品、流行歌曲"等所起的作用似乎更为重要（郑媛，2004）。不仅学者有这样的认识，普通民众也有类似的看法。2015 年 1 月，《台声》杂志为进一步增进"两岸一家亲"理念开展"圆·中国梦"征文活动，在第 12 期上有一位读者回忆说，以前大陆民众了解台湾主要通过流行歌曲、电视节目、书籍和电影等途径，现在则可以跨越海峡"直观感受"宝岛的风情了。

在恢复交流之初，两岸的语言接触呈现出以下几个特征：

第一，类型有限。正如前文所说，此时的语言交流主要依赖歌曲、电视、电影和书籍等，这几种途径覆盖的语料容量非常有限，新闻报刊等一些内容更为丰富的语料，因条件所限获取困难，相比之下，口语性的语言材料就更少了。

第二，时间滞后。文学作品是民众了解对方言语社区语言状况的一个重要窗口，但是作品的出版往往需要一定的时间和周期，这样一来，文学作品等出版物就很难反映当下最新的语言状况。在这些言语作品中，人们无法在第一时间获知对方言语社区最新的语言动态，如新词语、流行语等。

第三，缺乏互动。语言是用来交际的，语言成分的差异常常在交际中得到最直接的体现。但是，在交流初期，两岸民众很少面对面互动，也就无法切身感受两岸语言的差别。

随着两岸关系的深入以及社会的进一步发展，如今语言交流平台明显增多。与初期相比，当前的语言交流呈现出以下几个明显特点：

第一，多样性。当今社会，人们可以通过多种途径了解对方言语社区的语言使用情况。除了传统方式外，网络已成为一个重要窗口。通过互联网平台，人们可以获取各种各样的信息，从而比较全面地了解对方言语社区的语言状况。通过网络，人们可以在线阅读文学作品，可以浏览各个时期的报纸，也可以观看当地的电视节目。网络的普及，极大地便利了两个言语社区的语言交流，也为词语的融合提供了良好的条件。

第二，即时性。由于网络的介入，词语可以在两个言语社区同步发展，从某种意义上说，两岸语言几乎处于"共振状态"。2011年，台湾大学生＊＊＊在综艺节目《大学生了没》中向观众介绍何为Fashion，该节目在网上获得了极高的点击率。表演中的台词"整个场面我要Hold住"多次出现，一时间"Hold住"在大陆和台湾同时走红（艾红娟，2012）。

第三，互动性。随着两岸关系的逐渐改善，两岸民众的往来也逐渐增多。根据《中国旅游报》（2014-01-20）的报道，2013年大陆民众去台湾旅游达到292万人次。《人民日报》海外版（2012-10-12）也曾报道，仅2012年上半年，福建省就接待台胞71.09万人次。伴随着往来的增多，两岸语言的互动更为频繁，这也为词语的融合提供了良好的基础和条件。

二、语言自身的原因

从语言自身来说，交际需求以及词语竞争是影响两岸词语融合度的两个主要原因。前者强调的是必要性，即是否有必要引入某一或某些词语；后者强调的是竞争性，即某一或某些词语是否有能力在竞争中获得"一席之地"。

（一）交际需求

语言是交际工具，词语能否被对方言语社区吸收，很大程度上要看它能否满足该社区人们的实际交际需求。具体来说，能在对方言语社区继续发挥交际功能的词语比较容易产生融合，反之则较难融合。

在海峡两岸语言对比研究中，人们发现有一些词语比较容易被对方言语社区吸收，这些词语主要有以下几类：

其一，相对简洁的表达形式。这类词语在表达相同概念或现象时，两岸所使用的语言形式有较大的差别，一个言语社区比较简约，另一个可能比较复杂，简约的形式比较容易被对方吸收。比如，胡士云（1989）曾说，"有些事物或概念在港台已经用一个双音词"来表示了,但是大陆仍然在用词组表示,"电玩(台)—电动玩具(陆)"就是他举的例子之一。从语言的经济性原则来看,这种双音节形式更为简洁,自然也就比较容易被对方言语社区吸收。类似的还有"整合、资深、失衡、评鉴、绩效、制衡、传承"等,这些"复合词"在20世纪90年代已经出现在台湾现代汉语中,普通话却通过"词组"来表示(朱景松、周维网,1990)。在这七个词中,除"评鉴"外,其他六个词在《现汉》第6版时就已被收录。

其二,较早出现的概括形式。某些事物或概念在一个言语社区有比较固定的能指形式,在另一个言语社区却没有相应的形式,找不到与之完全相应的词语,从而成为"语言中的空档"。在这种有与无的对比关系中,某个言语社区较早出现的词语可以弥补"表达上的缺憾"(郑媛,2004),因而比较容易被对方言语社区吸收利用。像"飙车、问题少年"等台湾词语就是如此,它们都被大陆"直接搬用"了(刁晏斌,2000);"祥和、创意、负面、互动"等一些表示抽象概念的词,在普通话里很难找到完全相应的简洁形式,它们也已经被吸收到普通话中来(朱景松、周维网,1990)。

其三,反映两岸共同关注事物的词语。这些词语所反映的对象受到两岸媒体的高度关注,媒体在转引相关观点的同时,常常会把对方言语社区对事物的不同说法或此前没有的形式一并引用,当这样的词语大量使用时,很可能会挤占原有词语的使用空间,或者是迅速"站稳脚跟"。以"钓鱼岛"为例,该词进入台湾媒体后明显挤占了台湾原有词语"钓鱼台"的使用空间。根据刁晏斌(2015a)的统计,"钓鱼岛"的使用量甚至比"钓鱼台"多出一倍,这是一种"反客为主"的情况。词语在引入对方之后,也可能出现对方言语社区的"自主性"使用,如移用和仿拟等。

与上述情况相反,人们发现还有一些词语很难被对方言语社区吸收,这些词语主要有以下几类:

其一,反映某一言语社区独特的政治、经济、文化、风俗等的词语。两岸的社会制度存在巨大的不同,在经济、文化等方面也存在很大的差异,反映这方面情况的词语在另一个言语社区几乎没有多少"用武之地",因此也就很难被吸收利用。像台湾的"训政、商团、康乐队、荣民、风化区"等(严奉强,1992),以及大陆的"红头文件、双规、居委会、双肩挑"等,都是如此。它们"植根"于特定的言语社区，对特定的环境有很强的依赖性，在其他言语社区很难发挥实质性的交际作用，因而很难被对方言语社区吸收。

其二，来自方言和外语的词语。各个言语社区都会从方言和外语中吸收一些词语，这些词语常常反映出该言语社区特殊的历史背景和社会环境，其中有很多在交流中很难被对方言语社区吸收。众所周知，台湾现代汉语深受闽南话和日语的影响，一些闽南方言词，如"奥步、冻蒜、蚵仔煎"，以及译自日语的"欧吉桑、阿莎力、那卡西"等都早已被台湾现代汉语吸收，它们能够反映出台湾特殊的历史背景和语言环境。但对于大陆言语社区来说，因为其缺少相应的背景和语言环境，很难被人们理解和接受，因而也就无法广泛传播。同样，大陆普通话中吸收的北方方言词（如"埋汰"等）也不太容易被位于南方方言区的台湾所吸收。

其三，色彩义有明显差异的词。前文已经提到，两岸不少词语在色彩义上存在较为明显的差异。亓婷婷（1989）说，"抓"和"搞"这两个动词在大陆使用广泛，无论是具体实物，还是抽象的"劳动、权柄"都可以用，但是就色彩而言，这二者"语意粗鄙"，因此尽管在两岸的交流中二者的数量和使用范围在台湾有一定程度的扩大，但终究有限，导致融合难以推进的原因很大程度上就在于色彩义，台湾民众认为这样的词粗俗不雅，因此不愿使用[①]。

此外，一些特殊类型的词语以及比较敏感的词语也不太容易融合。前者如"五讲四美三热爱"之类的数字略语，这一类型在大陆使用非常广泛，但台湾极少使用（刁晏斌，2015a），加上这些数字略语所反映的内容对于台湾民众来说常常有着强烈的陌生感，所以就很难被对方吸收；后者如"踹共"，该词源于闽南语，意为"出来讲"，但是该词很容易让人望文生义，产生不恰当的联想。台湾新北市市民曾泰元在投给台湾《旺报》言论部的文章中说，作为一个从小到大一直讲闽南语的人，竟没有在第一时间意识到"踹共"就是"出来讲"，可以推知，不熟悉闽南语的人更容易产生误解。作者在文章中还说，"一言可以兴邦，一言也可以丧邦"，两岸关系"回温修好"实属不易，这些敏感词还是"尽量不用"为好。

[①] 这里说的是前些年的情况，近年来已经有所不同，详见刁晏斌（2017）关于"搞"在台湾使用情况的讨论。

（二）词语竞争

在两岸词语的互动当中，除了交际需求外，还存在词语竞争问题。当词语进入对方言语社区时，会与其原有的表义相当的词语产生竞争。在竞争中，以下三个因素对词语的融合度有较大的影响：

一是"占位"情况。于根元（1996）在《说"友"》一文中最早提出"占位"这一概念，作者认为占位本身是一种力量，在词语竞争中一个让位、一个占位，需要一个磨合的过程。作者进一步指出，词语一旦占了位，一些更好的近义词语就很难再占位（于根元，2003a）。对于两岸词语来说，如果有对应词语占位在先，而自身又没有什么特点和优势，也就没有太多引进的理由了。以"彩视、值夜更、捐血"等词语为例，它们在大陆有相应的词语"彩电、值夜班、献血"等，这些对应词语在大陆使用已久，并且非常普遍。从目前来看，上述几个台湾词语在大陆普通话中基本不出现，其融合度几乎为零（李明，1992）。

二是词语的表现力。词语的表现力也会影响其融合度，通常情况下，表现力强的词语融合度要高于表现力弱的词语。张维耿（1995）说，随着大陆与港台地区交流的深入与发展，一些港台地区的词语也被普通话吸收过来，而这些吸收来的词语，往往是"富有表现力"的。刁晏斌（2015b）认为，生动表达是台湾现代汉语整体言语风格特点之一，而比喻是达到生动效果的主要手段。以"劈腿"为例，该词相当于普通话中的"脚踏两只船"，虽然有些粗俗，却非常形象生动，目前在大陆已经广泛使用（徐莉，2008）。

三是语言习惯。语言是约定俗成的，一些语言习惯一旦形成，再作改变就比较困难。以两岸人名翻译为例，台湾译名为了拉近读者和外籍人士之间的心理距离，"特意求一汉姓"，而大陆译名正好相反，第一个字一般"忌用"汉语姓氏，整个译名也尽量和中国人名"有所区别"（郑启五，1987）。这种译名习惯带来的差异使两岸的译名往往有明显的不同，如美国前总统 Obama，台湾译为"欧巴马"，大陆译为"奥巴马"；又如美国前总统 Clinton，台湾译为"柯林顿"，大陆译为"克林顿"。这种由语言习惯带来的差异短时期内很难产生融合。

需要说明的是，词语融合常常是复杂多变的，以上三点并不具有绝对性，比如在已有占位的情况下，一些表现力很强的词也可能在竞争中获胜，而习惯也可以在一定程度上发生改变。

三、语言使用者的心理倾向

在两岸词语的互动中，年轻人是最主要的群体。他们思想活跃，追新潮赶时髦，喜欢陌生化表达，台湾现代汉语中的一些词语及表达方式等正好迎合了他们的口味。这些语言使用者的心理倾向大致可以分为两类：一是追新求异，二是求简尚雅。

先说前一类。"趋新求异、标新立异"是现代年轻人的普遍心理，他们对那些广泛使用、司空见惯的词语常常不感兴趣，而是崇尚新奇，更愿意追求陌生化的表达，来自其他言语社区的词语常常具有"洋气、新潮、别样"的味道（郑媛，2004），这正好符合他们猎奇的心理。在这种情况下，一些新鲜的语言形式被引入，如"幼儿园"开始出现在台湾媒体当中，"幼稚园"也在大陆流行开来。由于新词语的引入，一些概念意义大致相同的词语呈现出共用的状况，如大陆的"猕猴桃"如今也可以叫"奇异果"，"菠萝"和"凤梨"在很多时候也可以混用。在有些人看来，这样的同义异形词按理"不存在进入普通话的必要和理由"，但是尚奇追新的心理造成了"二者并存"的状况（邵鸿，2001）。这也从一个侧面印证了前文的观点，占位是影响词语融合的因素，但不具有决定性，语言使用者的心理倾向在一定程度上会影响词语融合的结果。在较长时间的使用中，一些并用词语已经开始有所分工，如大陆的"观念"和台湾的"理念"在普通话中都广为使用，现已初步产生分工的倾向：在带修饰语的名词性偏正词组中，"理念"常作为中心词受其他词语修饰，如"消费理念、营销理念"等；而在单独使用时以"观念"为常，如"观念滞后、转变观念"等（刁晏斌，2005）。此外，二者的语体色彩也存在一定差异，"理念"多用于书面语，具有较强的书面语体色彩，"观念"则没有明显的语体倾向性。

再说后一类。"求简尚雅"其实包含了现代社会的两种心理倾向："求简"是形式上的追求，"文约而事丰"；"尚雅"是内容上的追求，古雅而有韵味。在信息时代，人们的生活节奏不断加快，反映在语言表达方面，一个突出的特点就是"求简"，即追求简约高效的表达。在台湾现代汉语中存在大量简缩形式，它们面大量广、可懂度高，如"关爱（关心爱护）、研发（研究开发）"等（刁晏斌，2011a），双音节形式明显比四字词语简约，在表达上也更有效率。当今的时代也是一个追求精神文明的时代，主流媒体常常避俗求雅，追求古典文雅的表达，如"启聪学校、听障"就要比"聋哑人学校、聋子"委婉、文明得多。此外，台湾现代汉语"古旧色彩"比较浓厚（刁晏斌，1998），其重要表现是大量使用文言以及古白话词语，而其中不少如今在大陆已经由退隐而复显，其"激活"条件正是两岸词汇的交流。目前，一些文言色彩较浓的词语在普通话中的使用呈现不断增长的态势，如"翘楚"一词，在 cnki 报纸库中，2000 年只使用了 75 次，到 2013 年已增加到 1320 次，增加了 16 倍多。

四、小结

　　这两节我们主要从理论上对两岸词汇对比中的融合问题进行思考，涉及的概念主要有两个：一个是融合，另一个是融合度。二者当中，又以后者为重。围绕融合度，我们首先对其进行界定，然后分析了这一概念对两岸词汇对比研究的意义和价值，接着指出了融合度的判断标准，最后分析了影响融合度的多方面原因。

　　我们之所以对融合以及融合度概念进行较多的讨论，主要有以下几个方面的原因：

　　第一，目前的两岸词汇对比研究在理论上存在较多的缺失和空白点。自 20 世纪 80 年代末开始，两岸词语对比问题开始受到人们的关注，早期主要集中在差异的考察与分析方面。大约在 20 世纪 90 年代后期，人们开始关注两岸词语的融合现象，但研究成果远不如差异方面多（苏金智，2014）。在这数量有限的论著中，理论方面的思考更是少之又少。针对这一现状，我们试图对学界目前认识不足、不清的一些问题贡献一点自己的思考，同时增强本书的理论色彩和应用价值。

　　第二，通过理论上的梳理，寻找一些薄弱环节，为下一步研究提供用力的方向。在现有的融合研究中，人们基本是用"融合"概括所有与之相关的现象，很少再作进一步的细致划分，由此就导致研究结果不够深化与细化。在引入"融合度"概念后，融合就具有了切分的依据和标准，各种不同程度的融合现象就有了分门别类的前提和操作指南，相关的研究也就有了从粗到精的可能。从这一角度来说，利用融合度对融合现象进行区分既是未来融合研究的大势所趋，也是当下研究的用力方向。

第三，厘清两岸融合研究的理论基础、操作模式、判定标准和注意事项，即建立一个"有条理"的基础平台。在对融合问题进行理论思考时，仅仅依靠"融合度"这一概念显然是不够的，如何判定融合度、这一概念对于融合研究有何意义和价值、哪些因素会对融合度产生影响等，这一系列问题都需要进行思考，而将这些梳理清楚之后就可以搭建一个比较有条理的基础平台，相关的研究就可以依托这一平台有序地进行，更高层次的思考以及规律的总结由此也成为可能。

语言的流动总是由经济较为发达的地区流向相对落后的地区（王瑛，2003）。从20世纪80年代中后期到90年代末，两岸词汇的融合主要通过大陆的发展变化而实现，或者说是通过大陆向台湾的"借贷"和引进而实现；随着大陆经济的不断发展，以及在国际和地区事务上重要性的凸显，此前这种单向的引进局面已经发生改变，其具体表现就是有越来越多的大陆词语进入台湾并且"生根发芽"，到目前已经呈现出"基本均衡的双向互动交流"（刁晏斌，2015a）。正因为如此，我们在后文不仅讨论大陆吸收台湾词语，也讨论台湾对大陆词语的吸收和使用。

第三节 大陆吸收台湾词语研究示例——"资深"

大陆吸收台湾词语早已不是一个新鲜话题，"资深"一词就常被相关文章作为典型例子谈及。

20世纪90年代初，朱景松、周维网（1990）注意到，有些意思普通话通过词组表示，台湾现代汉语则用复合词表示，在所举例词中，就包括"资深"；严奉强（1992）从政治、经济、历史、风俗、金融、社会、色情、物品等方面对台湾现代汉语中的特有词语进行分类，"资深"也被列入其间，被划入"社会"类；姚汉铭（1997）、杨振兰（2009）等在讨论港台词的引进及其色彩义时也提到"资深"。此外，尹玲（2000）将其作为粤港词北上的典型，杨必胜（1998）将范围进一步缩小，认为"资深"属于普通话引进的港词。

已有的讨论形成的共识大致有两个：一是"资深"属于"外来"形式，虽然有的说来自台湾，有的说来自香港，还有的泛泛而言说港台或者粤港，但总的观点是一致的，即都认为这个词是从普通话以外引进的；二是强调该词已经被普通话吸收，这一点几乎是得到普遍认可，因为人们都注意到该词已经广泛使用于当下的报刊媒体中。

对于"资深"一词以及它背后更多同类或不同类的词语，仅仅停留在现有的上述认识上显然是不够的，我们至少还应该在以下两个方面做更多的工作：其一是"溯源头"，即弄清普通话中的"资深"究竟是从哪里来的；二是"明发展"，即梳理该词在大陆和台湾的使用路径、发展路径和经过。

以下，我们的讨论就围绕这两个方面来进行。

一、"资深"在两岸隔离前的使用情况

我们在前面提到，研究者普遍认为普通话中的"资深"是受台湾等地的影响而产生的，这一认识虽然不能算错，但过于简单，另外也不够全面，而要达成一个比较全面、完整的认识，我们首先应该对此词的历史及其在两岸隔离前的使用情况进行考察。

就目前所见，早在宋代，"资深"这一组合形式就已出现，用来形容人"资历深、资格老"。例如：

（1）臣乞御史台官属只下御史中丞荐举，宽其资限之格，资深者为御史，官卑者为里行。（宋·蔡襄《端明集·莆阳居士蔡公文集》卷十七）

（2）凡年高资深之人，虽未必尽贤，然累任亲民历事颇多。（宋·李焘《续资治通鉴长编》卷三百八十四）

从上下文来看，前一例中的"资深"和"官卑"相对，后一例中的"资深"与"年高"并列，语义透明度很高，意思应该是比较明确的。就结构来说，"资"与"深"之间的凝固性可能还比较有限，另外总体而言复现率也比较低，因此我们不趋向于把它看作典型的、独立使用的词。

元代及以后的语料中，该组合形式时有所见，有很多已经接近于词了。

例如：

（3）政和六年，置贴职修撰以待馆阁之资深者，仍多由直龙图阁迁焉。（元·马端临《文献通考》卷五十四）

（4）各营头目亦须粗知学术，应由各省各军在营队内考选聪颖识字兵丁聚集一处作为学兵营，专派教员授以浅近兵学暨训练新兵各法，专备拔升头目之。选其头目优异资深者递升司务长。（清·端方《大清光绪新法令》）

和宋代的用例相比，这两例在使用时并没有与其他主谓结构并列或对举，"资"和"深"之间的凝固性有所增强，尤其是例（4），"资深"在句中和形容词"优异"并列，将其作为一个整体理解为词可能更为合理。

在 20 世纪以前，"资深"主要用于描述各类官员，前述例（3）（4）都是如此。而到了民国时期，这一范围有所扩大，除了官员之外，有时也用于教师等普通人士。比如以下一例：

（5）劝学所请奖资深教员（《益世报》，1922-04-04）

在正文里，有这样的话："凡任职在十年以上者，呈请教育厅转呈省长咨达教育部，分别请奖，以示优异，而资鼓励云。"这是我们见到的最早用于教师的"资深"用例。在这之后，还出现了一些描述其他职业人士的用例。如：

（6）江苏邮务管理局，在三次代表大会会场内，添设临时邮局，已派定监视长黄梦麟筹办一切，业已布置妥当，复调资深干员十数人，前往服务。（《申报》，1929-03-15）

（7）其组织人选则由当地之海关港务局长，及资深有经验之本国国籍船长二人组成之。（《申报》，1931-08-29）

前一例中的"资深干员"是指在邮务系统内工作时间较长的职员，后一例中的"资深"则是用于有经验的本国船长。

尽管我们掌握的语料规模算不上庞大，获得的用例也不能用"大量"来形容，但毋庸置疑的一点是，"资深"一词在两岸隔离之前就已存在，其描述对象也并不单一，这为该词之后在台湾的进一步发展奠定了基础，而若干年后该词开始活跃在大陆报刊、媒体上也不能说与此毫无关系。

二、"资深"在台湾的使用情况（1949 年以后）

"资深"是台湾现代汉语中的一个常用词，《重编》释义为"富有经历资格"。该词在台湾使用已久,从历时的角度来看,其语义特征从"[＋人][＋职业][＋年限长][＋表彰]"逐渐演变成"[±人][±职业][＋年限长][±表彰]",其义域也随之发生由小到大的变化。在具体使用中,该词常常和程度副词共现,尤以相对程度副词"最"为多。以下我们主要从"资深"的语义特征以及该词与程度副词的共现情况入手,来分别进行说明与讨论。

(一)"资深"的语义特征

刁晏斌(2014)曾提到,台湾现代汉语与早期现代汉语(20世纪上半叶)高度一致,在很大程度上保留了早期现代汉语的传统,这一点在"资深"上也有比较明显的反映。在之后的发展中,该词的语义特征发生了较为明显的变化,其中有一些在发展中逐渐弱化甚至消失,由此也使得其义域发生了由少到多或由小到大的变化。

选择以语义特征作为切入点,一是为了找到一个合适的描写手段,二是可以显示词义发展渐进的过程,三是对传统所说的"语义特征"作一点有益的补充。就第三点而言,因为这里的"语义特征"与以往基于同义词对比而作出的区别性特征的描写和呈现有所不同,它是在不与其他比照对象进行对比的情况下、完全基于自身内涵所作出的一种归纳。

以下,我们就从语义特征入手,试图理出一条该词表义及使用发展变化的线索。

1. 语义特征一:[＋人][＋职业][＋年限长][＋表彰]

在20世纪50年代,"资深"包含的语义特征至少有以下四个:[＋人][＋职业][＋年限长][＋表彰]。在具体使用中,[＋人]和[＋职业]主要指教师、医师、某些行业的员工等,其中尤以教师为多;[＋年限长]指的是从业时间长,有的二十年,有的三十年,还有的甚至长达四十年;[＋表彰]则是指该词主要用于一些表彰的场合或语境中(如教师节、公司庆典等),相关部门对长年服务于单位的员工进行表彰。以下用例可以很好地说明上述各点:

(8) 本年将予表彰之资深教师计服务在四十年以上者四人,将发给金质纪念章一枚,奖状一张。(台湾,1950-08-09)

(9) 屏东北港等地筹庆 孔子诞辰暨教师节 对资深教员均予表彰(台

湾，1950-08-15）

以上两例是描述教师的，除此之外，有时也用于其他职业的人。例如：

（10）嘉义车站资深员工廿余人获褒奖（台湾，1951-10-25）

（11）今日五届商人节　省商界举行庆祝大会　将褒奖资深绩优商人（台湾，1951-11-02）

（12）各地医疗界庆祝医师节分别褒奖资深医师（台湾，1952-11-14）

在这几例中，"资深"的搭配对象分别是"嘉义车站员工""商人"和"医师"，其共同特点是服务年限长，在三则新闻里他们都分别受到了"褒奖"。在例（10）的正文中有这样的描述：嘉义车站"廿三日上午八时在该站第一月台颁奖服务悠久员工"，"服务在卅年以上者有八人，各得金质奖章一枚，廿年以上者有十五人，各得银质奖章一枚，十年以上者一人，得奖状一纸"。标题中的"资深"一词在正文中对应的是"服务悠久"这一词组，而这也反映出"资深"在产生之初的基本意义。后文中对颁奖对象的相关统计也反映出当时人们对该词所表示大致年限的认识：一般多于十年，这一点我们在后文还会提到。

在例（11）中，"资深"和"绩优"并列，二者共同作为表彰对象的修饰语。在其他新闻里，我们见到的还有"资深好教师""资深优良教师""资深优秀教师""资深优秀人员""资深绩优人员"等。需要说明的是，"绩优"在普通话中一般不单独使用，相对常见的是股票领域中有所谓"绩优股"，但"绩优"本身并不属于一个典型的词，《现汉》等权威工具书一般也不收录。但是，在台湾现代汉语中，它属于词的范畴，《重编》网络版中可以查到。尽管不少新闻都将"绩优"和"资深"并列，但在相关正文里，基本都是关于任职年限的描述，几乎没有业绩方面的介绍。1962年9月，台湾一份报纸曾刊发过一篇文章，题为《资深、优良》。文章说，在一年一度表彰资深优良教师的活动当中，颁奖的标准偏重资深，优良只是"陪衬"，在岗位上一守几十年，可以说资深本身就"够得上"优良，那些教师"把一生最美好的时光都贡献出来，对千万学童，启蒙养正，而每月所得的待遇却那么菲薄，这是时间所造成的动人的戏剧。给他们一些精神上的补偿，不能算是浪费"。

2. 语义特征二：[＋人][＋职业][＋年限长][±表彰]

20世纪60年代中期，"资深"的搭配对象有所扩大，除了已有的"教师、医师、商人、员工"等外,还出现了"演员、警察、司法人员、太空人、外交官"等。除此之外,更为突出的一点是,"资深"原有的[＋表彰]义有所突破,在许多不属表彰的场合和语境中也可以使用。这样,如果用语义特征来描述的话,则是[＋人][＋职业][＋年限长][±表彰],与第一阶段相比,其语义特征序列已有变化。这里的[±表彰]表示既可以用于表彰,也可以不用于表彰。以下是后者的两个用例:

(13) 好几位资深演员,最近均纷纷转做导演的路上去了。(台湾,1967-12-09)

(14) 一失手铸千古恨 ＊＊＊是真伤心 资深飞行员妻亡家破 闯下这场祸有何话说(台湾,1968-03-05)

这两例中的修饰对象"演员"和"飞行员",在20世纪60年代以前的语料中很少见到,而从使用语境来看,"资深"只是客观陈述从事该职业工作年限长,与表彰与否没有任何关联。

1973年9月14日,台湾一份报纸在《大家谈》栏目刊登了一篇报道,题为《资深固应被重视 优良尤需受尊敬 年年表扬教师 听听学生意见》。文中说,每年教师节表彰的都是"在职年久"的人,年年都"依样画葫芦",而刚刚登上讲坛的好教师可能因为不足"法定"的"资深"标准,而不能得到社会的鼓励,作者对"资深就是优良"的观点表示质疑。无独有偶,1977年10月4日,另一份报纸也刊登了一篇类似的新闻,题为《资深与优良》,文章指出,当初表扬资深优良教师,本意即为"资深"教师,以年资为划分标准,事实上,资深与优良并不存在必然的联系,二者应该区分对待。虽然这只是部分民众的个人观点,但多少也反映出"资深"与"受表彰"之间某种直接的、必然的联系在当时已经开始受到人们的质疑,由此也就多少能理解"资深"使用环境的变化了。

3. 语义特征三:[＋人][±职业][＋年限长][±表彰]

自20世纪60年代末开始,"资深"的语义特征进一步变化,原有的[＋职业]义开始弱化,甚至趋于脱落。此前,"资深"的修饰对象都是有[＋职业]特征的人,无论是否用于表彰,其核心意义都是强调某人在工作岗位上干了很多年。也就是说,这些对象都带有工作性质,但这一时期一些不包含

[＋职业]义的对象也可以和"资深"共现。例如：

(15)"资深"乘客的话（台湾，1968-12-16）

在正文里，作者说，这位乘客是名"职业主妇"，说她是资深乘客，并不是因为她的工作是专门乘车，而是因为她经常乘车，具有丰富的乘车经验。标题里"资深"二字加上引号，大致也说明这是一种非常规用法且出现不久，现在这样的用法已经非常多见了。再如：

(16)婚后看见马桶上遗留斑斑血迹，才知老公是资深痔友。（台湾，2014-10-15）

(17)资深彩迷分析，最近一个月来，05极为强势，共开出9次，依周期推演，05仍是绝佳组合。（台湾，2014-10-25）

和前文中的"乘客"一样，这两例中的"痔友"和"彩迷"也不是指固定的工作，和"资深"搭配，只是说明其患痔疮时间很久以及买彩票、玩彩票很长时间了。

4. 语义特征四：[±人][±职业][＋年限长][±表彰]

在前面几类中，虽然"资深"的搭配对象在是否和职业相关以及是否用于表彰等方面存在一些差别，但是其共同点是[＋人]。也就是说，拥有"资深"这个特征的是"人"。然而，自20世纪70年代开始，[＋人]的语义特征开始被突破，在考察的语料中出现了一些[－人]的用例。如：

(18)精密电力八员工　加入资深俱乐部（台湾，1973-12-12）

尽管俱乐部由人组成，但俱乐部本身并不等同于人，也不具备[＋人]的语义特征，用"资深"修饰说明该组织成立已久。类似的用例，再如：

(19)＊＊＊、＊＊＊夫妇家中随时充满孩子的欢笑声，原来喜爱小孩的他们是家扶中心的资深寄养家庭，12年来已经照顾过30位寄养儿童。（台湾，2014-10-21）

(20)……贸易公司为专业代理欧美高级精密切削刀具、手工具及夹具的资深进口商，现正参加"台中自动化机械展"，展出所代理的将近20家世界一流品牌产品。（台湾，2014-03-30）

如果说这几例中的俱乐部、寄养家庭以及进口商与"人"还有比较密切的关系，所以上引各句还不算典型的[－人]用例，那么以下用例与"人"

的距离就更远一些，换言之，其典型性就更高一些了：

（21）台北市 374 座邻里公园，共种有 61 棵树种稀少或树龄资深的"受保护树木"，平时都靠认养志工细心呵护。（台湾，2014-09-12）

（22）有趣的是，今年 17 岁已是"阿嬷级"的美乖是 14 年前首批来台的资深企鹅，从不曾配对成功，今年却与近 5 岁的"少年仔"嘟嘟看对眼，顺利孕育出下一代。（台湾，2014-09-30）

不过，由于"资深"长期以来只用于述人，所以像上例这样由人到物的变换，给人的感觉更像是修辞上的拟人用法，因此属于"变用"而不是"本用"，即与一般情况下的"正常"使用还有一定的距离。

但是，无论如何，"资深"的搭配对象确实已经从［＋人］扩展至［±人］，既包括公司、家庭等各种组织机构，也包括一些典型的非指人名词（如"资深工作经验""资深品牌"等），甚至可以用来修饰树木以及动物等，其核心语义特征仅保留了［＋年限长］一项。

从 20 世纪 50 年代到现在，"资深"的发展脉络可以概括为区别性语义特征逐渐减少，而在这一过程中与之相伴的是其外延不断扩大。袁世旭、张志毅（2011）认为，义位的个性义素数量与义域广狭呈反向变化，个性义素越丰富，义域就会越窄，相反，区别性义素减少则会带来义域的广化，即由小到大的变化。"资深"的核心义是年限长，该词在使用中主要涉及主体和场合两个方面的三个因素——人、职业、表彰，大致关系如下：

从事某一职业的人（主体）←——年限长——→（场合）用于表彰

如果按重要程度对三个因素进行排序的话，应当是"人＞职业＞表彰"，落实到具体过程上，最先突破的是"表彰"，因为这是一个处于相对边缘的语素义，只涉及该词的"用途"或使用范围；其次是"职业"，如果用排除法，即要扩大"资深"的使用范围，就必须减去其中某一个语义特征，相对于"人"来说，职业显然是第二位的，要减的话只能减去它而保留述人特征，所以第二个去掉的就只能是它了。到了这一步后，要再进一步扩大使用范围的话，唯一的选择就是放宽对叙述主体的限制，即不限定于"人"了。从另一个方面来看，"资深"与更多类型的词语搭配也使得其语义特征有所减少，同时使得该词的外延不断扩大。

对于未来而言,"资深"是否还有进一步的发展空间还有待时间的检验。不过从目前来看,年限的限制已经开始出现"松动"的迹象。在前文中我们提到,"资深"在较早的语料中对应的年限通常都在数十年,最短的也在十年以上,而现在不足十年甚至时间更短的用例已经出现。2013 年 1 月 16 日,台湾一份报纸刊发了一则中小学资深教师休假进修的报道,其中对"资深"的界定是"任满七年"。无独有偶,2015 年 1 月 21 日,台湾另一份报纸报道了一起火灾,共有六名消防警察在大火中殉职,其中"最资深的廿九岁草漯消防分队队员＊＊＊",入职时间有"七年多"。如果"七年多"可以用"最资深"来形容的话,那么"资深"对应的年限就可以更短了。这样的用法反映出当下人们对"资深"所包含的年限长度的认识发生了一定的改变。从语言学角度来说,词义磨损是语言发展的普遍规律,磨损的程度和使用频率呈正比,使用得越频繁,越容易磨损(刁晏斌,2001)。"资深"在深的程度上(常指年限)开始淡化(表现为缩短),很大程度上也是词义磨损的一种体现。

从语义特征的角度来说,"资深"在 20 世纪 60 年代以前基本都属于第一类,时至今日,这种情况发生了较大的改变。这里我们以台湾一份报纸为数据来源,分别考察 1963 年、1973 年、1983 年、1993 年、2003 年以及 2013 年的全部用例并统计各类语义特征对应的用例数量,详见下表。

表 4-1 "资深"各类语义特征在台湾报纸中的用例数量

时间＼类别	1963 年	1973 年	1983 年	1993 年	2003 年	2013 年
［＋人］［＋职业］［＋年限长］［＋表彰］	27	8	7	4	1	2
［＋人］［＋职业］［＋年限长］［±表彰］	2	2	4	58	379	277
［＋人］［±职业］［＋年限长］［±表彰］	0	0	0	5	49	67
［±人］［±职业］［＋年限长］［±表彰］	0	0	0	1	10	11

表中各类别语义特征对应的用例数量如下图所示:

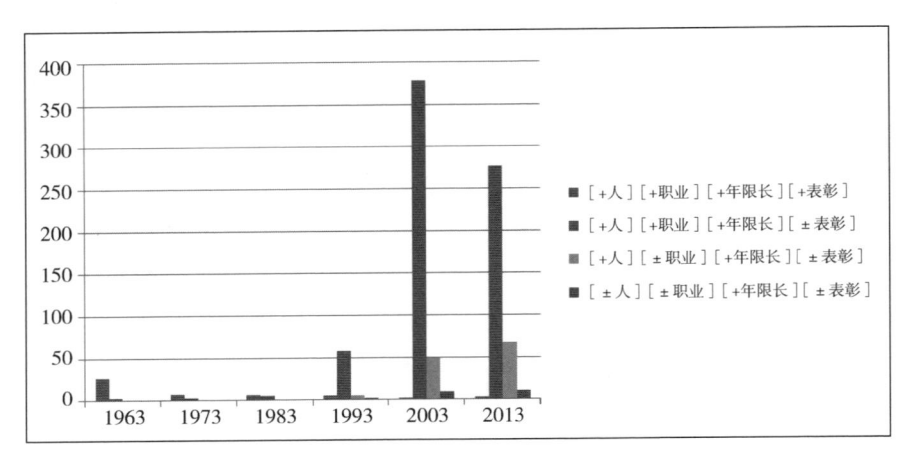

图 4-1 "资深"各类语义特征在台湾报纸中的用例数量

由上表和上图，我们可以看到以下几点：

其一，第一类［＋人］［＋职业］［＋年限长］［＋表彰］的用例数量呈下降趋势，此类用例在 20 世纪 60 年代所占比例最大，但在 20 世纪 90 年代之后占比就非常小了。在 1963 年的语料中，共有 29 个用例，其中 27 个都属于此类，占比高达 93.1%。此后，1973 年这一比例为 80%，1983 年约为 63.64%，到了 1993 年这一比例锐减至约 5.88%。而在 2013 年的数据中，这一比例甚至不足 1%，只有 0.56%。

其二，第二类［＋人］［＋职业］［＋年限长］［±表彰］的整体情况和第一类正好相反，此类用例数量不断增加，所占比例也不断增多，在 20 世纪 90 年代之后成为使用量最大的一类，这种情况一直持续至今。从 1963 年至 2013 年，这类用例所占比例分别约为 6.9%、20%、36.36%、85.3%、86.33% 以及 77.59%，和 20 世纪 60 年代所占比例不足十分之一相比，1993 年至 2013 年这一类型所占比例都在七成以上。

其三，第三类［＋人］［±职业］［＋年限长］［±表彰］和第四类［±人］［±职业］［＋年限长］［±表彰］产生时间相对较晚，在 21 世纪之后使用数量有增加的趋势，二者当中又以前者为多。到 2013 年，这两类所占比例分别达到约 18.77% 和 3.08%。这两类属于修辞性变用，它们产生于本用之后，发展时间相对有限，加之都属于修辞性使用，因此在此后较长一段时间内很可能只是支流而难以成为主流。此外，就"资深"本身来说，其最核心的语素是"深"（即时间长），而这种表述总要有一个主体，也就是"资"。"资"本来指年资，而年资通常与人和职业等相关，这就意味着词义本身实际上对"无边界"使用具有某种制约作用，换言之，变用会受到很大程度的限制。我们相信，这也正是"资深"变用情况较少的原因之一。

（二）"资深"与程度副词的共现情况

前面我们从语义特征或者内涵/外延的角度描写了"资深"在台湾的使用情况及其历时发展变化，以下我们将从另一个角度进行考察，即"资深"与程度副词的共现情况及其变化。之所以选择这个角度，主要是因为在实际使用中该词经常与程度副词搭配使用，而在搭配的过程中有选择性同时也有规定性，并且能够体现出一些特点。因此，从这一角度切入，将有助于我们进一步了解和掌握该词在台湾的使用情况，而这也可以作为考察该词在两岸融合情况的一个切入点。

王力（1985）将程度副词分为绝对程度副词和相对程度副词两类："凡无所比较，但泛言程度者"，叫绝对程度副词，"极、很、颇"等都属于此类；"凡有所比较者"，叫相对程度副词，"最、更、越发"等属于这一类别。张斌（2010）进一步指出，除了相对和绝对的基本对立外，程度副词内部还存在级差的不同，根据程度量幅的差别，相对程度副词和绝对程度副词内部还可以再分为四个级别。为了表述方便，我们将书中的表格列在下面：

表 4-2 程度副词的量幅分类 *

相对程度副词				绝对程度副词			
最高级	较高级	比较级	较低级	超量级	极量级	高量级	低量级
最	更	较	稍	太$_1$	极	很	些
最为	更加	比较	稍微	过	极端	非常	有点儿
无比	格外	较为	略微	过于	极其	十分	有些
绝顶	愈益	较比	稍许	过分	透顶	相当	一点儿

* 转引自张斌《现代汉语描写语法》，商务印书馆 2010 年版，第 153 页。

根据表中的分类，我们依次考察了各类别程度副词和"资深"的共现情况，以下分别进行说明。

1. "资深"与相对程度副词的共现情况

在语料中，至少可以看到以下几点：

第一，在相对程度副词的四个量级中，最高级这一类别用例最多，其中尤以"最"使用次数最多。在台湾新闻智慧网中，以"最资深"为关键词，从默认时间至 2014 年 10 月 31 日，共检索到 1465 个结果，最早的一例出自 1952 年，即：

（23）最资深教师　＊＊＊八十四岁　服务教界六十年（台湾，1952-09-29）

（24）＊＊＊是台湾目前最资深的筝乐家，十四岁起在北平拜师学筝，至今已六十四年。（台湾，1988-03-20）

在和最高级程度副词的搭配中，除了"最资深"之外，还有少量"最为资深"的用例。如：

（25）桌坛现役选手中，＊＊＊、＊＊＊、＊＊＊最为资深，同为二十九岁，分别在桌球场上打滚十多年。（台湾，1992-01-05）

（26）年龄二十七岁早已不适合当少女的"早安少女组"成员中＊＊＊宣布单飞，她曾经是该团体里最为资深的成员，由于后来加入的成员年龄越来越年轻，使得她与最年轻的成员竟然相差了十四岁之多。（台湾，2001-03-08）

在检索中，我们没有见到"无比、绝顶"与"资深"共现的用例。

第二，在较高级相对程度副词中，表中列出的有"更、更加、格外、愈益"，在语料中仅检索到与"更"共现的少数几个用例。如：

（27）比干邑更资深的白兰地"雅玛邑"，近期在法国食品协会推动下，将有连串推广活动。（台湾，1996-09-10）

在表格提供的词语之外，我们还见到属于此类的"更为"用例，不过数量极少。例如：

（28）七十岁的士林葫芦里长＊＊＊与万华区西门里长＊＊＊九连霸，＊＊＊更为资深，当了四十四年里长，但他们与八十二岁的中山区朱馥里长＊＊＊相比，都是小老弟。（台湾，2003-01-05）

第三，在比较级相对程度副词中，除"较比"外，"较、比较、较为"等几个词都有和"资深"共现的用例。不过，这一类别的数量也不多，"比较资

深"在数据库里有 10 个用例,另外两个词和"资深"共现的用例都只有个位数。以下各举一例:

(29) 台东分局刑事组侦查员年来频频晋升巡佐,最近又有三位较资深侦查员升职。(台湾,1991-03-24)

(30) 昨天中午 12 时的比赛,嘉义球场来了那么多球迷帮中华队加油,大家的心里都很高兴,尤其是几名比较资深的职棒球员,相信他们的感触更深刻,因为这是许久未见的棒球热潮。(台湾,2001-11-14)

(31) 至于高盛投资银行台湾区负责人大位,有消息透露,高盛投资银行台湾区副总裁＊＊＊可望扶正;然也有另一派消息指出,高盛亚洲较为资深,且有台湾渊源的＊＊＊或＊＊＊接手的机率也很大。(台湾,2007-01-10)

第四,在较低级相对程度副词中,表中所列的四个词"稍、稍微、略微、稍许"在语料库中都没有与"资深"共现的用例,之所以出现这样的情况,很大程度上是因为"资深"一词中的"深"与这些词中包含的较低级量有抵触甚至是矛盾。

2. "资深"与绝对程度副词的共现情况

第一,在表中所列的四个超量级绝对程度副词中,除"太₁"有个别用例外,"过、过于、过分"都未见到和"资深"共现的用例。我们将"太₁"仅有的一例列在下面:

(32) 驴敢情是太资深,骂小编成习惯,还想继续教训,猫立刻用耍赖法,就地打滚说:"喵喵,别生气啦,改天送你两本《比利蝙蝠》。"喵哈哈,提起＊＊＊的新漫画《比利蝙蝠》,驴子果然闭嘴了。(台湾,2011-09-10)

"太"之所以能用在这里,其实是因为台湾的"太"和大陆有所不同。在大陆普通话中,"太"和"过、过于、过分"等常用于表示过量或感叹;而在台湾,该词常用于表示高量,义同"很""极"(刁晏斌,2001)。

第二,在极量级绝对程度副词中,未见"极端、极其、透顶"等词与"资深"共现的情况,"极资深"的用例也非常少,在数据库中,仅有以下一例:

(33) 不少中广极资深的员工听到＊＊＊过世消息后,都怀念起＊＊＊对中广的贡献。(台湾,2003-01-21)

第三,在高量级绝对程度副词中,表中所列举的"很、非常、十分、相

当"均有共现用例,以下各举一例:

(34) 谢是很资深主播,当下发现口误后立即更正,但事后心情很懊恼。(台湾,2013-08-25)

(35) 八大新闻部副总经理＊＊＊,是非常资深的电视新闻主播。(台湾,2003-08-21)

(36) 台湾由于气候环境适中,昆虫种类数量特别丰富,所以从很久以前,就吸引了不少外国昆虫专家及虫迷,专门来台湾采集昆虫,也因此培养出一批十分资深的捕虫人。(台湾,1993-11-11)

(37) 他在烘焙业做了卅几年,相当资深,也用他的老经验,替益得开发不少受欢迎的新产品。(台湾,2010-01-25)

在语料中,这几个词与"资深"共现次数最多的是"相当",有45个用例;其次是"很",有13例;"十分"和"非常"要少得多,分别为6例和3例。

除了表4-2中所列的四个词之外,还有一些其他高量级绝对程度副词,如"颇、颇为、超、超级"等,这些词也可以和"资深"搭配使用。例如:

(38) 受邀来访大陆记者颇资深(台湾,1992-03-27)

(39) ＊＊＊名字看来年纪很小,其实她在演艺圈却颇为资深。(台湾,2003-03-26)

(40) "从任妈被叫到任嬷",云林县虎尾高中超资深的职员＊＊＊,昨天65岁届龄退休,她从童工做到退休,工作超过半世纪,创下该校任职最长纪录。(台湾,2014-01-28)

(41) 根据倚天资讯研究,用户因透过不断分析、评估投资内容,随时动脑,均有助于延年益寿,尤其一位高达90岁的"超级资深"VIP＊＊＊现身说法,更让这项说法,言之成理。(台湾,2011-10-07)

"颇"和"颇为"的用例很少,都只有个位数。"超"和"超级"稍多一些,在语料库中"超资深"有18个用例,"超级资深"有9个用例。

需要说明的是,在台湾"超"和"超级"都有副词义项,根据中文词汇网路Chinese Worldnet (http://cwn.ling.sinica.edu.tw/)的表述,二者在台湾都有高量程度副词义项,"表超过平常的程度",相当于"很/非常/十分"等,它们"几乎可以用在一切形容词前",以表达程度"很高"(王玥雯,

2007),"资深"自然也不例外。但是,这两个词在大陆的情况却有所不同。在《现汉》第 6 版(第 151~152 页)中,无论是"超"还是"超级",都没有副词义项,由此也就能理解这两个词未出现在上表中的部分缘由了。不过,在考察中我们还发现了一个有趣的现象,《现汉》第 7 版(第 152 页)在"超"词条里新增了一个副词义项,"〈口〉 副 表示程度极高:～强｜～爽｜这部电影～好看"。这说明在两岸的交流互动中,大陆已经吸收了台湾的用法,因为使用普遍,这一用法已经在高规范度的权威词典中获得了一席之地。

为了使读者有一个更为直观的认识,我们以台湾一家报纸为数据源,统计了表 4-2 中各类程度副词和"资深"的搭配使用情况。由于该网站只提供 2003 年 5 月 2 日以来的语料供用户检索,因此调查的时间范围为该起点至 2015 年 9 月 8 日,具体数据如下:

表 4-3　"资深"与程度副词的搭配情况

相对程度副词									绝对程度副词							
最高级		较高级		比较级		较低级		超量级		极量级		高量级		低量级	
最	297	更	9	较	53	稍	1	太₁	3	极	3	很	24	些	0
最为	1	更加	0	比较	11	稍微	1	过	0	极端	0	非常	15	有点儿	0
无比	0	格外	0	较为	1	略微	0	过于	1	极其	0	十分	1	有些	1
绝顶	0	愈益	0	较比	0	稍许	0	过分	0	透顶	0	相当	34	一点儿	0

由表中的数据以及前文的讨论可以发现,"资深"在与程度副词搭配时对量级有所选择,常与高量级程度副词搭配,一般不与低量级程度副词搭配。这里的"高量级"和"低量级"是相对宽泛的概念,就表 4-3 来说,相对程度副词里的最高级、较高级以及绝对程度副词里的超量级、极量级、高量级等都可以看作高量级程度副词;而较低级相对程度副词以及低量级绝对程度副词则可以视为低量级程度副词。在语料中,无论是较低级相对程度副词还是低量级绝对程度副词,与"资深"共现的用例都非常少,有的甚至没有用例,其中的原因主要是低量级副词和"资深"本身包含的"深"义存在语义上的矛盾,因而一般情况下基本不用。

在高量级程度副词之间进行选择时,有时也存在一定的区别,基本的情况是相对程度副词的使用明显多于绝对程度副词。在谈到二者的区别时,张斌（2010）说，如果有"明确的比较对象和范围"，则"不能用绝对程度副词"，如果"没有明确的比较对象和范围"，"既可以使用绝对程度副词，也可以使用相对程度副词"。换个角度来理解，就是相对程度副词对句法环境没有要求和限制，而绝对程度副词有句法环境不包含明确比较对象和范围的限制。因此，相对程度副词的适用环境要比绝对程度副词宽松得多。在与"资深"共现的多个程度副词中，使用最为频繁的是相对程度副词"最"，这也从一个侧面为上述观点提供了证据。

　　至于"资深"与高量绝对程度副词组合的用例比较常见，主要是因为"资深"的最核心语素"深"本身是"无界"的，这也就是为什么我们在一般的表述中不能仅说"河水深"，而一定要说"河水很/相当/挺深"等。虽然与"资"组合后"深"的一般语义指向是高量的（即"很长"），但毕竟不是特别明确，还有一定幅度的程度游移性，因此某些时候存在与绝对程度副词组合的可能性和必要性，但是同时有选择性，主要与高量级词语搭配，一般不与低量级词语搭配使用。

　　此外，《两岸现代汉语常用词典》（第1480页）还收录了"资深"的另一个义项，用来"婉称年龄大的"人，其实这是在原义基础上的"变用"与"泛用"。例如：

　　（42）歌坛大姊＊＊＊、＊＊＊同是赴日发展的女星，要论起辈分谁比较资深呢？答案是看来年长的＊＊＊还得尊称＊＊＊一声"大姊"！（台湾，2001-12-10）

　　（43）＊＊＊16日发新专辑，相差15岁的忠实歌迷＊＊＊来踢馆，高唱《分享》和他的新歌《浅蓝深蓝》。不料＊＊＊因"太资深"而败北，说要唱＊＊＊的《SUPER STAR》迎战，却哼成＊＊＊的《燕尾蝶》，但仍嘴硬，坚称"＊＊＊的专辑每次都买三张"，并说＊＊＊可爱、可恶又可贵。（台湾，2009-12-17）

　　前一例中的"比较资深"并不是区分二人入行时间的长短，而是委婉地比较年龄，后面的答案就道出了实情。2003年8月4日，台湾一份报纸刊文说，"妇女新知基金会"表示，中老年女性应该被称为"资深女郎"。后一例中的"太资深"其实是说＊＊＊年纪"太大"——比＊＊＊大15岁。

三、"资深"在大陆的使用情况（1949年以后）

与台湾继承早期现代汉语这一总体特征与表现相对，大陆在一定甚至很大程度上却"改弦更张"，与早期现代汉语渐行渐远，距离越来越大（刁晏斌，2013），这一点在"资深"一词的使用上就有比较明显的表现。因此，该词可以说是两岸词汇差异及其与早期现代汉语关系的一个缩影，同时是当下普通话因吸收台湾用法而使之趋于融合的一个典型，而这也正是我们选择它作为重点考察对象的重要原因。

（一）"资深"的潜隐

中华人民共和国成立以后很长的一段时间内，"资深"基本进入潜隐状态，人们在现实的交际中很少使用，甚至于根本不再使用该词。王铁昆（1999）认为，词语"曾在某个时期或特定的语言环境中使用过"，之后又由于某种原因逐渐潜隐起来不怎么使用的现象是普遍存在的，可以称之为"隐退"。

我们对《人民日报》进行检索，从1946年5月报纸创刊到1979年底，共有7条记录，但这仅有的几条记录都是不合格用例，有的用于人名（如"苏资深""李资深"），有的是分词错误（如"以资深造""出口物资深加爱惜"等）。也就是说，"资深"在这一时期的《人民日报》中没有一个用例。虽然我们不能仅凭《人民日报》中的情况就武断地得出"资深"已不再使用的结论，但是这一数据至少说明该词在这一时期即使有人使用，其使用量也会非常低。

为了进一步验证这一点，我们根据定点取样的方法，按照十年一个间隔，抽取了《光明日报》1949年6月、1959年6月、1969年6月以及1979年6月的全部语料，共4016篇，约308万字，"资深"的检索结果仍然为零。

不仅一两家报纸如此，覆盖范围更广一些的报刊数据库也同样如此。以全国报刊索引数据库为例，在1950—1979年综合篇名库中，仅有的三条结果如"鲍资深"等全都是不合格用例。由此，我们可以初步得出一个结论："资深"在中华人民共和国成立以后到改革开放以前，基本处于潜隐状态。

这一状况的形成可能与以下两方面的因素有关：一是这一时期大陆的政治环境、社会心理和价值观念与之前相比有很大的变化，"论资排辈"成为一种落后的、不合时宜的观念和行为，因此往往在批评甚至批判之列；整个社会都以是否"革命"或是否"积极"等作为差别优劣的评判标准，这样就无疑在很大程度上排斥了"资深"的使用。正如王铁昆（1999）所言，这种"观念上、心理上的改变是潜在而深刻的"，也是词语潜藏和退隐的一个重要原因。另外，此词使用频率本来一直就不高，表达需求量比较有限，这样实际上也限制了它的"活跃度"。

不过，随着社会环境以及社会生活等的改变，以及其他言语社区的影响，即使退隐的词语也存在复显的可能，而"资深"正是一个"逆袭"成功的典型，用当下的时髦表述方式，这堪称一个"现象级"的现象。

（二）"资深"的复显

所谓"复显"，指的是词语在使用一段时间后逐渐退隐，在此后的另一时期又重新显现、重新投入现实的使用。也有人称之为复苏、返祖或词语回潮（周荐，2014）。刁晏斌（2006）指出，现代汉语第一阶段（1919—1949）的很多词语，在进入第二阶段（1949—1966）后开始退隐，到第四阶段（1978年至今）又开始复显。事实上，"资深"的发展过程正是如此，在经历了一段时间的潜隐后，大约在20世纪80年代初，该词就开始复显了。

在复显之初，"资深"常用于与台湾相关的一些新闻中，显示了二者之间的密切关联性。例如：

（44）他说自己是资深教官，在桃园机场干了八年，对桃园机场的地形十分了解，即使无线电发生故障，也能飞回桃园机场。（大陆，1981-08-21）

（45）其中除＊＊＊、＊＊＊两人为"资深委员"外，其余均为去年当选的增额立委。（大陆，1981-09-18）

这两例中的"资深"显然都是借用了台湾的用法。随着该词使用量逐渐增多，研究者才开始关注，比较普遍的做法是将其列为港台词语进入大陆普通话的典型代表。比如，李明（1992）在论述港台词语在大陆的使用情况时说，"现在港台来源的词语已有相当数量经常出现在大陆的报纸上"，其中不少词语人们已经"习以为常"了，文章列举了数个例词，其中一个就是"资深"。邵鸿（2001）和金鸿佑（2003）也持相同的观点。也就是说，由于"资深"在此前较长时间里存在使用上的空缺，这使得人们无一例外地把它当成新词并认为其来源是港台地区。

反映两岸词语差异的工具书也几乎都将"资深"收录在内，比如邱质朴主编的《大陆和台湾词语差别词典》就在"台湾词语"部分收录该词，具体内容如下：

【资深】资历深的。［例］～演员；～教师；～代表；～业者。

同时期的另一本词典，即朱广祁编著的《当代港台用语辞典》也有类似的做法：

资深：①［港、台］资历深的：就戏龄而言，我也算得上～，但演技麻麻，令人羞报。②［港、台］婉称年龄大的：～些的女士可能对自己的样貌信心稍差，这样心态不见得正确。

与前一本词典稍有不同的是，该词典在释义和举例之后还加了一句说明："◇大陆近年有此说法，用于资历"。

在前文中，我们已经提到，"资深"一词在两岸隔离前就已经出现，在两岸恢复交流后又开始复显。在已有的论文和辞书中，人们基本上都把"资深"看作台湾现代汉语词库中的一员，这样的认识其实并不全面，比较合适的概括应当是"借由对港台的吸收而达到该词的复显"；或者说，"资深"在普通话中的复显，是由于被台湾等地现代汉语激活了它。无论如何，遗漏此词两岸隔离前的使用状况至少是一种研究上的缺失，因为它使本来应该完整呈现的发展线索中断了。

我们看到，自20世纪80年代以来，"资深"的使用确实呈现出不断增长的态势。我们以《人民日报》为语料来源，统计了该词的使用量的变化情况，具体数据如下：

表4-4 "资深"在《人民日报》中的使用量（1980—2014）

年份	1980年	1981年	1982年	1983年	1984年	1985年	1986年	1987年	1988年
使用次数	1	3	0	3	0	7	7	6	16
年份	1989年	1990年	1991年	1992年	1993年	1994年	1995年	1996年	1997年
使用次数	14	22	11	31	55	74	56	63	79
年份	1998年	1999年	2000年	2001年	2002年	2003年	2004年	2005年	2006年
使用次数	88	147	103	91	88	115	137	131	130
年份	2007年	2008年	2009年	2010年	2011年	2012年	2013年	2014年	
使用次数	140	126	146	198	231	209	274	275	

为了更直观地呈现"资深"在 1980 年至 2014 年这三十余年间的使用量及其变化情况，我们以表中的数据为基础，以柱形图的方式来表现整体的状况，详见下图：

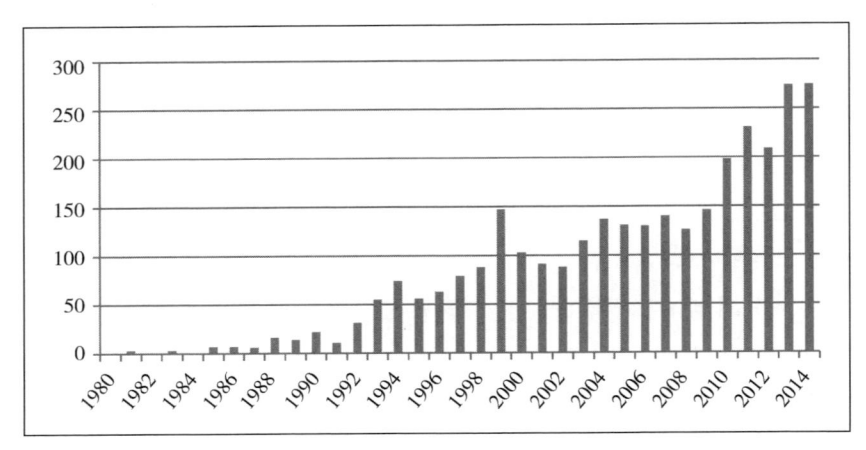

图 4-2 "资深"在《人民日报》中的使用次数变化（1980—2014）

由上表和上图可以看到，自 20 世纪 80 年代末开始，"资深"的使用量就开始呈现出较为稳定的增加态势：从 1980 年到 1989 年，年使用量最少的为 0 次，最多的也只有 16 次；从 1990 年到 1999 年，年使用量最少的为 11 次，最多的达到 147 次；从 2000 年到 2009 年，年使用量最少的为 88 次，最多的达到 146 次。在这十年间，有八年的年使用量都在 100 次以上。自 2010 年以来，年使用量最少的 2010 年也有 198 次，最多的 2014 年达到 275 次。

"资深"在 1996 年就被收入《现汉》修订 3 版（第 1662 页）中，释义为"资历深或资格老：～望重"，此后该词典的各个版本都收此词。2010 年出版的《全球华语词典》（第 1060 页）将其作为华语区通用词语收录，在"使用地区"一栏标注为"各地"。也就是说，编者认为"资深"在各个华语区通用，不属于某一个或某几个言语社区的特有词。

在复显阶段，"资深"的陈述或修饰对象以人为主，常见的有各行各业的专家、记者、演员、教师等，也有少量［一人］［一职业］的用例。根据前文划分的台湾现代汉语中的四种语义特征，我们考察了《人民日报》1983 年、1993 年、2003 年以及 2013 年的全部用例，以下是各类别用例的具体数量：

表 4-5　"资深"各类语义特征在《人民日报》中的用例数量

年份＼类别	1983 年	1993 年	2003 年	2013 年
［＋人］［＋职业］［＋年限长］［＋表彰］	0	0	0	0
［＋人］［＋职业］［＋年限长］［±表彰］	3	53	107	263
［＋人］［±职业］［＋年限长］［±表彰］	0	0	5	18
［±人］［±职业］［＋年限长］［±表彰］	0	2	3	3

由表中数据，可以看出：

第一，"资深"在表示［＋人］［＋职业］［＋年限长］［＋表彰］义时，《人民日报》这几个年份都没有相应的用例。

第二，当［＋表彰］义弱化甚至脱落后，形成［＋人］［＋职业］［＋年限长］［±表彰］的语义特征序列，这一类别对应的用例无论是数量还是所占比例都最多。这说明，"资深"目前在普通话中主要用于述人，强调其工作时间很长，该词在使用时并不一定用于表彰。

第三，当"资深"表示［＋人］［±职业］［＋年限长］［±表彰］和［±人］［±职业］［＋年限长］［±表彰］义时，对应的用例比较少，二者当中前者相对多一些，这一类别用例近年来呈现逐渐增加的趋势。

为了更好地了解后两类在大陆的使用情况，我们从上表统计的语料中列举两例来说明：

（46）冯昊，资深自驾游爱好者，先后自驾到过西藏、杭州、山西、东北。（大陆，2013-04-30）

（47）问题还在于，欧盟的资深成员中，像英国这样重要的国家实际上并不赞成欧盟共同外交与安全政策，至少在目前认为它既不必要，也不可能。（大陆，2003-06-17）

在前一例中，"资深"的搭配对象"自驾游爱好者"属于第三类［＋人］［±职业］［＋年限长］［±用来表彰］用例，后一例中的"（欧盟）成员（国）"则属于第四类［±人］［±职业］［＋年限长］［±用来表彰］用例。

于根元（2003a）认为，语言的发展变化，"不仅显的部分有变化，潜的部分也有变化"，潜词显化常常需要一定的条件，一旦条件具备，这些潜词就会出来占位，而经过一段时间的"休养生息"，不少人已经对潜词产生陌生感，复显时很容易产生"新颖色彩"（国家语委新词新语规范基本原则课题组、于根元、王铁琨、孙述学，2003）。

如果和前文所述"资深"在台湾报纸的使用情况稍作对比的话，可以发现，各类别的比例在两岸是基本相当的，两个言语社区都以第二类为主，第三类有一定发展，第四类次之，第一类处于萎缩状态。这种相似性较高的分布说明"资深"在当下普通话中的使用的确是受了台湾用法的影响。也就是说，普通话是通过台湾现代汉语而接续上已经"断掉"的线索，这一点可能与我们常规认识里的旧词语复显并不完全相同。

在前文中，我们提到"资深"在台湾使用时常与程度副词搭配出现。在相对程度副词里，表示最高级的"最"使用较多，较高级、比较级和较低级用例相对较少；在绝对程度副词里，表示高量级的"很、非常、十分、相当"使用较多，超量级、极量级和低量级使用较少。"资深"在大陆复显以来，也出现了一些和程度副词搭配使用的例子，这里我们以中华人民共和国成立以来《人民日报》中的语料为基础，按照前文类似的方法，以张斌（2010）"程度副词的量幅分类"为依据对各类别依次进行考察，统计数据如下：

表 4-6　"资深"与程度副词的搭配情况（《人民日报》）

相对程度副词									绝对程度副词						
最高级		较高级		比较级		较低级		超量级		极量级		高量级		低量级	
最	9	更	2	较	0	稍	0	太	0	极	0	很	1	些	0
最为	0	更加	0	比较	0	稍微	0	过	0	极端	0	非常	2	有点儿	0
无比	0	格外	0	较为	0	略微	0	过于	0	极其	0	十分	0	有些	0
绝顶	0	愈益	0	较比	0	稍许	0	过分	0	透顶	0	相当	1	一点儿	0

先看和相对程度副词的搭配情况。在数据库中，最高级和较高级两类有相应用例，比较级和较低级两类没有检索到结果。在最高级类别中，表中所列的词为"最、最为、无比、绝顶"，只有"最资深"有 9 条结果，其余三个词没有相应的结果；在较高级类别的四个词中，"更资深"有 2 条结果，其余三个词没有结果。以下"最资深"和"更资深"各举一例：

(48) 萨马兰奇还把一座和平鸽雕刻赠送给参加奥林匹克运动已50年、目前最资深的国际奥委会委员卢森堡大公。(大陆，1996-07-16)

(49) 她称自己此举是希望得到更资深的律师的帮助。(大陆，2006-07-26)

例 (48) 的出现时间是 1996 年，这是上述 11 条记录中时间最早的一个，其余用例基本都出现在 21 世纪以来，这段时间正是两岸关系和平发展、两岸交流日益密切的重要时期，相对宽松的政治环境为词语融合提供了必要的条件。如果和台湾现代汉语的情况进行对比，可以发现，两岸在和相对程度副词搭配方面具有较强的一致性：一方面，都以最高级类为多，其余各类用例有限，甚至没有用例；另一方面，在最高级类别中，又以"最"的使用为最多。

再看与绝对程度副词的搭配情况。由表中数据可以看出，在超量级、极量级、高量级以及低量级四个类别中，只有高量级和"资深"有相应用例，其余几类均无。在高量级绝对程度副词中，除"十分"外，"很、非常、相当"等都有检索结果，以下各举一例：

(50) 然后，齐刷刷，每个人都掏出兜里的蓝色公交"一卡通"卡，一刷，"滴嗯——"，就进去了，显得自己的北京土著程度很资深。(大陆，2011-01-26)

(51) 海逸达博士是以色列现任驻华大使，也是以色列非常资深和知名的学者。(大陆，2006-07-10)

(52) 当年方闻先生和美国大都会博物馆所邀请的专家都是相当资深和职业的，不是艺术史学者、博物馆研究者，就是古书画鉴定家。(大陆，2014-03-23)

如果和台湾的情况进行对比，可以发现，绝对程度副词与"资深"在两岸的搭配存在较强的一致性。就类别来说，两岸都以高量级为多，其余几类搭配较少。在高量级类别内部，多数词语都有和"资深"搭配的用例出现。

虽然表 4-6 中的数据多少可以说明一些问题，但是这里使用的语料只是《人民日报》一种，品种比较单一，且搜索的结果也只能算差强人意。我们之所以选择《人民日报》，主要是考虑到历时问题，我们需要考察中华人民共和国成立以来各类用例的出现时间，而这方面能获取的语料实在有限。为了弥补这种缺憾，我们在 cnki 报纸库中进一步检索，这个报纸库收录的都是 2000 年以来的数据，2015 年 8 月 29 日的检索结果如下：

表 4-7 "资深"与程度副词的搭配情况（cnki 报纸库）

相对程度副词								绝对程度副词							
最高级		较高级		比较级		较低级		超量级		极量级		高量级		低量级	
最	526	更	58	较	20	稍	1	太₁	0	极	0	很	61	些	0
最为	49	更加	7	比较	102	稍微	6	过	0	极端	0	非常	140	有点儿	0
无比	0	格外	0	较为	42	略微	0	过于	0	极其	0	十分	4	有些	0
绝顶	0	愈益	0	较比	0	稍许	0	过分	0	透顶	0	相当	23	一点儿	0

cnki 报纸库收录了国内公开发行的 500 余份报纸，其容量远大于《人民日报》。从表中的数据来看，无论是搭配的类别、涉及的词语还是使用的数量都更多一些。作为补充检索，这个表格也反映出了一些新信息：其一，在相对程度副词中，除了最高级外，较高级、比较级以及较低级也都出现了用例，有些数量还不少；而在最高级类别中，除了"最"外，"最为"也有不少用例。其二，在绝对程度副词中，仍以高量级为主，表中的四个词全部都有用例。在表格之外，台湾常用的"颇、颇为、超、超级"也有与"资深"搭配的用例，具体数据分别是 1 例、10 例、3 例、3 例。这几个词并不是普通话中的传统程度副词，如今也和"资深"搭配，很大程度上也是受了台湾现代汉语的影响，这一点也可以作为两岸词语融合的一个例证。

如果比较"资深"在两岸与程度副词的搭配情况，可以发现以下两个特点：

第一，从总体上看，两岸对程度副词的选择和使用存在一致性（即台湾用例多的，大陆用例也相对较多），这进一步说明该词与程度副词组合的规律性，即趋向于和高量的组合。

第二，就使用数量而言，"资深"在普通话中与高量程度副词组合的用例数远少于台湾。一般来说，表示性质状态的形容词在使用中都存在词义磨损问题（李胜梅，2006），使用时间越长、频率越高，其磨损的可能性及程度也就越高，正因为如此，"资深"在台湾与高量程度副词组合的用例相对较多，而该词在大陆复显时间不长，使用还不充分，因此磨损程度还不算太高，与高量程度副词的组合用例也不如台湾多。

此外，台湾表达夸饰的成分往往较多，程度也比较高，这在很多层面和很多方面都有表现，语气词用得多就是一点，而有更多的高量程度副词与含程度义的词语组合，同样也是其表现之一。

由此可以看出，"资深"在两岸尚处于不同的发展阶段。可以预测的是，随着时间的推移以及该词在普通话中的持续使用，它还会进一步向前发展，从而与台湾达成更高的一致性，换言之，即更高的融合度。

四、小结

关于"资深"的研究已有一些，但是现有的探讨和说明远未达到"终极"的程度，我们想要做的是试图还原和显现"资深"一词的发展历史，并且通过其发展过程来揭示该词的来源、在台湾和大陆各自的发展变化以及相互融合的过程和程度等，由此来弥补以往研究的不足，进而形成一个相对全面、完整的认识。在此过程中，以下几个方面值得特别关注，并且应该成为工作的重点：

第一，梳理词语的来龙去脉。关于这一点，首先要做的工作就是溯源，也就是说，从"史"的角度出发，尽可能找到词语最初的形式。对于"资深"来说，台湾现代汉语显然不是其发展源头，该词至少可以往前上溯到宋代。我们在大陆吸收台湾词语示例部分以"资深"为例词，并不意味着完全赞同该词属于台湾现代汉语词的观点，至少从溯源的角度来说，这种定性是很不全面的，而该词也并不是特殊个例，这就提示我们在面对其他词语时同样也应多加思考、努力溯源。其次是关注词语的发展过程，即观察词语的历时发展变化。对于单个的词来说，可能存在义项的增减、常用义项与非常用义项的更迭以及某一义项内词语搭配对象的变化等，而如果着眼于词语在两个言语社区的相互吸收与融合，除了关注结果，更需要关注具体的过程。在历时发展过程中，"资深"的搭配对象无论在大陆还是在台湾都有所变化，且都呈现出扩大的趋势。就义项来说，大陆普通话在复显阶段仅使用了一个义项，台湾现代汉语中的另一义项"婉称年龄大的"尚未被普通话吸收。

第二，注重词语发展中的量变。事物的发展变化分量变和质变两种。一般来说，质变比较集中显著，容易引起人们的关注，而量变比较分散隐蔽，容易被人们忽略。词语的发展演变通常需要一个较长的历时过程，在短时期内不易发生大的改变。就"资深"来说，该词在台湾的四种语义特征对应的用例数量及所占比例在过去几十年间发生了一定的变化，尤其是第一类，在早期占有明显的主导地位，但如今已经偏于一隅了，这样的变化只有通过量变分析才能体现得更为明显。

第三，重视潜语言现象研究。在以往的研究中，人们一直将"显性语言"作为唯一的对象，随着语言潜显理论的提出，潜语言现象也被纳入语言学的研究视野和范围。语言学研究不仅要研究"显现的、表层的"语言现象，还要研究"潜在的、深层的"语言现象，同时也包括语言"由显到潜、由潜到显"的过程（于根元，2003b）。就"资深"来说，我们需要从历时的角度观察该词由潜到显、由显到潜以及之后复显的变化过程，在可能的情况下解释潜显变化的原因。从目前的材料来看，我们可以明确的是，该词在20世纪80年代的复显很大程度上是受了台湾的影响；在复显阶段，该词的内涵有所缩小，其搭配对象明显多于初显阶段。需要说明的是，"资深"的复显和于根元所说的还有一些不同，该词借助从台湾引进这一契机，或者说是借由引进而达到复显，从某种程度上来说，这其实是对现有学说的一种补充，即丰富了复显的内涵和类型。

第四，强化现代汉语史的研究意识。刁晏斌在20世纪90年代初提出了"现代汉语历史发展研究"的构想，并于2000年正式提出建立"现代汉语史"这一新的分支学科，该理论对两岸词汇对比研究具有较强的指导意义。在已有的对比研究中，部分文章或论著会涉及现代汉语史的内容，但这些研究常常囿于事实，缺少系统的理论指导，从这一意义上来说，现代汉语史的研究意识就显得更为重要。如果将现代汉语史和传统汉语史（即截止于明末清初的汉语史）联系起来一并思考，往往会得到更为深入、全面的认识。所谓"汉语史"或"现代汉语史"，从某种角度和某个层面来说，由一个个具体的词的历史构成，每一个词都有其或长或短的历史发展过程。我们进行的每一个这样的研究，都在为一个完整的汉语史做最基础、最基本的工作。除此之外，我们还应把两岸语言关系及其变化纳入史的范围，由此给这一研究建立新的视角，注入新的要素和活力。

大陆吸收台湾词语的例子在很多文章中都有提及，但是几乎没有人从单个具体的词入手作微观细致的梳理和分析，我们以"资深"为例就是一次有益的尝试。尽管这里讨论的只是一个词，但是如果将视野放宽，这样的研究同样适用于与"资深"类似的其他词语，从而起到举一反三的作用。

第四节　台湾吸收大陆词语研究示例（一）——"抓紧"

在两岸恢复沟通交流之初，两岸词汇的融合主要通过大陆语言的变化而实现（刁晏斌，2000）。近年来，这种单向融合的局面已经发生改变，大陆词语正逐渐被台湾现代汉语吸收利用（苏金智，2014），两岸词语呈现出基本均衡的双向互动（刁晏斌，2015a）。"抓紧"就是一个比较典型的例子，该词在两岸隔离前就已经存在，当时使用量不高，用法也比较简单。两岸隔离后，台湾在较长一段时间里一直保持这一状态，但大陆的使用量大幅增加，用法也开始多样化。随着两岸沟通与往来的日益频繁，"抓紧"也开始呈现出融合状态，比较明显的表现是该词在台湾的使用量有所增加，其用法也有所变化。

一、"抓紧"在两岸隔离前的使用情况

在两岸隔离前，"抓紧"就已经出现，但从各个语料库检索的情况来看，该词的使用量比较有限，反映到检索结果上就是用例比较少。

我们见到的最早用例出自明代顾煜《射书》卷一："揪弦合手而不脱也，大指抓紧带弦箭去多摇也。"除了此例之外，其余用例均来自清代及以后。

在北大CCL语料库中，古代汉语子库里有8个用例，其出处多为清代和民国时期；现代汉语子库里有10419个用例，其中现代部分16例，当代部分10403例。按照一般的划分，现代部分对应的时间段为1919年五四运动至1949年中华人民共和国成立，当代部分则为中华人民共和国成立以来。结合两岸的关系来看，在两岸隔离前，该词在CCL语料库中一共有24个用例，剩下的1万余条记录都属于中华人民共和国成立后。由此可以看出，"抓紧"在早期的使用量是比较有限的，基本可以看作一个低频词。

为了进一步验证这一结论，我们又在全国报刊索引数据库中进行检索，

该数据库包含三个子库：晚清期刊篇名数据库（1833—1911）、民国时期期刊篇名数据库（1911—1949）以及现刊索引数据库（1950 以后），这里的篇名数据库并不是说收录的数据只有篇名、没有正文，而是使用者因权限原因只能查看篇名及部分文段，想要浏览全文须提交请求单独索取。这三个数据库的规模都比较大，容量也比较可观，其中晚清期刊篇名数据库收录文章 460360 篇，容量为 500M；民国时期期刊篇名数据库收录文献 780210 篇，容量达到 1G；现刊索引数据库分哲社目次库和科技目次库两个，收录文章分别为 1196668 篇和 1289170 篇，容量各有 1G。在这个规模比较庞大的语料库中，以"抓紧"为关键词，共获得 6429 个结果，其中晚清数据库中结果为 0，民国时期数据库中结果有 17 个，剩下 6412 个均来自现刊数据库。这组数据同样说明，"抓紧"在中华人民共和国成立前的使用比较有限，在中华人民共和国成立后有一个较大规模的增长。

考虑到上述两个数据库在两岸隔离前的语料以文学作品为多，我们进一步扩大范围，考察了中华人民共和国成立前的一些其他资料，包括当时的报刊、国共两党的相关文件资料以及领导人的各类言论等。郭熙（1992）曾提到，国共两党在文告语言的使用上存在明显差别，国统区偏重"文"一些的书面语，而共产党人更乐意用地道的白话，这一点在"抓紧"上也有比较明显的体现。

在《中共中央文件选集》以及周恩来、邓小平、陈云等领导人的选集中均有"抓紧"一词。例如：

（1）党应当加紧准备五一示威，从现在就要抓紧这一工作。［《中共中央文件选集》（六），1930-04-10］

（2）为什么这个支部的工作做得好？基本原因，就是这个支部密切联系着群众，抓紧解决群众的切身问题，在十次会议中有六次讨论群众的切身问题。［《陈云文选》（第一卷），1939-11-03］

在我们收集到的 48 万余字的此类资料中，"抓紧"共出现了 17 次。与之相反的是，在《大公报》《东方杂志》以及国民政府讲话言论等约 64 万字的国统区语料中，却未发现一个用例。关于这一点，郭熙先生在上文中已有一些论述，他注意到毛泽东在一篇谈工作方法的文章中曾经一段话连用 14 个"抓"，"抓紧"和"抓而不紧"也分别出现两次，但是国统区没有这一现象。

郭文认为这种区别主要是受领袖人物的语言影响,毛泽东在党内有着特殊的领导地位,其个人的语言使用对解放区语言产生着较大的影响。

在人民网提供的中国共产党重要文献信息库中,从1927年到中华人民共和国成立前"抓紧"共出现112次,其中大多数为"抓紧+N/NP"形式,比较常见的N/NP是"任务、时机、中心工作"等,"抓紧+V/VP"类用例相对较少。

由此可见,在两岸隔离前,"抓紧"已经存在地域上的分化,解放区使用较多,国统区很少使用,有时甚至不用,这就为该词此后在两岸的不同发展埋下了伏笔,或者说是打下了不同的基础。

二、"抓紧"在大陆的使用情况(1949年以后)

两岸隔离后,大陆延续了解放区对此词的使用,在中华人民共和国成立以来的几十年里,"抓紧"的使用主要有两个特点:一是使用量呈现稳中有增的态势;二是"抓紧+V/VP"成为最常用的形式,其中的VP以动宾结构为多。

(一)"抓紧"的使用量

如前所述,"抓紧"在两岸隔离前虽有一些用例,但是总量并不算多;在两岸隔离后,该词在大陆有了进一步发展,使用量逐渐增多。以《人民日报》为例,该报在1950年共使用"抓紧"413次,而2014年达到733次,后者是前者的1.77倍多。

为了比较清楚地观察"抓紧"在中华人民共和国成立以来的使用量变化情况,我们在大陆和台湾各选取一份报纸,考虑到创刊时间略有不同,为便于比较,我们将首个考察点设定在1952年,每十年设置一个考察点,之后的各个考察点依次为1962年、1972年、1982年、1992年、2002年以及2012年,具体数据如下:

表4-8 "抓紧"在大陆的使用次数

年份	1952年	1962年	1972年	1982年	1992年	2002年	2012年
数量	310	398	319	541	440	621	707

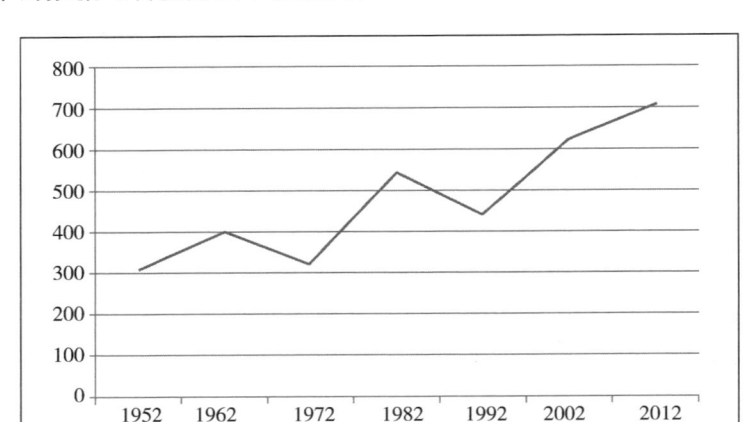

表中的数据可转换为以下折线图：

图 4-3 "抓紧"在大陆的使用次数变化

由上表和上图，可以看出以下两点：

第一，"抓紧"的年使用次数相对稳定，没有发生剧烈的起伏变化。在这七个考察点中，所有年份的年使用次数都在 300 次以上。

第二，"抓紧"的年使用次数呈逐渐增加的趋势。在第一个考察点（1952年）上，使用次数是 310 次，三十年之后的 1982 年变为 541 次，后者是前者是 1.75 倍左右；再到六十年之后的 2012 年，使用次数增加至 707 次，这是 1982 年数据的 1.31 倍左右，是 1952 年数据的 2.28 倍左右。

（二）"抓紧"的用法

"抓紧"在使用时既可以单独做谓语，也可以和其他词语搭配使用。从历时的角度来看，后者包含较为丰富的史的内涵。前文提到，两岸隔离前，"抓紧＋N/NP"和"抓紧＋V/VP"两种类型均已存在，前者的用例数更多。随着时间的推移，这种情况已发生明显改变，"抓紧＋V/VP"成为目前最为常见的形式，其中的 VP 以动宾结构为多。

1. 抓紧＋N/NP

这一类型中，"抓紧"后紧跟的是一个名词性成分，可以是单个名词，也可以是一个名词性词组，而就表义的虚实来说，"N/NP"也可以分为两类：一类意义比较实在，另一类则比较虚。以下我们主要从词义虚实的角度进行描述。

当"N/NP"的意义比较实在时，"抓紧"常常包含［＋手］的语义特征，也就是"用手去紧紧地抓住某样东西",而这个东西是实实在在看得见、摸得着的。例如：

(3) 车随山路起伏晃动得厉害,记者忍不住抓紧扶手。(大陆,2006-10-15)

(4) 一阵大风刮来,身单力薄的＊＊＊不得不抓紧手中的无线电通话器。(大陆,2008-02-05)

在这两例中,"抓紧"的对象分别是"扶手"和"无线电通话器",这二者都是非常具体的事物,可以用手感知。这样的用法早在20世纪20年代就有了,以下是我们在近代报刊中看到的用例：

(5) 当下辣弗里司,就用右手抓紧这剪刀,把剪刀的前部,伸到铁丝网里。(《申报》,1921-11-30)

不过,这类用例的数量并不多。我们在《中国青年报》中按照默认顺序（时间逆序）从2014年10月10日起选取了100个用例（剔除单独做谓语的用例）,没有一例属于这一类。为了进一步证实这一点,我们又在《人民日报》中任选了两个月（2014年8月和9月）进行检索,在123个用例中也没有一例属于此类。这两项调查的结果都是0,部分原因在于统计的样本数还比较小,但是这也可以从一个侧面说明"抓紧"在和意义比较实在的词语搭配时,即便可以用,其使用频率也不高。

当"N/NP"的词义比较虚时,"抓紧"常常包含[－手]的语义特征。也就是说,这些名词性成分所表达的事物或概念常常无法用手直接触摸或感知,换言之,这是一些看不见、摸不着的抽象事物或概念。例如：

(6) 锻炼气质与自信的同时,她们也不忘抓紧业务知识培训。(大陆,2014-03-18)

我们所见,最常用的是与"时间、时机、机会"或以之为中心语的偏正结构搭配的形式。例如：

(7) ＊＊＊抓紧晚上的高效时间,每天面对电脑工作六七个小时。(大陆,2014-08-13)

(8) 春天来了,瑞典人抓紧一切能晒太阳的机会,和大自然紧紧拥抱。(大陆,2014-03-21)

与前一类具体事物相比,此类用例的数量略多一些,在前文提及的《中国青年报》100个用例中，这样的用例有7个，除了上举三例外，还有"抓紧机会/这个时机/72小时黄金救援期"等4例。

此外，当N/NP意义较虚时，该格式还可以再加上一个动词性成分V或者VP，形成"抓紧＋N/NP＋V/VP"，这里的N/NP常是"时间、时机、机会"等词。例如：

（9）他们每次清晨六七点就出发，白天抓紧时间办事，回到随州时往往夜已深。（大陆，2014-04-16）

（10）但新兵们并没有多少心思去体验恶劣的环境，他们必须抓紧时间锤炼驾驶技术。（大陆，2014-10-10）

（11）一会儿新的旅客又要来了，抓紧时间查一下，看看还有没有疏漏的地方。（大陆，2014-01-07）

（12）当有一些兄弟媒体因为这种事情出事的时候，仍然是置若罔闻，没有抓紧机会去处理……现在，不应该发生的已经发生了。（大陆，2014-09-30）

在使用中，V和VP结构比较多样，例（9）中的V是动词"办事"，例（10）（11）（12）中的VP分别是动宾词组"锤炼驾驶技术"、动补词组"查一下"以及连动词组"去处理"。在我们收集的《中国青年报》100个用例中，有23例属于此类，除了这里所举的4例外，还有19例。从"抓紧"后的N/NP看，只有例（12）搭配的是"机会"，其余22例搭配的都是"时间"或与时间有关的词语。

"抓紧＋实义宾语"语义完足，基本没有太多的扩展余地，这在一定程度上限制了它的使用范围和频率，所以这一形式的数量并不多；"抓紧＋虚义宾语"的情况有所不同，当宾语是"时间、时机"等名词时，这一格式可以自足，同时给表义的扩展留下了较大的空间。此外，这一形式后面还可以添加一个"目的语"或"伴随语"，由此构成一个连谓结构，从而大大地拓展了表达效用，而这也是此格式比较常用的部分原因。

2. 抓紧＋V/VP

这一类型在"抓紧"后紧跟一个动词性成分，可以是单个动词V，也可以是动词性词组VP。以下我们分"抓紧＋V"和"抓紧＋VP"两类进行分析。

"抓紧＋V"，即"抓紧"后紧跟一个动词，二者之间一般不插入其他成分。在《中国青年报》的 100 个用例中，这一类型有 15 个。例如：

（13）15 位企业家的华丽阵容，想要提前拿到你的职场 Offer 吗？赶快抓紧报名吧！（大陆，2014-03-24）

（14）白天家里只有她自己侍弄 4 个孩子，做饭、上厕所都需要趁着孩子睡着的空档抓紧完成。（大陆，2014-07-23）

从音节上看，这些动词多是双音节，在 15 个例子中只有以下这一例中的动词是单音节形式：

（15）该改的就要抓紧改、大胆改、坚决改。（大陆，2014-03-16）

虽然"改"本身是单音节，但是在"抓紧改"之后还有"大胆改"和"坚决改"，这样一来，无论在韵律还是语义上都具有一体性，换句话说，后边的两个"××改"很大程度上是前边"抓紧改"使用单音节动词"改"得以成立的条件。

从位置来看，"抓紧"和动词常处于小句的结尾，上举三例都是如此。此外，这些动词后基本都不带宾语，其中的原因大概有两点：一是动词本身就是动宾结构，如例（13）中的"报名"，因此很难再添加一个宾语；二是动词虽然具有带宾语的能力，但是在表达中"宾语前置"，即关涉的对象出现在动词前面，例（14）（15）即是如此——例（14）中"完成"的对象实际上是"做饭、上厕所"，例（15）中"改"的对象是"该改的"，这些内容在动词前已经出现，也就没有必要再重复表达了。

"抓紧＋VP"，即"抓紧"后跟着一个动词性词组。这一类型数量最多，在前文统计的 100 个用例中，共有 49 例。根据 VP 的结构特征，又可以分为以下几种：

第一种，VP 是动宾词组。即"抓紧"后带一个动宾结构的词组，中间一般不插入其他成分。此类用例数量最多，共有 46 个。例如：

（16）……要求全力组织力量对现场进行深入搜救，千方百计救治受伤人员，抓紧排查隐患，防止发生次生事故，强化安全生产措施，坚决遏制此类事故再度发生。（大陆，2014-08-03）

（17）希望马方抓紧协调有关国家，尽快制定完善常态化搜寻和善后方案，保持搜寻工作连续性，争取尽快找到飞机下落。（大陆，2014-05-31）

（18）抓紧进行受损校舍维修加固和倒塌校舍的板房建设，确保灾区所有

中小学在 9 月初都能顺利开学。（大陆，2014-08-21）

在使用中，"抓紧"前常受"要、正在、应、继续、切实"等助动词或副词的修饰。例如：

（19）有关方面要抓紧了解灾情，组织群众避险，全力投入抗震救灾。（大陆，2014-08-04）

（20）各地正在抓紧研究制定具体的落户政策和方案。（大陆，2014-08-27）

（21）……政府应抓紧完善相应的制度，以防日后出现不必要的麻烦。（大陆，2014-07-04）

有时，"抓紧"和动宾词组之间还可以插入状语。例如：

（22）警方正抓紧对事件展开调查。（大陆，2014-07-16）

第二种，VP 是动宾结构之外的其他词组。在《中国青年报》的 100 个用例中，动宾结构之外的词组只有 3 个，以下是其中两例：

（23）他那天突然把我们几个处长叫到办公室，让我们抓紧把新兵提前分配下连，重新调整应急处突预案。（大陆，2014-01-31）

（24）保证在建项目顺利实施，抓紧推动已批复项目全面开工，尽快开展后续项目前期工作，确保铁路投资稳定增长和铁路建设加快推进。（大陆，2014-04-03）

以上两例中，前一例"抓紧"后边的成分是一个"把"字小句。后一例大致可以有两种分析：一种是兼语式，即"推动－已批复项目－全面开工"；另一种则是"推动"带一个比较复杂的动词性宾语，整个结构仍为动宾式。

在两岸隔离前，"抓紧＋N/NP"是比较常见的形式，时至今日，这种情况已经发生了改变。通过分析《中国青年报》上依次出现的 100 个用例，可以看到，"抓紧＋N/NP＋V/VP"以及"抓紧＋V/VP"是目前最为常见的两种形式。导致这种变化的原因主要有两点：一是这两种形式可以满足使用者对信息丰富化的内在需求，事物的发展总是由简单到复杂，语言表达也是如此，上述两种形式能提供更多的信息，可以满足语言使用者对增加信息量的需求；二是这两种形式都比较简约，在交际过程中，人们总是希望以最简洁的词语、最凝练的格式表达最丰富的信息（刘玉杰，1993），而这也就使得上述两种形式在竞争中获得优势并成为使用频率最高的形式。

总的来看，"抓紧"在大陆的使用一方面继承了解放区的原有用法，另一方面在此基础上又有了进一步发展。除了使用量逐渐增加外，用法上也发生了较大的变化。两岸隔离前，最为常见的形式是"抓紧＋N/NP"，有的N/NP表义实在，有的表义较虚，如今的N/NP则以后者为多，在这一形式基础上还扩展出"抓紧＋N/NP＋V/VP"，与原有形式相比，新形式表义更为丰富，结构也比较紧凑简洁。此外，"抓紧＋V/VP"也有了进一步发展，其使用量远多于"抓紧＋N/NP"，已成为当下最常见的形式。

三、"抓紧"在台湾的使用情况（1949年以后）

从20世纪20年代起，国统区与中国共产党领导的红区/苏区形成政治上的对立，早期现代汉语的分化就此开始。两岸隔离后，分化进一步加深、加快并最终形成今天的面貌（刁晏斌，2013）。前文已经提到，"抓紧"在国统区的使用非常有限，在我们收集到的反映那一时期语言状况的报刊及个人言论著作等几十万字的语料中，没有一个用例。在此后很长一段时间里，"抓紧"在台湾的使用一直保持这种状态，直到两岸恢复往来之后，情况才开始发生改变。

根据"抓紧"在台湾使用量的变化情况，可以分为以下三个阶段：第一阶段为1949年至1989年，第二阶段为1990年至2000年，第三阶段为2001年至今。

（一）第一阶段：1949年至1989年

我们将起止时间分别设置在1949年和1989年，主要基于两点考虑：一是基于历史的原因。在这段时间内，台湾和大陆基本处于隔绝状态，"抓紧"在两个言语社区分别使用、各自发展，大陆普通话对台湾现代汉语谈不上有什么影响，反之也是如此；二是基于语言自身的原因。从语料来看，"抓紧"在这一时期内的使用状况相对一致，而与20世纪90年代以后的情况存在较为明显的区别。

在这一时期，"抓紧"的使用主要有两个特征：一是使用量比较小，二是形式比较单一。

先说使用量。在台湾新闻智慧网中，以"抓紧"为关键词进行检索，从1949年1月1日至2014年7月31日，共有2483个用例，其中属于这一阶段的用例仅有74个，约占总数的2.98%。也就是说，在长达四十一年的时间里，年平均用例不足 2 个。

再说使用形式。这一时期中"抓紧"的使用形式比较单一，在上述 74 个用例中，有 68 例都属于"抓紧＋N/NP"格式。例如：

（25）医生理当不用乱解衣　＊＊＊仍然抓紧衣服扣（台湾，1986-07-03）

（26）选举冷战转热　处处抓紧机会（台湾，1960-12-31）

（27）券商服务　提升品质　抓紧行销要领　表现品味特色（台湾，1988-11-02）

在与"抓紧"搭配使用的名词性成分中，有的表义比较实在，如例（25）中的"衣服扣"；也有的表义比较虚，例（26）（27）中的"机会、行销要领"均是如此。在语料中，表义较虚的用例远远多于表义实在的用例，这一点和大陆的情况基本一致。正如前文所言，在与表义实在的名词搭配使用时，"抓紧"也是包含［＋手］义，这就在很大程度上限制了使用对象和范围，而表义较虚的对象没有这样的限制，所以其扩展的可能性更大。

（二）第二阶段：1990 年至 2000 年

自 20 世纪 80 年代末起，两岸恢复沟通与往来，随之而来的是语言（主要是词汇）的交流，以及由此而引起的某些变化。具体而言，除了引入本方所无的新词语外，一些本方原有的词语也在发生某些改变，而这些变化主要体现在使用量以及使用形式两方面。就"抓紧"来说，该词这一阶段在台湾主要表现出两点变化：一是使用量有所增加，二是开始出现一些新的搭配形式。

前文提到，在台湾新闻智慧网中，从 1949 年 1 月 1 日至 2014 年 7 月 31 日，共有 2483 个用例，第一阶段的用例仅有 74 个，约占总数的 2.98％；第二阶段的用例为 457 个，约占总数的 18.41％。在前一阶段的四十一年中，"抓紧"平均每年出现不到 2 次。在这一阶段的十一年里，平均每年约出现 41.55 次，可以说是有了长足的发展。以下是具体数据：

表 4-9　"抓紧"在第二阶段的使用次数

年份	1990 年	1991 年	1992 年	1993 年	1994 年	1995 年
使用次数	16	49	38	65	64	37
年份	1996 年	1997 年	1998 年	1999 年	2000 年	
使用次数	45	48	20	40	35	

以上表数据为基础，可以用折线图反映"抓紧"在第二阶段使用量的变化情况：

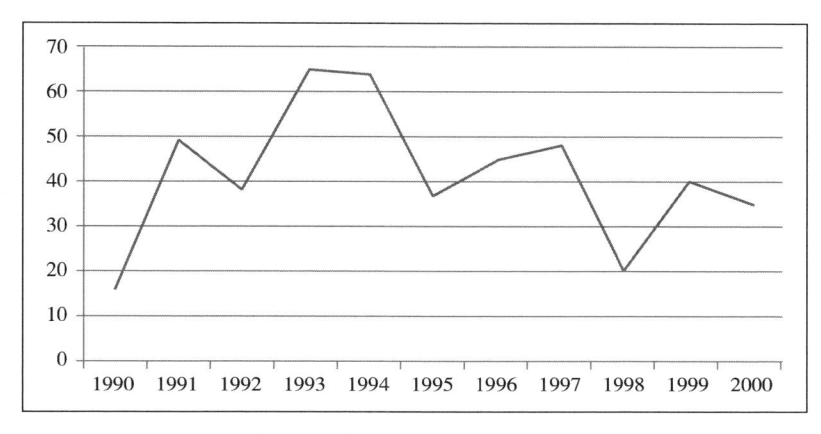

图 4-4　"抓紧"在第二阶段的使用次数变化情况

在前一阶段，"抓紧＋N/NP"是最为常见的形式，在这一时期该形式有了一定程度的发展，出现了不少 N/NP 后接 V/VP 用例。如：

（28）老师非礼学生案余波荡漾　政治人物抓紧时机作秀　＊＊＊遭其他参选人文宣夹击（台湾，1993-08-04）

（29）＊＊＊抓紧时间猛练琴（台湾，1993-11-06）

"抓紧时机作秀"和"抓紧时间猛练琴"都是在"抓紧时间"的基础上进一步扩展的结果。之所以产生这种扩展，至少有两方面原因：一方面，从语言本身来说，扩展后的形式表义更为丰富完整，符合语言发展由简到繁的规律。事实上，这种扩展过程在普通话中也曾出现过；另一方面，从外部环境来说，两岸词语在这一阶段处于互动关系当中（李昱，施春宏，2011），此期引用的大陆新闻中常有这样的表达，这很可能是引发该形式进一步发展的外部原因。

除了原有形式的扩展外，这一阶段还出现了新的用法，即"抓紧＋V/VP"，这种新用法最初多出现在与大陆相关的新闻中。例如：

（30）涉及人命　正在抓紧审理　希望快点了结　＊＊＊：三保警依不同情节分别处理（台湾，1991-03-26）

（31）＊＊＊在今天在答复记者有关三保警事件问题时强调："这个事件涉及人命案，所以一定要依据事实和法律妥善处理。""现在有关部门正在抓紧

审理此案。"（台湾，1991-03-26）

以上两例出自同一则消息，前者是标题，后者则属正文，二者都是引用＊＊＊的话，分别使用了"抓紧＋V"和"抓紧＋VP"两种形式。不过，确切地说，这里只是一种"引用"，不能看作自主性使用。

在这一阶段的语料中，类似的用例还有一些。再如：

（32）当前大陆经济在转变过程中，出现了一些矛盾和问题，对此必须正视而不能回避，必须抓紧解决而不能延误。（台湾，1993-06-12）

（33）……正抓紧制定一系列有关证券管理的法律法规，以统一和规范开始不久的证券业的运作。（台湾，1992-12-20）

需要说明的是，这一用法常常出现在"大陆新闻"版当中，有些消息的作者署名为"大陆新闻中心"，由此可以推知，在台湾报章中出现的"抓紧＋VP"这一新形式和大陆有着密不可分的关系。而从语料来看，这种用法在这一时期以引用为主，尚未摆脱大陆语境的限制。

由这一时期的使用情况，我们可以明确以下几点：

第一，台湾"抓紧"使用量增加的时间与两岸恢复交流的时间大致吻合，这在前述1990年至2000年的数据中有比较明显的体现。

第二，此时出现了较多的"引用"实例，一个明显的特征是不少用例出自报纸的大陆新闻版，有的例子直接引用了大陆的表达。

第三，出现了大陆有而台湾无的新例且先在引用中出现，像"抓紧时间处理该案"这样的"抓紧＋N/NP＋V/VP"形式最早就出现在大陆相关新闻中。如果再结合例（30）（31）就会发现，在报道同一件事时，台湾媒体实际上引用了"抓紧审理""抓紧审理此案""抓紧时间处理该案"三种形式。

第四，在台湾现代汉语中，和"抓紧"词义相近的还有"加紧"一词，但是后者在使用时一般后接动词或动词性词组，如"加紧练习""加紧了解民众需求"，基本不和"时间、时机"等词搭配，相比之下，"抓紧时间/时机＋V/VP"更能突出"时间/时机"的重要性以及对其掌控的必要性和紧迫性，这一点是增加"抓紧"融合度的重要原因。

（三）第三阶段：2001年至今

进入21世纪之后，"抓紧"的使用无论是数量还是形式都有新的变化。

在台湾新闻智慧网中，从1949年1月1日至2014年7月31日，共有

2483个包含"抓紧"的用例,而属于这一阶段的共有1952个,约占总数的78.61%。从单个年份的使用量来看,从2001年到2012年间基本保持持续增长的势头,2013年有较大程度的回落,2014年又开始攀升。为了便于说明,我们将具体数据列在下表中:

表 4-10 "抓紧"在第三阶段的使用次数

年份	2001年	2002年	2003年	2004年	2005年	2006年	2007年
使用次数	70	69	50	111	149	109	142
年份	2008年	2009年	2010年	2011年	2012年	2013年	2014年
使用次数	205	181	244	222	252	91	105

为了比较清晰地展示"抓紧"使用量的变化情况,我们将第二阶段和第三阶段的数据合在一起,以折线图的形式呈现:

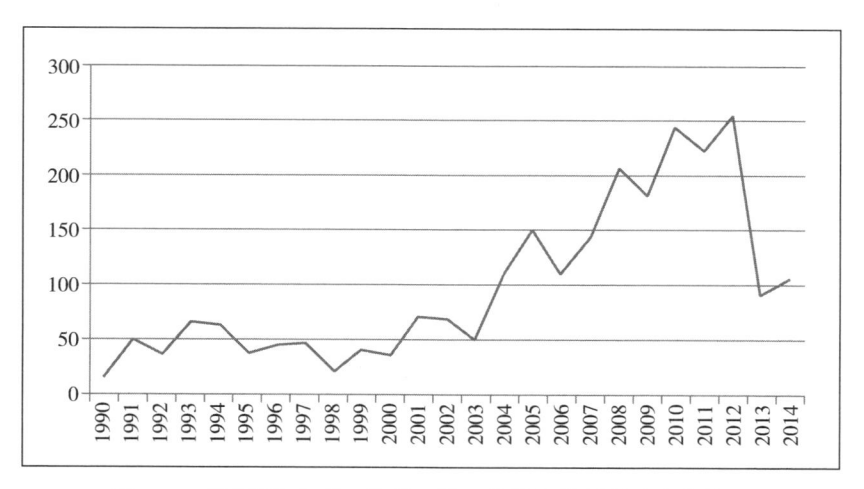

图 4-5 "抓紧"在第二阶段、第三阶段的使用量及变化情况

由上图可以看到,第三阶段的使用量在第二阶段的基础上有较大幅度的增加,第二阶段年使用次数最多的只有65次,而在第三阶段中有13个年份都超过了这一数字,有些年份甚至达到252次,这是该数字的3.8倍多。

"抓紧"使用量的大幅度增加,主要是得到了以下两个方面的支撑和支持:一是"抓紧+N/NP"中的"N/NP"有了较大幅度的拓展,即"抓紧"的搭配对象有了较大的扩展;二是"抓紧+V/VP"形式在引用的基础上开始自主性使用。

在前文中，我们提到，"抓紧"在大陆搭配的名词性成分多是意义较虚的词或词组，从具体用例来看，该词在台湾的发展也表现出相同的情形。以2013年为例，在语料库中，"抓紧"后出现的名词性成分（重复部分只保留一个）有以下一些：

由全球景气复苏所引领的台股多头行情、美好时光的尾巴、广告时间、一年一度的"扫除商机"、成长动能、Q4拉货潮、手中的雨伞、明年复苏契机、世界各地粉丝的心、投资三大方向、资金回笼、云端与4G趋势浪潮、抢便宜时间、人性商机、日客胃、时机、景气复苏动能、"大尾鲈鳗风"的尾巴、国际买主目光、绳子、这波棒球热、卖面空档、机会、商机、汇率脉动、百货周年庆热潮、这些Tips、客户的心、夏天的尾巴、时间、趋势、"习惯"商机、阳光灿烂的日子、市场胃口、语言优势、考古题、老公的胃、她、顾客胃口、风潮、有利的诉求议题、方向盘、新商机、睡眠商机、用户的心、3诀窍、华人的胃、贵妇心、新需求、外国人的美国梦

在这些名词性成分中，只有"手中的雨伞、绳子、她、方向盘"等少数几个表义实在，可以用手紧紧抓住，其他词语多数意义较虚，与之相配的"抓紧"基本不包含[＋手]的语义特征。以往表义较虚的词常和"时间、时机"等相关，现在的范围明显扩大了。这里列举的"胃口、浪潮、风潮"等用例在之前的语料中都很少见到，这说明与"抓紧"共现的表义较虚的词或词组比以往的范围更大，而这也是导致"抓紧"使用次数增加的重要原因。

在这些词语当中，有些在大陆也很少使用，即便是在百度新闻这样的大型搜索网站上，也鲜有用例（如"国际买主目光、汇率脉动、语言优势、有利的诉求议题"等），这些差异大致可以归于"抓紧"在台湾拓展后的自主性使用结果。大陆之所以不用，一是表达习惯存在差异，像"汇率脉动"大陆很少这么用（大陆常用"汇率波动"）；二是在和类似的词语或结构搭配使用时，大陆更常用词义相近的"抓住"来表达。

此外，有些与"抓紧"共现的名词性成分还呈现出复杂化的倾向，NP部分的修饰语有所增加，有些修饰性成分甚至很长。例如：

（34）台股2014年开春倒数，五大投资长与外资台股研究部主管齐声喊多，看好台股新年度行情更胜2013年，问鼎9,000点以上势在必行，建议投

资人抓紧由全球景气复苏所引领的台股多头行情。（台湾，2013-12-30）

（35）法新社周一报导，美国加州业者＊＊＊抓紧周二消费电子大展（CES）各大厂推出新款智慧型手机的时机，大力推销公司研发的奈米防水涂层，盼能在 CES 期间争取到手机大厂的合作机会。（台湾，2012-01-10）

在这两例中，与"抓紧"共现的 NP 分别是"由全球景气复苏所引领的台股多头行情"和"周二消费电子大展（CES）各大厂推出新款智慧型手机的时机"，二者的复杂程度都比较高。

"抓紧＋VP"格式在这一阶段也有了新的发展，在第二阶段该形式主要出现在与大陆相关的新闻中，在本阶段已开始自主性使用，起初主要出现在新闻标题中：

（36）7 亿罚款仅收 2 成　环署抓紧追缴（台湾，2012-11-04）

（37）立院将开议　政院抓紧协调（台湾，2012-12-06）

（38）停工争讼　回到原点　中科二林园区　复工抓紧赶工（台湾，2010-09-30）

之后，报刊正文中也开始出现这种用法。例如：

（39）启动陆海联运通道，抓紧研究制定陆海联运实施方案，尽快启动通道建设，加快形成哈尔滨对俄经贸海、陆、空全覆盖的立体交通运输网络格局。（台湾，2014-05-26）

（40）太原富士康正抓紧生产新一代 iPhone，8 月以来，富士康大批招工，为 9 月后的生产旺季准备；山西官方频繁调研富士康，冀望释放产能，拉动地方经济。（台湾，2014-08-07）

不过，从总体上看，"抓紧＋V/VP"形式在台湾还处于发展阶段，这部分用例数量还比较有限。如前所述，与"抓紧"词义相近的还有"加紧"一词，该词在台湾使用频率比较高，且主要用法就是"加紧＋V/VP"。我们在台湾一家报纸中随机抽取了 100 个用例，除了少数几例是"加紧脚步"或"加紧脚步＋N/NP"外，其余均是后接 V/VP，这种用法上的大量存在是制约"抓紧＋V/VP"发展的重要原因。另外，如果从语体风格来说，"加紧"似乎也更文雅一些，而这可能也是影响使用者选择的一个因素。

台湾自 1949 年以来与大陆长期处于隔绝状态，形成了一个相对封闭的语言环境，台湾的规范标准也以"南方官话痕迹颇重的 50 年代前"的汉语为主

（仇志群，1996），这在"抓紧"的使用上体现得非常明显。该词在两岸隔离前的国统区用例非常少，有时甚至没有用例，在此后两岸隔离的三十多年间，该词仍然保持着这种状态。

20 世纪 80 年代，两岸恢复往来，语言融合也随之发生，台湾"抓紧"的使用开始发生明显的变化：一方面，使用量逐渐增加，各种报刊媒体上都开始出现该词；另一方面，用法也开始趋于丰富，早期以"抓紧＋N/NP"形式为主，而 N/NP 表义实在。在之后的发展中，N/NP 范围扩大，以表义较虚的对象为主，在此基础上还扩展出"抓紧＋N/NP＋V/VP"形式。除此之外，"抓紧＋V/VP"也被引入台湾，只是用例数量还比较有限。应该说，"抓紧"在台湾的发展很大程度上是受大陆普通话的影响所致，其发展规律和脉络与该词在普通话中的发展过程有较强的一致性，只是由于时间上的不同步，该词在台湾的发展还有较大的拓展空间，假以时日，该词在两岸的融合度还会进一步提高。

四、小结

由于历史的原因，台湾现代汉语与大陆普通话的发展并不同步。"抓紧"在大陆一直是常用词，在台湾却并非如此，一些较早地反映两岸差异的辞书常将其收录在内。

1994 年，邱质朴主编的《大陆和台湾词语差别词典》面世，这是国内较早反映两岸词语差异的词典。在该书的 137 页有"抓紧"一词，释文如下：

【抓紧】紧紧地把握住不放松。［例］～时间；～学习；～生产。

词典将"抓紧"收录在大陆特有词语部分，尽管我们在大规模数据库中能找到少量用例，但这也从一个侧面反映出"抓紧"在当时的台湾使用得非常有限，至少没有达到比较可观的数量。

进入 21 世纪后，"抓紧"在台湾发生了较大的变化，使用数量上有了较大的增长，"抓紧＋N/NP"形式也有了较为充分的发展。相关词典也及时反映了这一现象，2012 年 8 月高等教育出版社出版的《两岸常用词典》（第 1293 页）收录了这一词语，释文如下：

【抓紧】 1 紧紧抓住或把握住。［例］～绳索｜～我的手｜～投资时机。 2 ★赶紧；不放松。［例］～办｜～处理｜～工作｜～复习。

在词典的两个义项中，前一个义项未作任何标记，属于两岸通用义项，主要搭配对象是名词性成分，既有实实在在的事物（如"绳索、我的手"），也有比较虚一些的事物（如"投资时机"）。后一个义项前加了★号，说明这是大陆特有义项。从举例来看，都是"抓紧＋V"形式，这说明词典编纂者认为这种形式在台湾还没有使用或使用非常有限，这一点和大陆形成了比较明显的差别。李行健（2013）针对这一现象说，台湾很少用于"带非实物性成分的组合"，比如"抓紧学习、抓紧处理"等。这样的看法是符合语言事实的，直到目前，"抓紧＋V/VP"的使用仍然比较有限，这一形式仍处在融合发展的过程中。

两岸词语的融合是两个言语社区在相互借鉴、吸收的基础上产生的趋同变化。对于"抓紧"来说，主要是台湾言语社区吸收、借鉴大陆普通话的用法，也可以说，该词在两岸的融合主要体现在台湾现代汉语向大陆普通话靠拢上。

两岸语言的融合是一个纷繁复杂的过程，并不是原封不动地照搬照抄。"抓紧"在台湾的发展变化，一方面表现出与大陆的某种一致性，另一方面也表现出自身独特的个性，这种个性也使得一个言语社区的语言有别于另一言语社区的语言。就"抓紧＋N/NP"来说，两岸都倾向于搭配表义较虚的名词性成分，但是台湾的部分搭配对象，大陆是基本不用或者很少使用。例如：

（41）不景气冲击消费市场买气，加上高金价时代，金饰业者靠明星牌抓紧买气，七夕情人节到来，迎合年轻人有限预算，主打具有特殊意涵的钢饰。（台湾，2012-08-09）

（42）台湾应抓紧代工强项，把握机会往上做进口替代。（台湾，2012-12-20）

无论是"抓紧买气"还是"抓紧代工强项"，大陆都比较少用，除此之外还有"抓紧棋迷眼光、抓紧女生爱美拍的趋势、抓紧社群媒体"以及"抓紧新鲜感"等。总体而言，"抓紧"在台湾与表义较虚的事物名词搭配使用是与普通话的影响分不开的，但是台湾现代汉语在吸收并融合了大陆的常见用法后又有了新的发展，这里列举的各种组合形式就是例证，这种发展模式大致可以概括为"引进－吸收－融合－发展"。

李昱、施春宏（2011）认为，两岸语言在互动中既存在新生式互动，也存在返还式互动。也就是说，一个言语社区可能在另一言语社区的影响下产生新词新用法，而这种新词新用法很可能在新言语社区有进一步发展，同时将发展的结果返还给原来的言语社区。对"抓紧"来说，N/NP 在表义较虚的部分已经超过了普通话原来的范围，这种新发展出来的用法是否会反过来影响普通话，还有待进一步观察。

"抓紧"在台湾的使用，也可以给我们带来两岸词语融合方面的一些新的启示：

第一，融合具有差别性。在词语的多种用法中，并不是所有用法都整齐划一地同步融合，而是有差别地进行，这就导致融合的结果呈现出参差不齐的状态。就融合度而言，有些用法融合度高，有的用法相对较低。以"抓紧"为例，该词在大陆有两种主要用法：一种是"抓紧＋N/NP"，另一种是"抓紧＋V/VP"。在融合过程中，二者并不以相同的速度展开或进行，目前呈现的融合度也并不相同："抓紧＋N/NP"这一形式融合度比较高，尤其是 N/NP 表义较虚时，有些用法甚至超出了大陆的范围；而"抓紧＋V/VP"融合度就比较低，其用量还比较有限。

第二，融合具有制约性。词汇系统就像一张网，每个词都是这张网上的一个节点。在这个网络结构中，每一个词都不是单独存在的，它与周围的词有着或近或远的联系。无论是引入一个新词，还是已有的词产生一种新意义或新用法，这种新生要素总是会受到原词的制约。就像"抓紧＋V/VP"，尽管这是大陆最为常用的形式，但在台湾受到"加紧＋V/VP"的影响，一时间很难蓬勃发展。这种制约实际上就是占位在先，占位的力量使得传统词语用法在竞争中具有较强的优势，其他用法短时间内不容易"获胜"。

第三，融合具有意愿性。语言融合说到底是由人来完成的，在两岸词语融合过程中，哪些词语容易融合，哪些词语不容易融合，词语在融合中能达到什么程度，这都与人的主观意愿及心理等有密不可分的关系。如果人们喜欢用某个词或某种用法，那么该词或者该用法的融合度自然就会提升，相反也是同样的道理。"抓紧"在融合的过程中同样存在这样的问题，"抓"是一个俗字，曾为台湾人所诟病，和原有的近义词"加紧"相比，后者较为文雅，而这大概也是影响人们使用意愿的重要原因。

在两岸词语融合过程中，台湾吸收大陆词语并不是个别现象。根据苏金智(2014)的统计,《重编》修订本收录大陆词语 630 个,附录中收入的与台湾同义或近义的大陆词语 334 个。我们以"抓紧"为例进行分析,虽然只涉及众多词语中的一个,但是其代表的是与之相似的整个类别,因此其意义不仅仅在"抓紧"一词本身。就具体的研究来说,我们也可以由此举一反三,考察更多相同或类似的现象,揭示更多的语言事实,总结更多相关的规律,从而将这方面的研究推向深入。

第五节 台湾吸收大陆词语研究示例(二)——"科普"

从时间上来看,有些词在两岸隔离前就已经产生,之后随着历史的发展在两岸产生一定程度的融合,上节所举"抓紧"就是如此。另外,还有一些词在两岸隔离之后才产生,随着两岸交流的进一步增多与加强,它们同样也产生融合,"科普"一词就是如此。本节从"科普"一词的产生谈起,重点分析该词在大陆的发展变化以及台湾对该词的引进吸收情况。

一、"科普"的产生

"科普"一词在大陆大致产生于 20 世纪 50 年代,起初既是协会组织的简称,也是"科学普及"这一短语的简缩。

1949 年,文化部设立科学普及局。1950 年,中华全国自然科学工作者代表会议在北京举行,会议决定成立"中华全国自然科学专门学会联合会"和"中华全国科学技术普及协会"两个全国性科技组织,前者简称"科联",后者简称"科普"。"科联"和"科普"这两个简称在命名时有明显的照应考虑,"科"体现了二者的共性,即立足点都在科学、科技;"联"和"普"表明了二者的差异——前者强调联络、提高,后者强调科技普及。

我们看到的此期用例,如:

(1)在一致的愿望下组织成立了全国"科联"与"科普",分别负起新中

国科学提高与普及的光荣任务。(大陆,1951-01-01)

(2) 浙江科普和杭州科联今晚举行报告会(大陆,1953-09-21)

在这两例中,"科普"都是协会组织的简称。例(1)中的"科普"指的就是上文提到的全国性科技组织——中华全国科学技术普及协会,例(2)中的"浙江科普"指的是浙江省科学技术普及协会。

尽管"科联"和"科普"都由同一个大会产生的组织名简缩而来,但是,从构词角度看,这两个词的简缩方式并不相同。"科联"是从"中华全国自然科学专门学会联合会"中分别提取前后两截关键信息——"科"与"联",然后组合而成;"科普"则只提取了"中华全国科学技术普及协会"的前半截核心信息,省略了后半截内容——协会。对于读者来说,"科联"的字面意思比较直接,很容易扩展出"科学联合会"这一组织名称;而"科普"的透明度相对较低,不大容易使人联想到"科学技术普及协会"。可以说,当时人们取"科普"的简称形式,是为了追求与"科协"的整齐对应而部分放弃了简称的一般原则,以及与之直接相联的表义明确性。所以,我们看到,有时为了更清楚地传达意义,会舍简求繁,将该组织名称"拉伸"为相对复杂的、合乎简缩规则的"科普协"或"科普协会"。例如:

(3) 响应科联、科普协的号召,为祖国及国防需要尽最大努力。(大陆,1951-01-22)

(4) 广泛发展工会和科普协会的合作关系(大陆,1956-10-19)

在这两例中,"科普"指的是科学普及,原有的组织义由"协"和"协会"分别承担。这样,"科普"的意义所指就发生了变化,由指称机构到仅为"科学普及"的简缩形式,并且在以后的不断使用中这种繁、简的对应关系逐渐固定下来。

"科普"在表达"科学普及"义时,常和其他名词搭配使用,具体而言大致有以下两种:

一是与"工作、协会、活动、讲座、展览"等名词搭配使用,起修饰限定作用。例如:

(5) 工人们听了科普讲座后,对改进生产就有了信心。(大陆,1953-12-02)

(6) ***也就如何进一步做好科普工作、向科学进军等问题与到会者进行了亲切的交谈。(大陆,1956-06-06)

这两例中的"科普"都是指"科学普及",无论是例(5)中的"科普讲座",还是例(6)中的"科普工作",都可以理解为"名$_1$+名$_2$"结构,"科普"在名$_1$位置修饰限定名$_2$。

二是用在"医学科普""环保科普""气象科普"等名词性短语中,充当中心语,受其他名词修饰。例如:

(7)去年一年,他就有七十一篇宣传气象科普的稿件被报纸和广播电台、电视台采用。(大陆,1986-05-18)

(8)"健康家园"活动是以开展医学科普为目的,主要以编写"健康教育丛书"、举办知识讲座等方式开展科普宣传。(大陆,2007-02-26)

和前一类相似,这里的"气象科普"和"医学科普"也是"名$_1$+名$_2$"结构,不同的是,"科普"在这一结构里充当名$_2$中心语,受名$_1$修饰,从用例来看,名$_1$多为科学类或学科方面的词语。

近年来,"科普"一词的使用范围有扩大趋势,在原有名词的基础上开始出现动词义和动词用法。例如:

(9)微博一经发布,便在网络上迅速传播并引起热论,多数网友称"要真相,求科普"。(大陆,2012-03-11)

如果说此例中"科普"的动词义由于受"要真相"中名词"真相"的干扰而还不是特别明确的话,那么下例中因为套在"先……下"中,这一点就不容置疑了:

(10)先科普下,所谓冷凝水,就是空气中的气态水遇到冷凝器时转化成的液态水。(大陆,2013-08-14)

例(9)说的是一位微博网友发布消息,称"喝普洱茶是得癌症最快的方法",因为茶里面有大量致癌物——黄曲霉素。微博一经发出,大量网友希望进行相关科学知识的普及宣传,以获得事实真相;例(10)是向读者介绍冷凝水,普及科学知识。

《现汉》第5版、第6版将"科普"标记为名词;2016年《现汉》第7版面世,"科普"一词释义调整为" 动 科学普及:~读物"。和第6版相比,第7版的词义和例证保持不变,词性由名词变为动词,这一调整说明词典编纂者认为"科普"的动词性用法已经具有良好的稳定性,有必要收入词典当中。不过,修改后的条目内容有两点似可商榷:一是做动词用时,将"~读物"

作为例证似乎不大妥当，这一短语不宜看作动宾结构，理解为偏正结构更合适；二是该词的名词用法依然存在且使用数量不少，词典应当有所反映，删掉名词义项恐怕不能全面、客观反映语言事实。

除了名词、动词外，近年来又出现了"很科普""非常科普"等形容词用法（例如"遗憾，北京这场很科普的活动主办方很懂恐龙，但不懂孩子"），这类用法还比较受限，未来能否被词典收录，还有待时间的检验。

二、"科普"在大陆的使用情况（1949年以后）

"科普"一词由"科"和"普"两个语素构成，按照《现汉》的释义，"科"指科学，是"反映自然、社会、思维等的客观规律的分科的知识体系"（按：在实际工作中，往往还包括科学思维、科学方法以及科学精神等，这里只是结合词典释义作相对字面化解释）；"普"是普及，指"普遍推广，使大众化"。结合上述两个语素义，我们大致可从对象、方式、目的、内容等方面描述"科普"一词的语义特征，得到以下的序列：［＋面向广大群众］［＋普遍推广］［＋使知晓］［＋科技知识］。在长期的高频使用中，该词不仅词性由单一到兼类，其语义特征也发生了明显变化，上述序列中的部分特征趋于弱化甚至脱落。

以下仅就后一方面进行讨论。

（一）［＋科技知识］的弱化

［＋科技知识］的弱化大致表现在两个方面，同时二者发生的时间也有先后之别：一是科技性的弱化，即普及内容不限于科学技术方面；二是知识的弱化，即某些非知识类信息也被纳入"普及"范畴。

先看科技性的弱化。在"科普"的本义中，普及的内容应当具有鲜明而突出的科学性，但是近年来一些非科技方面的内容也被纳入科普范畴，即也成为"科普"的对象。例如：

(11) 给中小学生开理财课也是一种"科普"，其实给孩子普及理财知识，在国际上已是惯例，甚至已经被越来越多的父母所采用。（大陆，2015-08-27）

(12) 也有券商推出一些科普类推文，为投资者详细介绍世界杯的历史由来。（大陆，2018-06-14）

例(11)中，科普的内容是理财知识，和严格意义的科学技术已有较大距离，而该词在句中加上引号，也说明其与一般、普通的用法有所不同，具有特殊性；例（12）中的"科普"是向投资者介绍世界杯的历史由来，这些内容和科学技术几乎没有什么关联性。

再看知识的弱化。根据《现汉》的释义，"知识"包括两个义项：①人们在社会实践中所获得的认识和经验的总和。②指学术、文化或学问。"科普"本义所包含的"知识"义主要指第二个义项，即科学技术范畴的"学问"，当前述普及内容的科学性逐渐弱化并趋于消失后，"知识"的所指也随之由第二个义项变为第一个，即主要是指社会经验和认识等。

在"知识"的两个义项中，无论是前一个还是后一个，都属于群体性经验认识，在进一步发展中，"群体性"这一限定因素也被逐渐突破，个人经验也纳入"科普"范畴。例如：

（13）(科普帖) whoo 各系列功效及使用心得（水妍，拱辰享，雪，天气丹）（大陆，2017-03-01）

（14）即将结婚的璧人们，刚结婚的90后楼主来给你们科普下如何省钱又好看地规划你们的婚礼！（大陆，2014-09-23）

例（13）中的"科普"是个人向大家介绍使用韩国某品牌化妆品后的心得体验，例（14）是发帖人结合自身经历向准新郎新娘们分享婚礼省钱秘诀，这些内容都属于个人主观体验判断，与科技无关，也不属于群体经验认识，此时的"科普"如果用语义特征来描写，则为［＋面向广大群众］［＋普遍推广］［－科技知识］。

（二）［＋面向广大群众］和［＋普遍推广］的弱化

"科普"的本义是"面向广大群众"进行"普遍推广"，这两个语义特征具有很强的关联性，二者都强调受众群体数量大，一般不特指某一个或某几个人。目前，这两个语义特征已经开始弱化，受众群体数量限制被逐渐突破，一小部分人甚至特定的某个人也可以成为"科普"对象，这一用法多用于提问者或者发帖人请求知情人士告知相关信息，此时"科普"一词大致相当于"告知、告诉"。例如：

（15）金华双龙南街新增"彩色斑马线"市民来电求科普（大陆，2013-08-22）

（16）谁知道农行软开的真实待遇啊？求科普。（大陆，2016-01-03）

例（15）中的"科普"是金华市部分市民致电《浙中城事》热线，询问彩色斑马线的具体情况；例（16）则是针对自己的疑问在网上发帖寻求帮助，希望了解情况的人能给自己提供信息。从受众数量来看，例（15）不确定，可能是一位，也可能是多位；而例（16）则是发帖人自己，显系个人。从理论上说，在网络开放环境里，任何看到上述内容的读者某种程度上都"被科普"了，但是从本质上或者说从根本目的上来看，最希望得到相关知识或信息的人是提问者或者发帖者本人，他或她一般不会具有"普遍推广"的主观愿望，这样就与"科普"本义中的［＋面向广大群众］［＋普遍推广］相去甚远。

刁晏斌（2011b）认为，"词义扩大"是当代汉语词汇发展变化的最主要内容之一，"科普"一词就是典型例子之一，该词限定性特征不断减少，适用范围逐渐扩大，词义由"科学普及"泛化为"告诉、告知"，语义特征由［＋面向广大群众］［＋普遍推广］［＋使知晓］［＋科学知识］一定程度上弱化为［－面向广大群众］［－普遍推广］［＋使知晓］［－科学知识］，这不能不说是发生了很大的变化。

三、"科普"在台湾的使用情况（1949年以后）

"科普"一词大约在20世纪80年中后期传入我国台湾地区，起初主要用在"大陆新闻"中，多是引用大陆的表达。例如：

（17）据来自上海的报导，目前上海百分之八十以上的街道、百分之九十六的乡镇都设有基层"科普协会"，定期举行科技普及讲座，藉以破除当地居民的迷信观念。（台湾，1988-09-08）

（18）由大陆科学家和漫画家联合举办的"别了！迷信、愚昧"科普漫画展览，昨天在北平"中国美术馆"揭幕。（台湾，1989-01-27）

这两例是台湾一份报纸中较早的用例，二者都刊发在大陆新闻版，"科普"一词在这里主要是引述报道大陆新闻事件，可以看作该词在台湾的"初显"。

1990年，邱质朴主编的《大陆和台湾词语差别词典》在南京大学出版社正式出版，该书将"科普"一词列为大陆特有词，即认为该词仅在大陆使用，台湾地区没有。这从一个侧面说明"科普"在当时尚未真正进入台湾，该词还没有发展为两岸通用词。

进入20世纪90年代之后，"科普"逐渐摆脱"大陆新闻"这一特定背景，开始广泛用于台湾本地新闻中，从引用大陆表达到脱离大陆语境自由使用，可以视为该词在台湾的进一步发展。例如：

（19）预定八月底出版的"用新眼睛读世界"科普系列，无可置疑地会占据一页地位。（台湾，1991-07-21）

（20）一直效力推动科学文化、为科学普及播种的"科学月刊"，从去年改变风格，除了仍然在杂志上努力推广科普外，也将走向户外。（台湾，1996-03-11）

在这两例中，"科普"的意思为本义"科学普及"，如果用语义特征来描述，可为［＋面向广大群众］［＋普遍推广］［＋使知晓］［＋科学知识］。

近年来，随着互联网的普及以及两岸交流的日益增多，两岸词语也呈现出更多的融合迹象。和大陆的情况类似，"科普"在台湾也出现了泛化的情况：内涵缩小，外延扩大，语义特征发生一定程度的改变。例如：

（21）排湾族歌手＊＊＊就在脸书转帖这篇文章，并难过地写下："对于不熟悉的人事物，科普一下会不会更好？"（台湾，2017-10-12）

（22）虽说要不要拿回捐款是个人自由，但我也想借此机会向馆长大人科普一件事——"灾民的定义，不是由您来定的"。（台湾，2018-03-26）

在例（21）中，"科普"的语义特征［＋科学知识］有所脱落；在例（22）中，［＋面向广大群众］［＋普遍推广］［＋科学知识］均有所脱落，"科普"在这里仅保留［＋使知晓］义，即仅相当于"告诉、告知"。

和大陆一样，"科普"的新用法在规范程度较低的网络论坛使用更为普遍，以下举几个台湾常用的社区论坛上的用例：

（23）给大家小小科普一下忧郁症（台湾，2017-04-28）

（24）这很科普！"野生肉棒"食用图鉴，5亿年前寒武纪就到处都是（台湾，2018-03-23）

例（23）中的"科普"带了对象宾语"忧郁症"，属于典型的动词用法；例（24）中的"科普"受高量程度副词"很"修饰，属于相对"新"一些的形容词用法。从该词在论坛中的使用情况来看，"科普"的用法以前一类为多，后一类相对较少，这与大陆的情况基本一致。

四、余论

近年来，以"科普"为基础，又产生了一个新的网络用语——科普向，大意为"从科普的角度（说一下）"，常见于豆瓣、知乎、哔哩哔哩等网络社区论坛的标题当中，有时会和"【】"以及"："等符号搭配使用，表明帖子的目的、性质或方向等，其内容与科学性没有直接关联。例如：

（25）科普向：指纹识别是如何进行的，大火的屏下指纹又是怎么回事？（大陆，2018-04-09）

（26）科普向　戴上坦克帽是一种怎样的体验（大陆，2018-03-14）

例（25）整体的意思大致是就屏下指纹一事从科普的角度说一下，而例（26）则是与读者分享（告知读者）戴坦克帽的个人体验。

"科普向"由"科普"和"向"两部分组成，如前文所述，"科普"的用法呈现不断扩大的趋势，[＋面向广大群众] [＋普遍推广] [＋科学知识]等语义特征逐渐弱化甚至脱落，这一变化同样体现在"科普向"当中，上述两例即是如此，其[＋科技知识]义都明显弱化以至于脱落。

关于"向"的意义和来历，有人认为与日语有关，日语中有"向き"和"向け"两个接尾辞，分别表示"适合……"和"为了……而制成"，省略的部分为具体人群对象，如"成人向""女性向"等。然而，"科普向"与上述的日语用法并不完全相同，汉语借用了日语"＊＊向"这一形式，在引进后赋予这一结构新的意义："向"可以理解为"方向、从……角度（说/看）"；同时，也打破了该格式对"＊＊"表示具体人群的限制，并由此产生了一系列网络用语，如"历史向""剧透向""推荐向"等。

和"科普"一词类似，"科普向"在台湾地区也开始有所使用，相当于"从科普的角度（说一下）"，以下略举几例：

（27）【情报】【科普向】＊＊＊社长劈腿事件整理/情报分析心得（台湾，2017-03-31）

（28）科普向 MOD-读取画面人物简介（台湾，2017-06-19）

例（27）的背景是个人频道订阅数日本第一的人气社长被爆劈腿3人，标题用"科普向"其实是想告诉大家网络劈腿事件的前因后果，"科普"的意思大致相当于"告诉"。例（28）中的"科普向"是指向读者介绍游戏修改的相关内容，句中的MOD是英文单词modification的缩写，在这里指对游戏进行修改。一些热爱游戏的编程高手会尝试修改游戏中的部分资料设定，如人物的服装、外貌、声音、武器、工具、地图等，甚至写出新的任务剧情，使游戏产生大幅变化，进一步提高游戏的趣味性和耐玩度。

第六节　两岸词语双向融合研究示例
——"力道"与"力度"

在两岸词语对比研究中，人们很早就注意到，在表达同一概念时两岸所使用的词语形式可能有所不同，有人将这种现象称为"同义异形"（侯昌硕，2000），也有人称之为"异形同实"（刁晏斌，2000）、"实同形异"（李平，2002）、"异形同义"（蒋有经，2006）或"形异实同"（徐莉，2008）等。在两岸不断交流沟通的背景下，这类词语也开始产生融合，即大陆的形式被台湾吸收，同时台湾的形式也被大陆吸收，我们把这一现象称为"双向融合"。

在本节中，我们以"力道"和"力度"为例，分析这两个词在原言语社区的使用情况以及被对方言语社区吸收融合的过程和具体表现。

一、"力道"的双向融合

"力道"是台湾现代汉语中的一个常用词，台湾《重编》对该词的释义是：①力气。如："他手腕的力道强劲，和人家比腕力从没有输过。"②效用。如："这农药的力道很强，最好先稀释后再进行喷洒。"

反映两岸词语差异的词典也常把该词收录其中。黄丽丽主编的《港台语词词典》（黄山书社1990年版，第96页）就收了"力道"，释义为"力气"。《两岸现代汉语常用词典》（第664页）也收录了该词，释义是：

▲【力道】①力气；力量。例 ～不小。②效力；作用。例 打针比吃

药～来得快。

目前，该词已被《现汉》第6版（第796页）及第7版（第800页）收录，释义为：

【力道】〈方〉 名 ①力气；力量：他手很有～。②效力；作用：这味药～很大。

《现汉》的收录说明"力道"在普通话中已经完成了较大程度的融合，因而有必要让该词获得一个"词籍"。

对于研究而言，仅仅将认识停留在这一层面显然是不够的，我们还可以就一些具体问题作进一步的考察与分析。

（一）"力道"在台湾的使用情况（1949年以后）

尽管人们都认为"力道"属于台湾现代汉语中的常用词，但是该词究竟来自哪里，几乎无人论及。其实，对这一问题的思考，不仅仅是为了溯源，同时还为了说明为什么该词此后会在两岸出现明显的使用差异。

在我们查阅的文献中，并没有见到直接说明"力道"来源的相关论述，但从语言事实来看，该词在台湾的使用很可能是受了吴方言的影响。

"力道"一词在吴方言中十分常见，不少方言词典都收录了该词。比如，李荣（1997）主编的《上海方言词典》就有"力道"一词，释义为"力气"。除此之外，《上海西南方言词典》（褚半农，2006）、《宁波方言词语考释》（崔山佳，2007）以及《吴方言词典》（吴连生，1995）等也都收了该词，释义大致为"力气，力量；效力，作用"。

在北大CCL语料库中，中华人民共和国成立前的用例只有以下这一个：

（1）什么肥田粉！毒药！洋鬼子害人的毒药！我就知道祖宗传下来的豆饼好！豆饼力道长！肥田粉吊过了壮气，那田还能用么？今年一定要用豆饼了！（茅盾《秋收》）

茅盾是浙江嘉兴人，《秋收》发表在1933年的《申报月刊》上，前文提到的《吴方言词典》就以此句为例，说明"力道"在吴方言中有"效力、作用"义。

除此之外，叶圣陶的《火灾·饭》、陈蝶仙的《新泪珠缘》以及评弹《海上英雄》等作品也都用了"力道"，这些作者及作品都和江浙有关：如叶圣陶是苏州人，陈蝶仙是浙江钱塘人，《海上英雄》是苏州评弹的剧目。

蒋有经（2006）曾指出，在两岸隔离前，国民党政权一直集中在长江以南，受"粤、楚、吴越"文化影响很深，迁于台湾之后，这些因素必然会对台湾的语言状况产生影响。胡士云（1989）和於贤德、顾向欣（2000）也持相同的观点。从这一角度来说，"力道"在台湾现代汉语中的使用很可能是受了吴方言的影响。

20世纪70年代中期，"力道"出现在台湾股市、气象、体育等多个领域，用来指"力气、力量"或"效力、作用"。例如：

（2）九日在交易当中又曾传出院会有消息，虽然事后仍属传闻，但指数已带出二百大关，显示这一阵"多头"力道甚足。（台湾，1975-01-10）

（3）妮娜台风力道不足（台湾，1975-08-04）

（4）再加上厄队球员下午跑到华航队房间讨生力面吃，吃得她们一个个力道十足，于是痛宰南非五十五分，比数是九十二比卅七。（台湾，1978-02-13）

（5）"管理人"威风八面 "破产法"力道十足（台湾，1983-04-12）

在这四例中，前三例分别指（股市反弹的）力量、（台风的）力量以及（厄瓜多尔女篮队员的）力气，最后一例指的是（"破产法"的）效力、作用。

"力道"在台湾的大量使用大致开始于20世纪80年代末。在台湾新闻智慧网中，从1989年到2000年，"力道"的年使用次数都在100次到400次之间，而此前从20世纪70年代中期开始的十余年里，该词的年使用次数都在15次以下，以下是1989年至2000年的数据：

表4-11 "力道"的使用次数（1989—2000）

年份	1989年	1990年	1991年	1992年	1993年	1994年
使用次数	103	154	253	218	333	168
年份	1995年	1996年	1997年	1998年	1999年	2000年
使用次数	165	215	276	294	370	296

以上表数据为基础，我们通过折线图的方式来呈现使用次数的变化情况，详见下图：

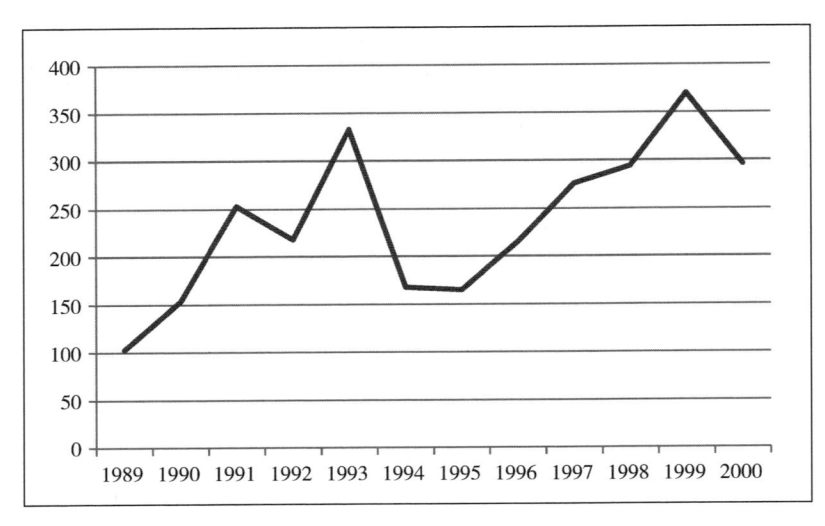

图 4-6 "力道"的使用次数变化情况（1989—2000）

由上表和上图可以看出，"力道"的使用量呈现出不断增加的趋势。不过，尽管数量在不断增加，但该词的使用范围逐渐趋于集中，最主要的适用范围有两个：一是经济，尤其是股市；二是体育。二者当中，又以前者为多。在整个发展过程中，经济类，尤其是股市相关的用例所占比重有增加的趋势。在1989年的103个用例中，有85例属于经济类，约占总数的82.52%；非经济类只有18例，占比约为17.48%。到了2000年，296例中有275例都属于经济类，比例约为92.91%，只有21例用在经济领域以外，占比约7.09%。两方面的用例我们各举一个：

（6）这一波上攻力道，除了中概股因有消息面刺激外，传统产业股的反弹行情应不会持续太久，目前追高尚非进场好时机。（台湾，2000-09-03）

（7）醉上道　追撞警车力道猛烈　员警一度疑遭偷袭　送办车主（台湾，2000-09-01）

进入21世纪，"力道"的使用量剧增，同时使用范围进一步集中。在台湾新闻智慧网中，我们以"力道"为关键词进行检索，由于系统的某些原因，2013年和2014年的数据无法完整显示，因此统计的下限只能设定在2012年底。从默认时间开始，截至2012年12月31日，共有42518条记录，而从2001年1月1日至2012年12月31日，该词在语料库中就一共出现39582次，约占总量的93.09%。具体数据如下：

表 4-12 "力道"的使用次数（2001—2012）

年份	2001年	2002年	2003年	2004年	2005年	2006年
使用次数	735	968	1146	2190	2705	1834
年份	2007年	2008年	2009年	2010年	2011年	2012年
使用次数	4352	4309	4635	5377	5585	5746

由上表可以看出，从2001年到2012年，"力道"的使用呈现出持续增长的态势，在2012年达到最高点。我们将1989年至2012年的数据合在一起，通过折线图来描述"力道"的使用次数变化情况：

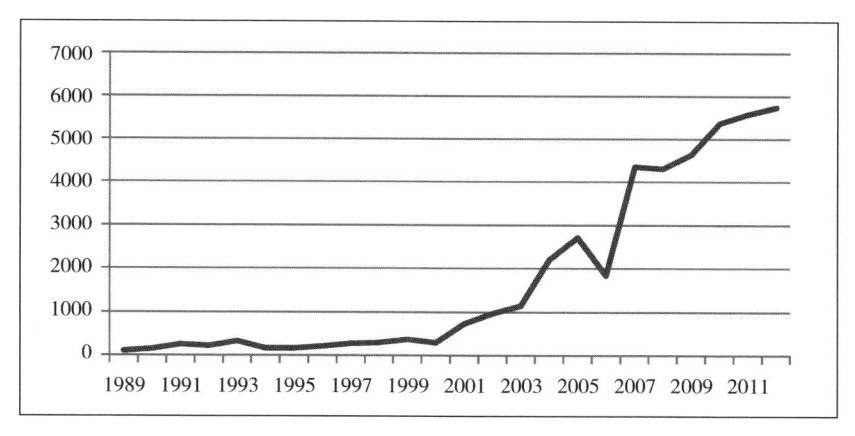

图 4-7 "力道"的使用次数变化情况（1989—2012）

在20世纪90年代，"力道"的使用范围已经呈现出集中的趋势，主要集中在经济（尤其是股市）和体育两个领域，其他领域较少。21世纪以来，这种趋势表现得更为突出。以2013年为例，我们按照时间顺序，从远到近选取了200个用例，其中有191个都属于经济类，约占总数的95.5%，这与之前统计的2000年经济类用例占比92.91%相较，又有所提高。以下是属于此类的两个用例：

（8）六福股价今日在旺季题材撑腰下，展现抗跌力道，早盘维持红盘震荡。（台湾，2013-01-04）

（9）指数开盘后一路往下走弱，直到7,700点整数关卡才出现撑盘的力道。（台湾，2013-01-08）

这两例是"力道"在台湾最常见、最普遍的用法。此外，还有少数经济类以外的用例。如：

(10) 强大的撞击力道让前挡风玻璃严重碎裂，丘女被撞飞三四公尺远，头、胸重伤，当场死亡。（台湾，2013-01-06）

(11) 机车撞击力道之大，深陷卡车左后轮，车头凹陷，严重损毁。（台湾，2013-02-05）

概括来说，"力道"在台湾的使用很可能受到了吴方言的影响。自20世纪80年代末开始，该词的使用日益频繁，在此过程中它的使用范围日益集中，目前超过九成的用例集中在经济领域（尤其是股市方面）。

(二) "力道"在大陆的使用情况（1949年以后）

对于台湾现代汉语来说，"力道"的使用很可能是受到了吴方言的影响。在大陆，方言的影响同样存在。

在《人民日报》图文数据库中，自1946年5月创刊至2001年底，只有两个用例，而这两个用例都与吴方言有关：

(12) 上海安乐三厂布置的废品展览会在展品上，都有通俗的宣传诗，如在坐坏了的纱筐上写着"纱筐小，力道小，当凳坐吃不消；保护好、保护牢，生产要有大用场，打得美帝哇哇叫"等。（大陆，1951-09-17）

(13) "再可以加深……这种刀可以加到十个毫米。你这部刨床力道小，可以吃七个毫米。"顾师傅还在旁边打气。（大陆，1960-09-19）

这两例中的"力道"指的都是"力气"，它们都和上海方言有关，前一例出自上海废品展览会上"通俗的宣传诗"，后一例出自顾师傅所说的话，而顾师傅是一位上海退休工人。

尽管吴方言中有"力道"一词，普通话中偶尔也会用，但真正大规模使用还是在两岸恢复往来以后，从这一意义上说，"力道"在大陆的使用很大程度上可以看作两岸词汇融合的结果。

从《人民日报》的情况来看，在上述两个吴方言用例之外，直到21世纪初，"力道"才再次出现，而较早的用例多与台湾相关。例如：

(14) 大陆经济迅速发展，而台湾经济成长力道减缓。（大陆，2002-08-27）

（15）然而，今年外部经济开始上扬，台湾的经济增长复苏力道却弱很多。（大陆，2003-11-27）

之后，"力道"逐渐脱离台湾背景，开始用于和台湾没有关联的新闻中，这种变化意味着该词融合度的提升。例如：

（16）在短短几个星期之内，澳元已人气尽失，每次回升的反弹力道日趋有限，其高收益效应也随之变得黯然失色。（大陆，2004-05-11）

（17）平心而论，美国这一次经济复苏的力道远逊于过去几次的景气周期，不但失业率下滑速度缓慢，财富分配不均也更加突出。（大陆，2013-01-05）

（18）在确保周边环境总体稳定向好的同时，中国在维护领土主权等核心利益问题上牢牢把握了斗争的原则、节奏、分寸和力道，体现出坚定的信心和意志。（大陆，2014-01-10）

（19）在一些地方和单位，由于抹不开面子、放不下私心，揭短亮丑的少了，莺歌燕舞、相互"唱赞歌"的多了，消解了批评的力道。（大陆，2014-05-27）

从目前的情况来看，"力道"的使用呈现出逐渐增加的趋势，但是年使用量还不是很多。我们选取了一份报纸，统计了该词2002年至2013年的年使用量，具体数据如下：

表 4-13　"力道"在大陆的使用次数（2002—2013）

年份	2002年	2003年	2004年	2005年	2006年	2007年
使用次数	1	2	1	2	10	3
年份	2008年	2009年	2010年	2011年	2012年	2013年
使用次数	2	5	9	8	8	8

从表中的数据可以看出，"力道"在大陆的年使用量还非常有限，2002年和2004年都只使用了一次。不过，从历时发展来看，近年来呈现出逐渐增加的趋势，比较明显的是2009年之后的年使用次数普遍多于2006年之前。

考虑到一份报纸的容量相对有限，且由于其具有很高的规范度，对一些语言发展变化现象的反映不够充分、不够及时，所以我们降低了规范度并扩大了考察范围，在百度新闻中统计并分析"力道"的使用情况，统计时间为

2003 年 1 月 1 日至 2013 年 12 月 31 日，具体数据如下：

表 4-14 "力道"在百度新闻中的使用次数（2003—2013）

年份	2003 年	2004 年	2005 年	2006 年	2007 年	2008 年
使用次数	258	781	880	938	1200	1390
年份	2009 年	2010 年	2011 年	2012 年	2013 年	
使用次数	1620	2120	2710	3920	6280	

在百度新闻中，"力道"的使用次数变化情况如下图所示：

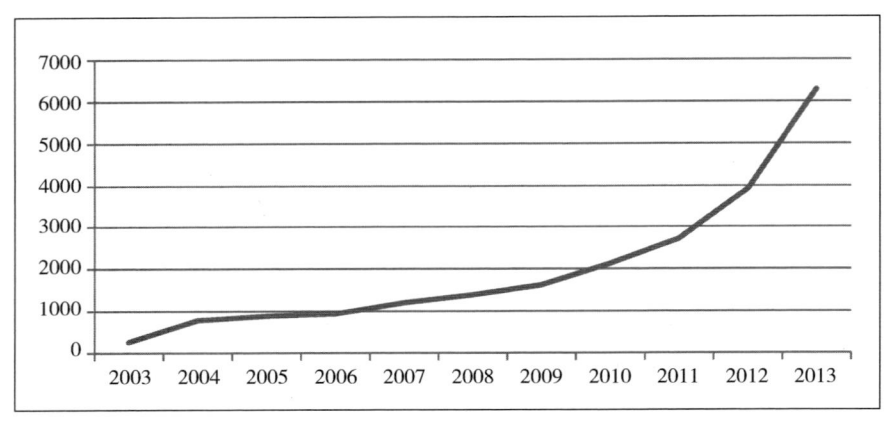

图 4-8 "力道"在百度新闻中的使用次数（2003—2013）

和单份报纸相比，百度新闻容量更大，覆盖的报刊、网站共 392 家。在这个大规模语料库中，我们可以更清晰地看到"力道"一词使用量的变化情况：无论是具体数据，还是折线图，这种使用量逐渐增多的趋势都是非常明显的——2003 年使用次数仅为 258，平均每天只有 0.7 次左右，而 2013 年已达到 6280 次，平均每天超过 17 次，这比 2003 年增加了 23 倍多。

从现在的情况来看，"力道"的"入典"过程颇有些曲折。《现汉》第 3 版和第 4 版收了该词，但是 2002 年第 5 版删去了，2012 年第 6 版又再次收入。关于这种收录、删去又再次收录的缘故，我们专门咨询了社科院语言所词典室的老师，对方认为第 3 版、第 4 版收录"力道"的主要原因是该词在茅盾、叶圣陶等名家的作品中都有出现且有一定的使用频率，为了方便读者查考，所以将其作为方言词收录。但是，在此后一段时间里该词使用频率一直不高,加上其方言因素,于是在第 5 版中又删去了。等到第 6 版修订时,该词已经比较常见了,使用面也比较广,加上台湾媒体使用得也比较多,因此又予以恢复。目前,第 7 版继续保留该词,延续了第 6 版的释义内容。《现汉》从收到不收,再从不收到收,或许也反映了语言使用者以及词典编写者对该词"欲迎还拒、欲拒还迎"的态度,同时折射出了"力度"与"力道"之间激烈的竞争关系。

二、"力度"的双向融合

和"力道"词义相近的还有"力度"一词,人们对于该词的认识主要有以下三个方面:

第一,该词属于大陆特有词。以《两岸差异词词典》(第 206 页)为例,词典的释文如下:

☆【力度】力量的强度。[例]加大城管的社会宣传和动员工作~|随着打击~的不断加大,传统的传销形式也不断改头换面。

"力度"前标注☆号,说明该词仅在大陆地区通行。

第二,该词和"力道"属于同实异名关系。以《全球华语词典》(第 524 页)为例,词典在释义后对"力度"的相关信息作了进一步标注:一是使用地区为大陆,二是在台湾现代汉语中还有一个异名词"力道"。

第三,该词在台湾已有一定程度的复现率。台湾《重编》网络版已将该词收录其中,具体内容如下:

【力度】大陆地区用语:(1)力量的程度。如:"那弯曲的线条透着无限的力度。"(2)功力的深度。如:"这是件有力度的作为。"

以上几点说明,在两岸词汇的融合过程中,大陆特有词"力度"已经在台湾现代汉语中产生融合,而《重编》在释义中注明该词是"大陆地区用语",说明该词的融合度还有进一步提升的空间。

在上述认识的基础上,我们还可以就一些具体问题作进一步的考察与分析。

(一)"力度"的由来

"力度"一词在 1996 年被《现汉》第 5 版收录(第 775 页),此后几个版本一直保留,释义和举例均无变化,具体内容如下:

【力度】①力量大小的程度；力量的强度：风的～足以吹折这棵小树。②指曲谱或音乐表演中音响的强度。从弱到强可分为最弱、更弱、弱、中弱、中强、强、更强、最强等。③功力的深度；内涵的深度：这是一部有激情、有～的好作品。

事实上，在 20 世纪 20 年代的语料中，就已出现"力度"部分义项的用例：

（20）此速度能使铁球得其最初之力度。若于跳后稍有停顿，则铁球即全失此速度之功用。（《申报》，1921-03-20）

（21）倘于此际，悉任全身由奔跑所得之力度，一往直前，并不留意转而向上，则全体重量皆压于竹竿上，即无由得向上之速度，而振摆亦不能极高。（《申报》，1921-03-27）

这两个例子都和体育有关，前一例说的是掷铁球的方法，后一例讲的是撑竿跳高的姿势。这里的"力度"大致相当于词典中的义项①，指的是力量大小的程度。

在 20 世纪 30 年代的音乐类杂志上，我们见到了"力度"义项②的用例，即"指曲谱或音乐表演中音响的强度"。例如：

（22）在新的音乐学中称作力度（Dynamik）的，便是从来的所谓强度（Loudness）。力度可分为两种基本的种类：1. 相对的强与弱；2. 渐次增强与渐次减弱。（《音乐教育》，1935 年，第 3 卷第 11 期）

（23）"我们吗？"最强的声音答道，"我们是你的力度（Dynamic）朋友，我们可以帮助你使音乐演奏得美丽好听，同时可以使你有兴趣地去练习。"（《音乐教育》，1937 年，第 5 卷第 3 期）

这两例中的"力度"都是意译词，前一个 Dynamik 是德语词，后一个 Dynamic 是英语词。

"力度"在中华人民共和国成立前的用例非常少，在晚清期刊全文数据库（1833－1911）、民国时期期刊全文数据库（1911－1949）以及瀚堂典藏等三个语料库中，我们一共只见到 6 个例子，除了上述例（20）至例（23）外，还有以下两例：

（24）我们四个人中，对于他们经过的恋爱史，所知道的，恐怕都只是很少的数页，或只是很少的数行，但于他们爱的力度，是透澈的、明了的。

(《申报》，1928-01-04)

(25) 上半时成二十二与十二之比，休息后，申报队一再力度进攻，终觉精力不及，乃无法挽回，反之约翰则进退顺利，获分颇多。(《申报》，1927-03-18)

这两例中的"力度"指的都是力量的强度，不同之处在于，前一例中的"力度"属于比较常见的名词用法，而后一例中的"力度"用来修饰"进攻"，在句中做状语，大致意为"有力度地进攻"，或许与后来的"强力进攻"相去不远。

总的来说，"力度"在两岸隔离前使用非常有限，这是此词在此后较长一段时间里发展缓慢甚至停滞的重要原因。

(二)"力度"在大陆的使用情况（1949年以后）

中华人民共和国成立后，"力度"在义项上的变化主要有两个方面：一是原有义项"力量大小的程度；力量的强度"以及"曲谱或音乐表演中音响的强度"的使用范围都有所扩大，二是产生了新义项"功力的深度；内涵的深度"。

"力度"在表示"曲谱或音乐表演中音响的强度"义时，最初主要用于音乐方面。例如：

(26) 情绪发展的每一个段落，音的力度的运用，都是有层次地部署的。在"游击军"的演唱中，他抓住了游击队胜利进军的形象特征，通过渐强又至渐弱的手法把它表现出来。(大陆，1955-12-15)

(27) 而"序列音乐"的"创作"方法则把十二音音乐的方法推广到音色、节奏、力度等各种音乐因素之中，它抛弃原来的音乐规律，而依照某种数学方法把各种音排列起来。(大陆，1961-08-31)

之后，该词的搭配对象从音乐扩大至舞蹈表演，这既是音乐的比较自然的延伸，同时是向其他方面扩展的一个连接点或跳板。例如：

(28) 这段舞蹈，队形高矮变化明显，舞台调度幅度大，动作英武矫健，富有力度，舞步急促、敏捷、轻巧无声，行时快如疾风，停时戛然而止，与赵勇刚"披星戴月下太行，流水疾风赴战场"的重要唱段交相辉映，浑然一体。(大陆，1973-08-02)

在这一例中，动作的力度和唱段浑然一体，动作和音乐在强度上是相当的，只是表现形式有所不同。在此基础上，"力度"进一步扩大至不包含音乐元素的动作。例如：

（29）这些棱角分明、力度强硬的动作——砍翻、劈削、刺跳、跃踢、掷石块等等，突出地表现了他为革命赴汤蹈火、义无反顾、勇于自我牺牲的崇高品质。（大陆，1974-01-02）

大约在20世纪80年代末，"力度"原有义项"力量大小的程度；力量的强度"的使用范围有了进一步扩大，可用来指政治、经济等领域中（改革等事件）力量大小的程度或力量的强度。例如：

（30）但另一方面，1984年发生经济过热以来，由于整治经济环境的决心和力度不够，经济过热现象反复叠起，在经济紧张的环境下，一些重要的关键性的改革，特别是价格改革，前几年就很难迈开步子。（大陆，1988-08-19）

（31）白皮书对这方面的分析和提出的对策相形见绌，给人的印象是，进攻有力度，防守有漏洞，解剖他人严于解剖自己。（大陆，1989-06-12）

此外，自20世纪80年代起，除上述用法外，"力度"还开始用于散文、诗歌、绘画、电影等抽象事物（多是艺术作品），指"功力的深度；内涵的深度"。例如：

（32）因而，她的散文写的东西虽细小，细微中却蕴含着宏旨；看似平淡，平淡中却能显示力度。（大陆，1981-12-02）

（33）影片气度恢宏，意蕴丰厚，堪称是一部有速度、有深度、有力度的警世之作。（大陆，1987-04-21）

（34）他的白描山水，以富于力度、节奏和方圆枯腴变化的线条结构而成，参以民间艺术的观念和造型手法，取得了含蓄蕴藉、明快天真的审美意趣。（大陆，1987-11-17）

为了进一步考察"力度"在《现汉》中三个义项的产生及使用情况，我们选取一份大陆报纸，统计了1955年至1990年间各义项的用例数。之所以将起点定在1955年，是因为最早的用例出自这一年；而终点定在1990年，则是因为到这个时候"力度"各义项的使用情况已基本确定，截至此时已经可以比较清楚地观察各义项的使用情况。具体数据见下表：

表 4-15 "力度"各义项在大陆的用例数（1955—1990）

年份	1955年	1956年	1957年	1958年	1959年	1960年	1961年	1962年	1963年
义项①	0	0	0	0	0	0	0	0	0
义项②	1	0	3	0	0	3	3	5	2
义项③	0	0	0	0	0	0	0	0	0
年份	1964年	1965年	1966年	1967年	1968年	1969年	1970年	1971年	1972年
义项①	0	0	0	0	0	0	0	0	0
义项②	5	2	1	0	1	2	7	2	7
义项③	0	0	0	0	0	0	0	0	0
年份	1973年	1974年	1975年	1976年	1977年	1978年	1979年	1980年	1981年
义项①	0	0	0	0	0	0	0	0	0
义项②	5	2	7	7	5	6	1	1	2
义项③	0	0	0	0	0	0	0	0	1
年份	1982年	1983年	1984年	1985年	1986年	1987年	1988年	1989年	1990年
义项①	1	1	1	1	2	6	2	16	36
义项②	2	1	2	0	4	15	10	5	16
义项③	4	1	3	7	10	14	17	14	12

这三个义项的用例数量变化情况如下图所示：

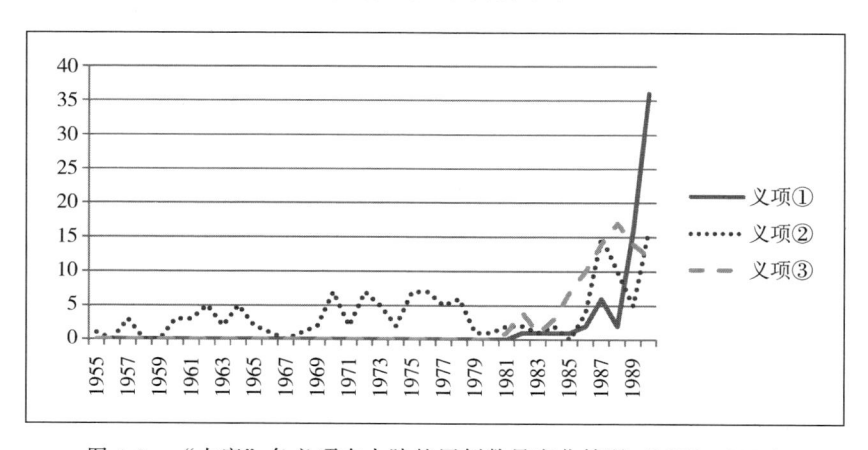

图 4-9 "力度"各义项在大陆的用例数量变化情况（1955—1990）

由上表和上图可以看到，义项②在 20 世纪 80 年代之后有了较大幅度的增加，其原因是使用范围由最初的音乐扩大至舞蹈等领域，由此带来用例的增多；义项③的用例大致出现在 20 世纪 80 年代初，常用来指艺术作品的内涵深度；变化最明显的是义项①，虽然在两岸隔离前就已经见到相关用例，但是中华人民共和国成立后的用例直到 1982 年才见到，其中的原因可能有两个：一个原因是单份报纸本身的语料规模有限，因此无法全面反映出所有义项的用例；另一个原因则是该义项的使用确实很少，已有的数据如实地反映了这一情况。对于义项①来说，更为明显的变化是从 20 世纪 80 年代中后期开始其用例出现了大幅增加，其中的原因是该义项的使用范围明显扩大，在表示"力量大小的程度"时，原有的对象主要是"风"等具体事物，之后扩大至抽象事物。这一时期最为常见的是"调控力度"，例如：

（35）随着宏观调控力度松动措施的逐渐见效，前阶段经济发展中需求不足的矛盾逐步有所缓解，投资需求、消费需求均呈现回升的态势，但工业经济效益不理想的局面仍未改观。（大陆，1990-09-26）

（36）如何搞好宏观经济调控，把握好调控力度？（大陆，1990-11-13）

发展到现在，义项①已经成为最常用的义项。在上述报纸 2014 年的数据中，我们按照默认顺序依次考察了 200 个用例，结果显示，它们几乎都属于义项①的用例，而这也可能是《现汉》多个版本都将其作为第一个义项的主要原因。此外，根据曾立英（2008）的调查，这时的"度"已经发展成了一个表示事物性质的类词缀并具有较强的能产性，除"力度"外，还有"舒适度、使用度、知名度"等。

（三）"力度"在台湾的使用情况

如前所述，"力度"在两岸隔离前的使用非常有限，隔离后的台湾在较长一段时间里保持着之前的状态。从隔离开始直至 20 世纪 80 年代末，在长达四十年的时间里，该词在台湾新闻智慧网中仅有以下这一个用例：

（37）如果能够从音乐的意境、风格、语气和分句法、主旋律与伴奏音量的比例、节奏的匀称、力度强弱的变化、适当时速的选择等细节表现出来，才是有血有肉有灵魂的演奏。（台湾，1973-01-07）

这个例句出自一则报道钢琴比赛的新闻，句中的"力度"指的是"曲谱或音乐表演中音响的强度"，这和前文所举的两岸隔离前的相关用例基本一致。

"力度"在台湾媒体上再次出现，已是20世纪90年代的事情了，可以初步肯定，它不是作为专业术语在台湾言语社区的自然引申，而是从大陆言语社区引进和吸收的。1991年7月8日，台湾一份报纸刊登了一则大陆新闻，两次用到"力度"一词：一次见于标题，即"指示加强改革力度"；另一处见于正文，即"在这次谈话中，他强调不要把治理整顿和深化改革对立起来，价格、住房、医疗和保险制度改革力度可以加大，股份制可由地方实验做起"。如果说此例可以看作大陆的"力度"首次进入台湾的话，那么，此后的用例则是"力度"在台湾的进一步推广，这些用例多出自"大陆新闻"版块，有时甚至直接引用大陆的表述。例如：

（38）上海改革开放　＊＊＊称将加大力度（台湾，1991-10-16）

（39）开年以来，上海的所有报刊一片改革之声，强调的基调都是要进一步加大改革开放的力度。（台湾，1992-02-14）

加大改革"力度"是当时大陆制定的政策，大陆报纸中也有类似的报道。例如：

（40）＊＊＊在今天召开的全国经济体制改革工作会上说，国家体改委在今年将加大这方面的改革力度，各地将按照城镇住房制度改革的总体部署，选择一两个市进行住房制度全面改革的试点。（大陆，1991-02-26）

在两岸恢复交流后，台湾开始关注大陆新闻，"力度"是新闻内容中的一个重要的词，在撰文时该词就顺理成章地登上了台湾的报端。值得注意的是，20世纪90年代初正是"力度"在大陆蓬勃发展的时期，此词在大陆有了较高的使用频率，因而具有了"扩张"的推力（或者说是足够的辐射力），这是台湾言语社区吸收利用的基础和条件，而台湾新闻的即时引用也反映出两岸词语的共振状态。例如：

（41）大陆"经济蓝皮书"出版　建议掌握宏观调控力度　将经济成长率控制在10％以内（台湾，1994-02-09）

（42）九五经济成长速度将呈双驼峰型　大陆宏观调控力度基本思路形成：一松一紧，再一松一紧（台湾，1996-01-22）

在此后的报刊中，一些反映台湾本地事件的新闻中也开始出现"力度"一词，这是该词在两岸融合度提高的一个标志。例如：

（43）……集团至少投入 18 亿元资金参与认购……现金增资股票，加重对高科技领域投资力度。（台湾，2000-11-25）

（44）……公司加大光电通讯产学投资合作力度，继 3 月与美国麻省理工学院签署合作计划后，将再与加州大学圣塔芭芭拉分校签署合作研究计划，结为产学界策略伙伴。（台湾，2001-04-14）

为了有一个数量上的认识，我们以台湾一份报纸为对象，考察"力度"近年来的使用情况。由于该报只能提供 2003 年以来的数据，而检索到的首个用例出现在 2004 年 1 月，因此，我们将考察的起点定在 2004 年，终点定在 2014 年。

表 4-16　"力度"在台湾的使用次数（2004—2014）

年份	2004 年	2005 年	2006 年	2007 年	2008 年	2009 年
使用次数	6	0	5	4	6	19
年份	2010 年	2011 年	2012 年	2013 年	2014 年	
使用次数	10	28	27	32	24	

总体变化情况可以下图来表示：

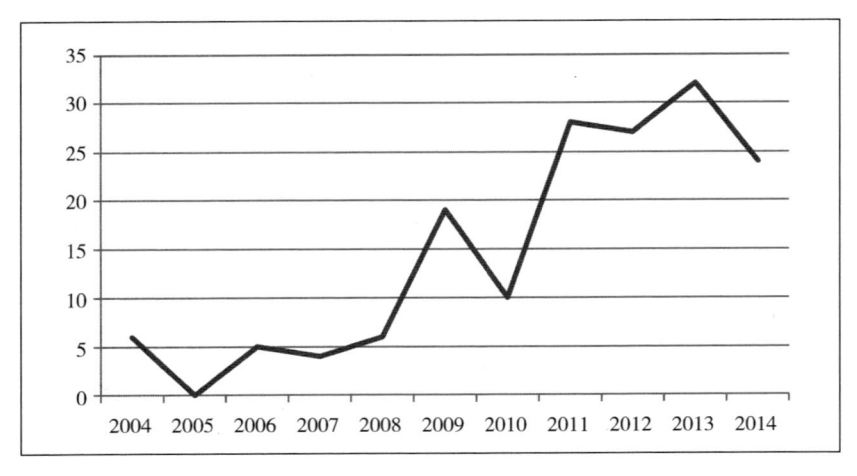

图 4-10　"力度"在台湾的使用次数变化情况（2004—2014）

由上表和上图可以看出，"力度"在台湾的使用呈现出逐渐增加的趋势，这种状态一直持续到现在。从 2015 年 1 月到 2015 年 8 月，"力度"已经出现了 23 次，这 8 个月的数据几乎要与 2014 年全年的数据持平，如果到年底，必然会超过上一年的使用次数。

从内容来看，在大陆的三个义项中，台湾使用最多的是第一个义项"力量大小的程度；力量的强度"。例如：

（45）压力感应装置及按摩牙龈模式，可确保刷牙力度适中，温柔守护牙龈。（台湾，2014-09-12）

（46）虽然业者面临很多问题，但大家不要灰心，一定要加紧力度持续开会，寻找问题，凝聚共识，向政府提出最好的解决方式。（台湾，2015-04-09）

虽然都用来指"力量大小的程度"，但是前一例比较实在，指刷牙的力量，这是可以用手来感知并控制的；后一例则比较虚一些，指寻找解决问题的力量。从实际用例来看，后者数量更多一些，这和大陆的情况基本一致。

三、"力道"和"力度"的消长变化情况

无论是"力道"，还是"力度"，它们在原言语社区都属于使用频率较高的词，或者说属于相对强势的词。在这种情况下，对方言语社区的"力度"或者"力道"在进入时就存在比较强的阻力，即便是进入后，短时期内也很难和原来的词相抗衡，只能在一定程度上挤占原有词的部分空间。

21世纪以来，"力道"在大陆有了一定程度的发展，尽管使用数量和"力度"相比仍显得非常有限，但二者之间的差距已明显缩小。我们在cnki报纸库中统计了"力度"和"力道"的年使用次数，并计算了二者之间的比率：

表 4-17　"力度"和"力道"在 cnki 报纸库中的使用情况（2000—2014）

年份		2000年	2001年	2002年	2003年	2004年	2005年	2006年	2007年
使用次数	力度	22093	33767	37955	55916	66351	95818	214615	239966
	力道	10	18	35	49	77	90	208	184
二者比率		2209∶1	1876∶1	1084∶1	1141∶1	862∶1	1065∶1	1032∶1	1304∶1
年份		2008年	2009年	2010年	2011年	2012年	2013年	2014年	
使用次数	力度	241740	243784	245601	244571	179660	181725	196094	
	力道	159	165	183	191	207	300	287	
二者比率		1520∶1	1477∶1	1342∶1	1280∶1	868∶1	606∶1	683∶1	

下图反映的是"力度"和"力道"在 cnki 报纸库中年使用次数的比率关系：

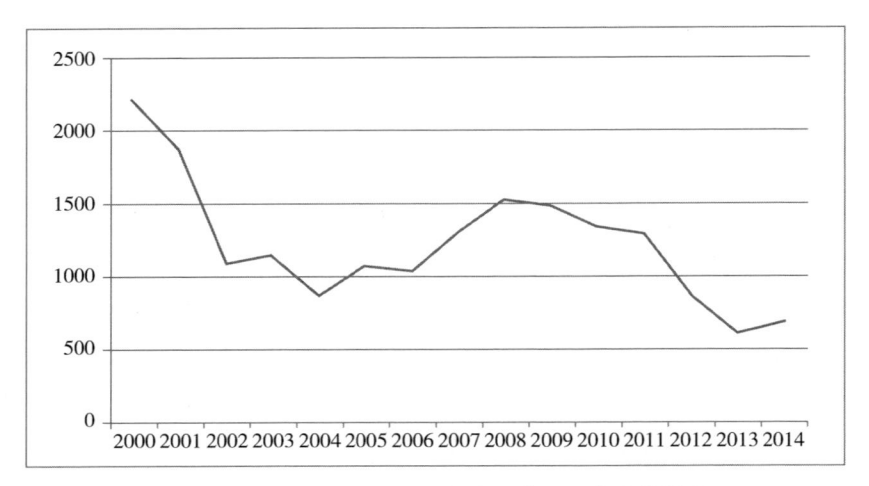

图 4-11 "力度"和"力道"在 cnki 报纸库中的使用比率变化情况（2000—2014）

由上表和上图可以看到，"力度"的年使用次数远远多于"力道"，在这十五年的数据中，"力度"的年使用次数最少的也有 2 万多次，而"力道"最多也只有 300 次。不过，随着"力道"使用量逐渐增加，二者之间的差距正逐步缩小，2000 年"力度"的使用次数是 22093 次，"力道"只有 10 次，二者相差约 2209 倍；而到了 2014 年，"力度"的使用次数是 196094 次，"力道"为 287 次，二者的差距缩小至约 683 倍。这组数据也可以作为"力道"在大陆融合度提高的一个证据。

与大陆的情况类似，"力道"在台湾现代汉语中属于十分常见的词，使用频率也比较高；"力度"在进入台湾后也有了一定程度的发展，但和"力道"的差距仍然比较明显。近年来，随着"力度"使用次数的增多，该词和"力道"之间的差距正逐渐缩小。我们以台湾一份报纸为对象，统计了"力道"和"力度"的年使用次数及二者之间的比率。考虑到该报只能提供 2013 年 5 月以来的数据，我们将考察的起点设定在 2004 年，终点确定在 2014 年。详细数据如下：

表 4-18　"力道"和"力度"在台湾的使用次数及比率（2004—2014）

年份 项目	2004 年	2005 年	2006 年	2007 年	2008 年	2009 年
力道	1119	973	1008	1109	1309	1120
力度	43	17	23	16	36	65
二者比率	26∶1	57∶1	44∶1	69∶1	36∶1	17∶1

年份 项目	2010 年	2011 年	2012 年	2013 年	2014 年	
力道	1123	1014	1040	1114	1063	
力度	93	57	83	108	120	
二者比率	12∶1	18∶1	13∶1	10∶1	9∶1	

以下是根据二者的使用比率绘制的折线图：

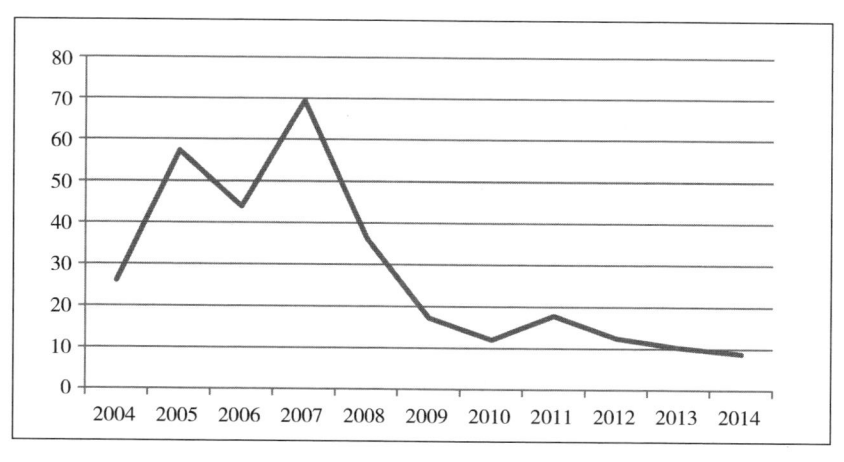

图 4-12　"力道"和"力度"在台湾的使用比率变化情况（2004—2014）

由上表和上图可以看到，"力道"的年使用次数远多于"力度"，在这十一年的数据当中，使用次数最少的是 2005 年，共有 973 次。除了这一年之外，其余十个年份的年使用次数都在 1000 次以上，最多的甚至达到 1300 次以上；相比之下，"力度"的使用次数就少得多，除了 2013 年和 2014 年分别达到 108 次和 120 次外，剩下所有年份的使用次数都在 100 次以下。尽管如此，我们仍然可以看到，"力度"的使用次数呈现出逐渐增长的趋势，和"力道"的使用比率差距也逐渐减小。在 2008 年以前，"力道"的年使用次数分别是"力度"的 26 倍、57 倍、44 倍以及 69 倍，从 2008 年开始，差距明显缩小，等到 2013 年、2014 年，这一比例已经下降至 10∶1 和 9∶1，二者使用比率的变化反映出"力度"在台湾融合度的提高。

如果将这两个词在前述 cnki 报纸库和台湾报纸中的使用比率变化进行对比的话，可以发现，二者的整体趋势是非常相像的，这说明"力道"和"力度"在两岸的使用量差距正逐渐减小。

随着"力度"在台湾的发展，人们在表达大致相同的意思时，既可以用"力道"，也可以用"力度"。例如：

（47）台湾苹果官网宣布 9 月 26 日起开放订购，电信通路方面，为了冲刺 4G 用户数，将加大 iPhone 6 补贴力度。（台湾，2014-09-10）

（48）下半年将加大手机补贴力道，苹果新机 iPhone 6 将有特别预算专案补贴，以抢攻 4G 市占率。（台湾，2014-09-02）

这两例说的都是"加大手机补贴"的话题，前者用"力度"，后者用"力道"，二者没有明显区别。

值得注意的是，无论是"力道"还是"力度"，都常和"加大"搭配，尽管目前"力度"在台湾的使用远不及"力道"，这种搭配格式却并非如此。我们以"加大力道"和"加大力度"为关键词，在台湾一份报纸中检索这两种搭配形式的使用情况，语料时间为 2004 年 1 月 1 日至 2014 年 12 月 31 日，具体数据如下：

表 4-19　"加大力道"和"加大力度"在台湾的使用次数（2004—2014）

年份 关键词	2004 年	2005 年	2006 年	2007 年	2008 年	2009 年
加大力道	13	19	21	17	16	19
加大力度	7	1	2	0	8	9
年份 关键词	2010 年	2011 年	2012 年	2013 年	2014 年	
加大力道	23	19	25	23	26	
加大力度	25	14	29	36	30	

这两种搭配形式的使用量变化情况，可在下图中体现出来：

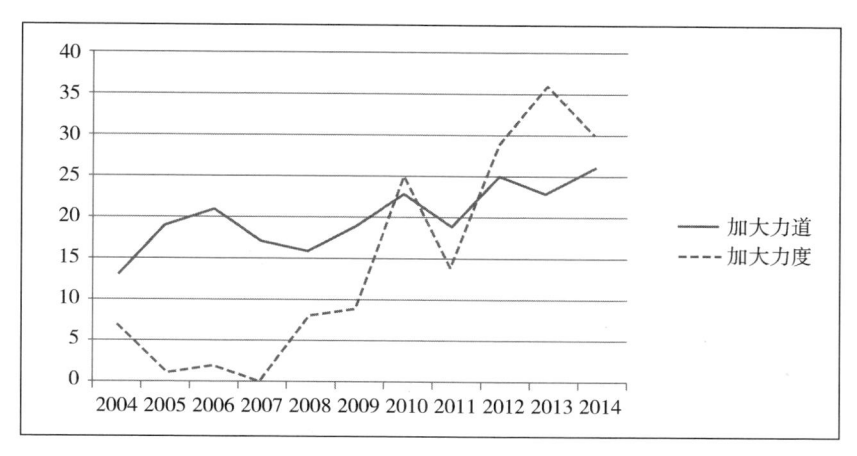

图 4-13 "加大力道"和"加大力度"在台湾的使用量变化情况（2004—2014）

由上表和上图可以看出，"加大力度"这种搭配形式在 2008 年以前使用量非常有限，从 2008 年起开始呈现出逐渐增长的状态，并在 2011 年之后超过"加大力道"。

如前所述，在台湾，"力道"的使用范围呈现出不断集中的趋势，目前主要集中在经济领域，尤其是股市方面。"力度"的引入可以弥补这种不足，在一定程度上使二者的使用范围有所分工并呈现出互补的趋势。

四、小结

在前文差异部分，我们曾提到，同义异形词是两岸词语差异的一个类别。在两岸恢复交流与沟通后，这类词语也面临融合与否以及融合度高低的问题。和其他词语相比，这类词语在融合时存在较为明显的阻力，被相关词典吸纳的过程也显得更为曲折。

先说融合中的阻力问题。两岸同义异形词指的是在表达大致相同的词义时，两岸所使用的词形有所不同。这类词在融合时，首先面临的就是与引入言语社区常用词形的竞争问题。在大陆，"力度"是一个常用词，使用频率也比较高，在这种情况下，"力道"想在竞争中获得立足之地就比较困难；与此类似的是，"力度"在台湾言语社区也面临同样的困难。如果形象一点儿来说，就是一个新词硬挤进其他词的使用空间，而后者"极不情愿"地让出了一小块儿领地。由于两岸词汇融合的时间还比较短，加上原有词语在此前较长一段时间内始终占据"统治"地位，因此，"力道"和"力度"在引入言语社区的使用量都不算太多。从这一意义上来说，同义异形词在引入言语社区能否融合以及融合到什么程度，一定程度上是由该言语社区对应的常用词形的让步程度决定的，让步越多，词语融合的阻力越小，反之则越大。

再说相关词典的收录问题。这一点实际上是由前一点延伸出来的。无论是《现汉》还是台湾《重编》，在收词时都强调常用性，这就与使用量直接挂钩。由于同义异形词在融合时存在明显的竞争，原有的词处于强势地位，新词在较短的时间内很难大幅提高使用量，而这直接影响词典的收录，即便是被收录，也可能因其使用量不高而被"请出"词典。正如前文所述，"力道"曾被收入《现汉》第 3 版、第 4 版，但由于使用量不高，加上其本身的方言因素，在第 5 版中就删去了。此后，该词的使用比较频繁，因此在第 6 版修订时再重新收入。对于同义异形词而言，不同词形的词在同一言语社区的竞争长期存在，新词的使用量很大程度上受已有常用词的限制，因此想要在词典中立足并站稳脚跟实属不易。"力道"在《现汉》第 7 版中继续保留，也说明该词在大陆的融合已经具备了较好的稳定性，得到了权威词典的认可与接纳。

我们选择"力道"和"力度"这组词作为考察对象，不仅仅是因为它们属于同义异形词，更是因为它们代表了一种新的类型，或者说体现了新的融合内容。如果说"资深"代表此无彼有的引进，那么"力道"和"力度"则是一种"有上加有"的选择，如果用成语来概括，前者相当于"雪中送炭"，后者则是"锦上添花"。

这组词的融合过程可以引发对相关问题的进一步思考，如占位的相对性、占位与竞争之间的关系及可能的结果等。在大陆，"力度"的使用频率很高，但可能不及"力道"文雅，后者更符合人们追求文明雅致的心理；在台湾，"力道"的使用主要集中在经济领域，"力度"在引入后就有了较为广阔的空间。当一个新词面临占位以及可能存在的激烈竞争时，原有词在占位中的薄弱环节常是最脆弱、也最容易被攻下的"地盘"，新词语的融入同时伴随着原有词语在相关领域的退出。

从两岸词语融合效果来说,"力道"和"力度"的双向融合可以使两岸的语言表达更加严密、高效,表达手段更加丰富多样。如果从语言资源及其利用的角度说,融合也是一种互补,最终的目标是达到资源的充分、有效利用,而在这一过程中,我们的民族共同语自然也会得到进一步的丰富。

第七节　余　论

在本章中,我们以"资深""抓紧""科普"以及"力道、力度"作为研究示例,从相对微观的角度考察这些词在两岸产生的融合现象。我们选择这几个词,主要出于以下几个方面的考虑:

第一,代表不同的融合方向。两岸词语的融合方向主要有三个:一是大陆吸收台湾,二是台湾吸收大陆,三是两岸双向互相吸收。本章分析的几个例词包括了上述三种情况。因此,虽然这里讨论的只是几个个体词,但是它们实际上代表了不同的类型,由此而取得"窥一斑而知全豹"的效果。

第二,反映不同的融合度。两岸词语在融合中表现出来的融合度并不完全一致,有的词语融合度高,有的却比较低。在我们讨论的几个词中,"资深"的融合度相对较高,该词在大陆使用比较广泛,已被《现汉》多个版本收录;而"力度"的融合度相对较低,一方面该词在台湾的使用量还比较有限,另一方面台湾权威辞书在收录时专门标记该词属于大陆用语,这说明"力度"还没有完全摆脱大陆特有词的身份。

第三,体现不同的融合过程。两岸词汇的融合过程并不是整齐划一的,每个词都有自己特殊的状态。就融合的起点来说,有些词融合得比较早,有些则融合得比较晚;就融合的内容来说,有些在词义方面变化明显,有些在语法方面更为显著,还有的则主要体现在使用量的增加或减少上;而从引发词语融合的因素来看,就更为多样了:有的可以满足人们求新猎奇的心理,有的可以填补现有词汇系统的空白,还有的可以增加表达的多样性,等等。

目前，两岸词汇的融合研究主要在共时层面展开，这些研究回答的主要问题是哪些词语已经融合了，哪些词语还没有。但是，产生融合的词语是如何一步步完成的，目前正处于什么样的状态，这样的工作少有人问津。在本章中，我们以"资深"等词作为专门的讨论对象，很大程度上也是为了弥补已有研究的上述不足以及由此带来的缺憾。在两岸语言对比研究中，微观层面的"观察、描写和解释"直接影响其质量和水平（刁晏斌，2012d），而此项研究目前开展得还很有限，我们选择"资深"等词进行相对细致的描写，大致也是出于这方面的考量。

第五章　关于早期现代汉语词汇在台湾发展演变研究的若干思考

- 第一节　研究方法
- 第二节　研究内容
- 第三节　余　论

早期现代汉语词汇在台湾的发展演变直接导致了两岸词汇的差异，以及在差异基础上的融合。自 20 世纪 80 年代末开始，相关事项逐渐进入人们的视野，并逐渐成为学术研究的热点。早期的研究主要集中在比较两岸词汇的意义差别，探究造成差异的原因，更多的是为了方便两岸人民的沟通与交流。随着时间的推移，两岸词语逐渐开始向对方言语社区渗透，于是词汇的"融合"现象也开始引起学者的关注。就大陆方面来说，"港台来客"已成为新词语的重要来源，而它们的大量涌入也给大陆词语带来了一系列的变化（刁晏斌，2001）。总体而言，这些词语的引进、存在以及流行，有一定的"理据"（郑媛，2004）。自两岸恢复交流以来，已有相当数量的港台来源词语经常出现在大陆报刊甚至日常的语言使用中，对于其中的很多词语人们早已经习以为常了（李明，1992）。

两岸词汇的差异研究主要集中在三个方面：一是仅在某一言语社区使用的特有词，二是同形异义词，三是同义异形词。在探究词语差异的形成原因时，人们主要围绕历史原因、语言本身的发展演变、使用者的心理因素等方面展开。两岸词汇的融合研究主要集中在融合的结果或者融合对对方言语社区的影响，如增加新词语或新义项、使词语扩大使用范围、改变词语的使用频率等。

时至今日，两岸词汇的差异与融合研究已经取得了不少成果，透过这些研究，人们对两岸词汇的差异状况以及融合情况有了更多的认识和了解。然而，如果着眼于未来，目前的研究仍有进一步提升的空间，在我们看来，至少可以从研究方法和研究内容两方面进一步深入拓展。

第一节　研究方法

从目前的研究来看，人们所做的工作更多的是定性、静态描写，下一步的研究可以更多地从定量研究、动态考察等方面进一步拓展。

一、由定性研究到定量研究

在描写两岸词汇的差异时，人们经常会用到"大量""不少""一些""很多"等相对比较模糊的词语来对具体差异或其某一方面进行量的叙述或描绘。这一方面可能是受限于具体语料，另一方面也可能是某种程度的"习惯"使然，因为毕竟在"传统"的现代汉语"本体"研究中，这也是人们经常使用的表达方式。然而，从某种意义上说，这种表达其实是从感觉出发，而感觉和客观事实之间是否一致无法准确获知；另一方面，由于感觉因人而异，因此在描写相同的对象时可能存在较大的出入，由此更增加了其模糊性与不确定性。比如，胡士云（1989）曾提到，若干年来大陆与港台处于几近隔绝的状态，民众得不到正常的交流，因而两岸民众在使用汉语时有着"较大的差异"，这种差异在词汇方面表现得"尤为明显"，这是一种表述，或者说是一种观点。然而，也有人的感觉与此不同，认为"综合起来看，海峡两岸词语在词汇方面的差别不是特别大"（杨艳丽，2004）。事实上，要准确把握两岸词汇的整体差异及其在不同时间节点上的实时状况，就应该通过定量统计来进行数据对比分析，仅仅依靠感觉是远远不够的，更不能"跟着感觉走"，因为有时感觉甚至可能是一种误会或错觉。

在研究两岸词汇的融合状况时，同样存在这样的问题。郑媛（2004）在谈到普通话吸收港台方言词时说，直接吸收港台语成为人们的必然选择，这类词语"数量繁多"。徐莉（2008）也有类似的表达，她指出，一方面，不少台湾地区的常用词语纷纷"登陆"内地并且入乡随俗；另一方面，台湾地区最权威的通用语文辞典《重编》也收录了不少大陆词语。我们想问的是：从数量上看，"不少"究竟有多少？从融合的程度来看，是不是所有词语的"融合度"都一样？有多少词语的融合度高，高到什么程度？又有多少词语融合度一般或者不太高，具体处于什么样的状态？显然，要描写清楚这些具体状况，仅靠定性分析是不够的，定量分析必不可少。

我们曾就此作过小规模的调查。从李行健主编的《两岸常用词典》中筛选出大陆和台湾特有的词语，其中大陆方面539条，台湾方面867条。从大陆和台湾各选取一份报纸，分别统计词典中标注的两岸特有词语在对方言语社区的使用情况，语料的起止时间为 2000 年 1 月至 2013 年 6 月。

结果显示，在考察的台湾报纸中，大陆词语有 334 个使用次数为 0，约占总数的 62%；有 60 个词仅出现 1 次，有 31 个词出现次数为 2，15 个词使用次数为 3，另有 15 个词使用了 4 次；使用 5 次及以上的有 84 个词，约占大陆特有词的 15.6%。使用频率排在前 20 位的词语分别是"低档（700+）、旅游局（451）、身份证（229）、缓解（212）、幼儿园（170）、生物技术（122）、幼儿教育（115）、听证会（85）、站点（79）、小资（76）、联署（74）、中转（49）、互联网（45）、塑料（45）、笔记本电脑（44）、联欢会（42）、让利（40）、保修（39）、黄金周（39）、公共交通（37）"，括号内标注的数字是该词语在台湾报纸中的出现次数。

在考察的大陆报纸中，台湾 867 个特有词语，有 625 个使用次数为 0，107 个使用次数为 1，33 个使用了 2 次，22 个使用了 3 次，11 个使用了 4 次；使用 5 次及以上的有 69 个，这一数字约占台湾特有词语的 8%。使用频率排在前 20 位的词语分别是"资讯（238）、劳动密集型（219）、生活品质（117）、公权力（112）、残障（83）、生物科技（48）、代工（46）、吐槽（41）、残障人士（40）、借由（40）、冰淇淋（39）、年金（35）、概念车（29）、助理教授（29）、外太空（27）、亮眼（26）、选战（23）、选情（22）、光碟（21）、玩票（20）"，括号内数字为该词语在大陆报纸中的出现次数。

如果以使用 5 次为分界，多于或等于 5 次视为已经或正在融合，那么这组数据说明两岸特有词语被对方语言特区吸收融合的数量和比例其实并不高。如果不作定量统计，仅着眼于融合的"个体"，很容易得出"不少、很多"的结论，但如果从整体出发进行统计，就会发现凭感觉定性可能并不可靠。

当然，以上调查结果反映的是 2000 年至 2013 年一个小范围内的两岸词汇关系状况，如果扩大调查范围，或者是在其他时间点上进行，情况自然会有所不同，因此在不同的时间及不同的使用范围内持续不断地进行定量分析显得很有必要。比如，刁晏斌（2015a）所作的台湾现代汉语词汇与大陆普通话趋同现象调查，情况与上述调查结果相比就有了很大的改观；而刁晏斌（2017）对台湾现代汉语中"搞""抓"等词的调查结果显示，它们在台湾报刊语言中基本已经实现了与大陆的深度融合。

二、由共时描写到历时考察

刁晏斌在《现代汉语史》一书中,将现代汉语的发展历史(1919 至今)分成四个阶段:1919—1949,1949—1966,1966—1978,1978 至今。由于历史的原因,两岸从第二阶段开始就处于长期的隔绝状态,双方词汇的差异也由此而产生,并在第四阶段两岸开始交流时集中显现出来。

在以往的研究中,无论是描写两岸词汇的差异还是解释差异的形成原因,主要都是在共时平面进行。人们对两岸词汇的差异状况多是静态描写,如果结合现代汉语史的分期,就是在第四阶段内进行共时描写。在解释两岸词汇差异的形成原因时,基本也是如此。虽然有时人们也会提到台湾用法继承或延续了早期现代汉语的习惯,而大陆词语在中华人民共和国成立后用法发生了改变,由此而形成了诸多差异,但是这种粗线条的认识和表述还应当进一步细化和深化。我们知道,从第一阶段的早期现代汉语到第四阶段的当代汉语,差异在整个过程中是逐渐累积形成的,并不是一蹴而就的,而我们现在对这种累积过程的历时考察作得还很少,因而对词汇差异的具体形成过程所知非常有限。

共时描写在两岸词汇融合情况的研究中似乎表现得更为突出。人们对产生融合的词语本身,或者说对词语产生的融合结果似乎更感兴趣,比如我们耳熟能详的"诉求""整合""解读""作秀""掌控"等词,已经被收进最新版的《现汉》,"名优""瞒报""批条"等词被收入台湾《重编》(徐莉,2008)。而这些词究竟经历了怎样的过程才最终被对方言语社区吸收,我们知之甚少,有些甚至一无所知。

我们不妨来看两个具体的例子。

先看"听证会"一词。《两岸常用词典》将该词标注为大陆特有词,和台湾的"公听会"相当,释义为"为审议涉及公众利益的法令、法规草案或了解某一事件的真相而举行的听取有关人员作证、说明的会议"。我们在台湾一份报纸中进行检索,起止时间为 2003 年 1 月至 2013 年 10 月,具体数据如下:2004 年使用 4 例,2005 年 2 例,2006 年 1 例,2007 年 5 例,2008 年 2 例,2009 年 4 例,2010 年 2 例,2011 年 21 例,2012 年 25 例,2013 年 32 例。这组数据说明,"听证会"虽然 2004 年在台湾就有使用,但是到 2011 年之后这个词的使用数量才有了较为明显的增长。如果说"听证会"在台湾产生了融合，那么我们认为融合是逐渐累积完成的，并非在接触伊始就迅速达成。

再看"黄金周"一词。"黄金周"是从日本舶来的休假方式，1977年4月29日，台湾报纸上刊发了一篇文章，题为"日本'黄金周'旅客来台观光"，这里只是引用了日本的说法，这个词在当时并没有广泛使用。1999年我国国务院公布了新的《全国年节及纪念日放假办法》，将春节、"五一"和"十一"的休息时间与前后的双休日拼接，从而形成7天长假，1999年国庆节是第一个"黄金周"。在新政策实施之后，台湾媒体使用"黄金周"的频率明显上升，起初主要用于与大陆相关的新闻，如2004年5月27日台湾报纸报道了大陆在当年七月和十月暂停进口外国影片的通知，文章说"此举是有意把暑假档期和'十一'国庆黄金周假期的两个热门时段，让给包括《十面埋伏》等中国大陆国产片"。随着融合的深入，我们看到台湾当地也开始出现对"黄金周"的自主性使用，如2012年4月12日台湾媒体有一篇报道，题为"抗涨拼经济大同3C'黄金周'大酬宾"，正文写道："本周4/12至4/18，全台243家大同3C同步举办'黄金周'特卖，精选家电、3C产品，以魅力优惠价直接回馈给消费者。"在梳理过程中，我们发现"黄金周"一词从早期的引用到逐渐摆脱大陆语境，再到单独用于台湾的语境，这一融合过程是在时间的累积中逐渐完成的。

就融合方向来说，早期主要以大陆吸收台湾词语为主，如今随着大陆经济的持续发展和国际地位的不断提高，两岸词汇交流基本实现"双向对等"（刁晏斌，2016）。

在我们看来，目前的研究偏重共时描写，较少进行历时考察，这一局面的形成大致有以下两个方面的原因：

第一，缺乏历时考察的研究意识。如果说考察两岸词汇差异时人们还会往早期现代汉语或者更早的历史上溯源的话，那么两岸词汇的融合研究就几乎局限在现代汉语史第四阶段内部了。从客观上说，两岸词汇的融合是最近三十年左右的事，和整个汉语史相比，这段时间无疑是相当短暂的，因此人们都着重从共时的角度进行考察。然而，共时中包含着历时，融合本身是结果，更体现为一个过程，融合的结果是在过程中逐渐形成的。在以往的研究中，我们常常重视结果而忽略了对融合过程的历时考察。

第二，缺少历时考察的便捷语料库。虽然目前大陆和台湾都有多个免费语料库，不少网站也可以在一定程度上提供一些检索服务，但我们常用的北大CCL、国家语委现代汉语语料库以及台湾现代汉语平衡语料库等都不能满足两岸词语历时演变研究的整体需求。从时间上看，现有的语料库很少能完全覆盖1919年至今的整个过程，而在语料中能提供时间段检索的就更加有限了；从地域方面来看，台湾的语料来源相对困难，许多网站在大陆都无法访问，能提供检索服务的就更少了。

为了解决这一问题，现阶段的权宜之计是把多个语料库组合起来使用。比如，在大陆方面，《人民日报》能提供1946年以来的数据，晚清、民国期刊全文数据库可以提供1833年至1949年间的语料，瀚堂近代报刊数据库收录了近三百种清末至民初的报纸和刊物，这几个语料库都可以按时间进阶检索，通过几个语料库的"叠加"，大致可以实现时间上的全覆盖；在台湾语料方面，可以利用台湾新闻智慧网选择报刊和时间进行检索。在检索过程中，我们至少见到了1908年以来的语料，这为历时研究提供了一定的便利。此外，如果在两岸交流之后的时间段内作历时考察，能选择的语料相对更多一些，大陆主流报纸、各大门户网站以及中国知网的报刊语料库都能提供检索，台湾方面部分报纸也可以在线检索。

不过，以上所说即便是权宜之计，也存在诸多使用权和数据库稳定性等方面的限制。就大陆方面来说，除了北大CCL、北语BCC等少数语料库面向公众免费开放，多数语料库都有权限要求，即便是《人民日报》《光明日报》全文数据库，想浏览和检索2000年以前的内容，都必须单独购买数据库。

第二节　研究内容

要想进一步推进两岸词汇对比研究，除了改进研究方法，还应当拓展研究内容。在我们看来，内容拓展至少可以从以下三个方面进行：

一、由词义深入词义内部

目前，在研究两岸词汇的差异与融合时，人们基本的立足点主要停留在词的层面，深入词义内部的研究还非常少。

这里的"词义内部"，大致包括从高到低的两个层次，以下作简单的说明。

一是义项或义位的层面。词既是词汇单位，也是语法单位，语言研究传统上也是以词为单位（如语法研究中的"词本位"）。在两岸词汇对比研究中，通常也以词为基本立足点，将义项或义位作为立足点的研究相对较少。在涉及大规模语料的统计分析中，将词作为比较对象进行检索统计，其工作量要比以义项为对象小得多。比如，在考察社区特有词的差异与融合时，由于词形本身的特殊性，社区特有词在语料检索时受"干扰"的因素比较少，统计的结果在对方言语社区是有是无，是少还是多，结果都比较直观，基本不需要作过多筛选排除；而如果着眼于差异义项，尤其是两岸既有相同义项也有不同义项的词语，在检索统计时就比较麻烦，无法避免的一项工作就是必须先从意义的角度分类，看每个例子分别属于哪一义项，在此基础上才能看差异义项在对方言语社区的使用情况，这样的工作就繁重复杂得多，工作量甚至成倍增加。

尽管立足于义项会增加许多"麻烦"，但是我们仍然要这样去做。如果比较"词"与"义项"这两个立足点，就会发现，仅仅立足于词是远远不够的。这里至少有两个方面的原因：其一，从整体上看，词义完全不同的情况在两岸常用词中只占很小一部分，更多的词语既有相同义项也有不同义项；其二，在具体使用中，词语的差异更多地体现为义项的差异。词语在使用过程中，在具体的语言环境里，通常用的是某一个具体的义项，而不是整个词语的意义。对于单义词而言，义项义和词义是重叠的，但对于包含两个及两个以上义项的词而言，真正使用的是义项义而非整个词的意义。

以"人流"一词为例，《两岸常用词典》标注为大陆特有词语，共包含两个义项：①像流水一样不断行进的人群；人潮。②人工流产的简称。我们在台湾的一份报纸（2003年1月至2013年6月）中进行检索，共获得23个用例，这说明"人流"这个词在台湾已经有了一定的使用。但是如果着眼于义项就会发现，其中有 20 例都用于第一个义项，只有 3 例用的是"堕胎"义，这就说明"人工流产"这一义项在台湾还没有大面积使用。如果仅仅着眼于"词"，就无法获得这样相对细致全面的结论。二是义素或语义特征的层面。关于义素，"百度百科"有以下一段专业性很强的介绍：义素又称语义成分、语义特征，是词的义位的构成因子。传统的词义研究，只分析到词的义位（相当于词典学中的一个义项）。现代语言学采用义素分析的方法对词义作微观层次的探索，它把本来认为是最小意义单位的义位作进一步的分解，从而发现更深层次的意义成分和结构。可以说，这种义素分析的方法为观察语言的意义找到了新视角，为探索词的意义作出了一定的贡献。

在前边的一些研究中，我们有意地建立了一些词的语义特征序列（或者叫语义特征串），通过其中某一个或某几个语义特征的弱化甚至脱落等来描写该词在不同时期的发展变化情况并进行两岸之间的阶段性对比，可以说是找到了一种很好的共时与历时相结合的揭示与描写词义发展变化的方法和手段，比如对"资深"的描写就是如此，对"抓紧"的研究也是循着相同的路径。现在可以设想，如果不从义素或语义特征的层面入手，我们就很难抓住词汇发展变化中的一些重要节点，同时也很难用简洁准确的方式对其进行描写。所以，我们认为，这种研究内容和研究方法大有可为并且有可能成为相关研究中新的增长点。

二、由概念意义到其他意义

目前，我们获得两岸词语的意义往往是从辞书出发，比较常见的做法是借助两岸语文词典（如《两岸常用词典》《全球华语词典》《两岸现代汉语常用词典》等），以及词典在线网站（如台湾《重编》）等。

但是，词典提供的多是词语的概念意义，因此我们所获得的也主要是词语的概念意义。然而，词语在使用过程中所体现的并不仅仅是概念意义，还会涉及其他方面的很多因素，如搭配情况、使用频率、使用范围、不同的色彩等，这样仅凭词典释义来进行两岸对比研究有时难免捉襟见肘，直接影响研究的质量与效果。

以"花圈"为例，《两岸常用词典》标注为两岸通用词语，释义为"用纸花或鲜花扎成的圆圈状祭奠用品"。事实上，在台湾，"花圈"的使用范围并不仅限于祭奠，一些其他非白事场合也用这个词。例如：

（1）＊＊＊穿上蕾丝裙和蕾丝网袜，头戴金色假发配花圈，黏上蓝色假睫毛，化身70年代红遍全球的意大利传奇脱星＊＊＊。(台湾，2013-09-02)

（2）上午10时43分，在伊达邵站，女乘客＊＊＊（39岁）与荷兰籍先生、一双儿女一到验票匝口，立刻被工作人员套上花圈及幸运牌，错愕又惊喜，她说："回家一定要去买乐透，真是太幸运了。"(台湾，2013-07-26)

这两例中的"花圈"一个被视为"时尚"，另一个被看作"幸运"，都与传统的白事相去甚远，根本就不搭界。这里的"花圈"应该是指"鲜花编织的花环"。结合其他用例，可以发现，"花圈"在台湾的所指对象和大陆并不完全相同，其使用范围比大陆要广。

在比较两岸词汇的差异时，我们也不能局限于概念意义。如果将概念意义的差异看作显性差异，那么词语背后的信息（如搭配对象、使用频率、使用范围、语法特点、语体特点、感情色彩以及蕴含的文化意义等）都可以看作隐性差异，这些隐性差异词典中一般并不标注，但是在具体使用中是一种客观存在，并且两岸往往会有各种各样的、实实在在的差别，由此也构成了两岸词汇及其使用差异的一个重要内容。从这个意义上说，仅仅了解词典上标注的释义差异是很不够的，只有了解词语在使用中包含的各种隐性差异，才算真正了解了两岸词语的差异。

在研究两岸词汇的融合时也同样如此。除了概念意义的融合之外，我们还要关注其他方面的融合及发展情况，例如使用范围是否有变化、搭配对象是否有区别、感情色彩是否有转变等，因为这些方面的趋同或一致同样是词汇融合的重要表现，因而也理应成为研究内容。

三、由差异词语义项对比深入到同义词语义项对比

从已有的研究来看，在比较词语差异时，人们将主要的精力放在词典标注的有"区别"的词语上（如同形异义词、同义异形词、台湾或大陆特有词等），而对那些释义（义项）相同的词语（即同形同义词）关注不多，甚至基本忽略。之所以如此，很大程度上是因为受限于"概念意义"。正如我们前面提到的那样，概念意义相同的词语其显性差异不明显，并且在词典的释义中也几乎看不到。然而，两岸词汇的差异，除了引人注意的显性差异外，还有

各种各样的隐性差异，它们在工具书中往往得不到真实的反映，所以逐渐也就成了"被遗忘的角落"。

《两岸常用词典》在《凡例》中提到，该词典收词约42000条，其中两岸共用的占85%以上，其余为两岸有差异的词语。这3万多条共用词语（同形同义词）中，有多少词语在使用中存在隐性差异，每个词的隐性差异表现在哪些地方，这些都非常值得我们关注。

徐红进（2011）提到，有些词语两岸的释义基本没有差异，但是"由其作为词素组成的派生词在两岸却成了差异性词汇"。徐文以"公事"一词为例，此词两岸的释义类似，都指"公家之事"，而由"公事"构成的"公事房"只在台湾使用，大陆与之相对的是"办公室"。徐文认为，像"公事"这样的词属于"潜伏"的差异性词语，虽然释义相同，但在构词时有差异。

徐文所说其实只是"冰山一角"，除了构词的差异外，同形同义词在使用范围、使用频率、搭配对象、语体色彩以及所反映的思想认识等方面都可能存在细致幽微的差异。

以前文所举"力道"为例，《两岸常用词典》将该词标注为两岸通用词，其概念意义两岸没有差异，但是"隐性差异"比较明显。就使用频率来说，在选取的大陆报纸中，从2003年5月2日至2013年10月31日一共只使用了7例，使用次数最多的年份是2013年，也只有2例，2003年、2005年、2008年、2009年及2011年都没有用例。在同样的时间范围内，"力道"在考察的台湾报纸中一共使用了12058次，这个数字是之前大陆报纸数据的约1723倍，两岸在使用频率上的差异可见一斑。

再如"男生"，《两岸常用词典》将该词标注为两岸通用词，释义是："⒈男性学生。[例]我们班～多，女生少。⒉年轻男子。[例]你们科室一共有几个～？"不过，对第二个义项里"年轻"的认识，两岸有明显的差别。例如：

（3）除了保洁、保险等工种，大部分用工单位对求职妇女的年龄和技能要求相当苛刻，不少单位甚至打出"只限男生，35岁以下"的招聘条件。（大陆，2006-10-17）

（4）搜救员找到700吨剧毒氰化钠　爆炸第3天56岁男生生还（台湾，

2015-08-16）

就我们所见，两岸对"年轻"的理解有所不同。如果以年龄大小来看，台湾的"年轻"所指范围似乎更大一些，大陆很少称四十岁以上的为"年轻"人，台湾在年龄上比较宽松，这种"隐性差异"在语言使用中会体现出来，但一般的语文辞书很少标注。如果仅仅依据工具书中的释义来进行两岸词汇对比研究，无疑是非常受限的，所得结论也肯定会有很大的局限性。

第三节 余 论

本书在现代汉语史的理论思想和知识框架下，对现代汉语在台湾的发展演变以及由此而形成的海峡两岸词汇在词形、词义等方面存在的差异与融合现象进行了较为详细的论述。如前所述，两岸词汇对比研究并不是一个新课题，但是已有的研究在内容、角度、方法及材料等方面都存在较为明显的不足。针对这些问题，本书以大规模语料为基础，用共时与历时相结合、定性与定量相结合、描写与解释相结合的方法，从词的层面深入到义位以及义素层面，对差异及融合现象进行了较为深入的研究，并得出了一些新的认识和结论。

第一，历时研究是两岸词语对比的重要方法之一。无论是研究差异还是研究融合，历时考察都是不可或缺的一环。在研究和写作过程中，历时考察的思想和工作模式始终贯穿其中。在词形对比研究中，我们以"熊猫"和"猫熊"为例，不仅描写了这两个词在两岸的共时使用情况，更花费了较大气力梳理了它们在两岸的历时使用过程，其目标就是希望彻底厘清这两个词的发展变化过程及原因。研究表明，二者在两岸隔离前都有使用，只是"熊猫"略多一些，之后大陆延续了这种状态，"猫熊"一词逐渐潜隐，因此目前大陆主要使用"熊猫"，很少用"猫熊"。台湾从20世纪中期开始，在接下来一段时间内也是类似的情况，但从20世纪70年代末开始，动物学家夏元瑜一再撰文呼吁改称"猫熊"，这一观点得到了相关人士的认可，由此"猫熊"的使用大幅上升，与此同时，"熊猫"也一直存在。时至今日，这两个词在两岸形成了"熊猫（陆）—熊猫/猫熊（台）"的对应关系。

第二，语义特征描写有助于揭示词义演变的具体过程。词义变化是一个缓慢渐进的过程，我们希望从微观的角度细致描写及揭示词义一步步变化的具体过程。为此，我们借助了语义特征描写的方法，希望通过各个语义要素的增减来再现和分析词义的具体演变过程。以"资深"为例，该词在最初使用时包含的语义特征为［＋人］［＋职业］［＋年限长］［＋表彰］，之后［＋表彰］的义素开始弱化，进而部分脱落，此时语义特征变为［＋人］［＋职业］［＋年限长］［±表彰］；再往后，［＋职业］义素也开始弱化及脱落，语义特征进而变为［＋人］［±职业］［＋年限长］［±表彰］；最后，［＋人］的限制也被打破，语义特征最终变成了［±人］［±职业］［＋年限长］［±表彰］。发展到这一步，已经和最初的语义特征序列形成了非常明显的区别。除了"资深"外，在对"爱戴"等词的分析中，我们也采用了类似的方法。实践证明，这一方法是切实有效的，对于梳理两岸词义发展过程大有裨益，有其独特的作用与功效。

第三，义位是两岸词义对比的核心，义域对比是义位分析中的重要内容。已有的研究主要以词为基础和立足点，这往往使得相关描写的颗粒度不够细。我们把义位作为两岸词义对比的核心，一方面可以对比词语在两岸义位上的多少及有无之别，另一方面可以进一步深入其内部，比较同一义位中各要素的异同。在进行分析的过程中，我们引入了张志毅、张庆云的义位理论，从微观的角度将义位细分为义值和义域两部分，其中义值包括基义（概念义）和陪义。在义位理论指导下，两岸词义对比研究着力于比较同一义位（基义相同）在陪义和义域上的差别，尤其是义域上的区别。在原有理论的基础上，我们提出了义域对比中可能存在的几种关系类型（包括包含关系、交叉关系、重合关系和相离关系等），这些分类可以有效地概括词语在两岸使用中的具体差别，而这些认识也是对原有理论的应用和补充。

第四，融合研究是两岸词语对比研究中的重要一翼。虽然"差异"和"融合"在研究中常被提及，但是较多的研究成果都集中在差异上，融合部分开展得还很不够，以至于一些基础性概念和认识都尚未真正厘清。为此，我们花了较大的篇幅进行融合研究，梳理了"融合度"概念，论述了融合度的

第五章　关于早期现代汉语词汇在台湾发展演变研究的若干思考 | 263

判定标准，并强调了这一概念在融合研究中的重要性。这些理论上的认识有助于搭建一个基础性研究平台，并为之后的研究提供用力方向。在词汇发展过程中，两岸词语的融合方向也在悄然发生变化，早期主要表现为大陆对台湾词语的单向吸收，目前已经呈现出大致平衡的互相吸收，即良性的双向互动。以"抓紧"为例，该词在台湾早已存在，但使用频率不高，义域范围也比较窄。受大陆普通话影响，该词的使用日益频繁，义域范围也有所扩大，在与指称意义较虚的事物或概念的词语搭配使用时，有些组合甚至已经超出了普通话的使用范围。此外，"力道"和"力度"也从另一个角度证实了双向融合已经是一种真实的存在：二者词义相近，原本只在台湾或大陆一地使用，目前这两个词在两个言语社区都有较为普遍的使用。

第五，对于差异的认识需要回归真实的语言状况。两岸词语大"同"小"异"，但是在具体研究中，当然也包括工具书的编纂中，由于人们一直都在寻找差异、分析差异，回过头来再用相关的研究成果凸显甚至固化差异，所以不自觉地就对他人甚至对自己产生一种误导。客观地说，有些差异现象是被人为放大了，由此而造成了一定程度上的"失真"。以两岸同义异形词为例，以往的研究经常将两岸通用形式忽略掉了，只是将有差异的形式进行对举，这显然是不符合事实的。以"熊猫"和"猫熊"为例，二者在两岸的对比关系是"熊猫（陆）—熊猫/猫熊（台）"，而不是简单的"熊猫（陆）—猫熊（台）"，因为"猫熊"和"熊猫"在台湾都可以用，并且都比较普遍。如果简单地一对一罗列，不仅忽视了"熊猫"在台湾使用的事实，而且将这组词在两岸的差异放大了。这组同义异形词反映的并不是 A 与 B 的绝对差异，而是 A 与 A/B 的相对差异，二者在两岸的用法并不像人们描述的那么大，事实上，两岸还存在一个通用形式——"熊猫"，只是台湾言语社区另有一个差异表述形式而已。

此外，还有很多差异现象有待进一步的发现和梳理，特别是各种隐性差异现象，由此也使本项研究不仅具有很强的可持续性，同时更有很大的开拓空间。但是，所谓"差异"，往往都是同中之异，所以不能只是在研究中一味"求异"，在求异之前以及过程中，还要"求同"。特别是当下，两岸词汇已经开启由差异趋向融合的进程，化异为同的节奏明显加快，同中有异的特征也越发明显和突出。

在未来的研究中，我们应当从案头转向田野，由书面转向实际的语言生活。现有的研究常常基于案头调查，即从词典出发比较两地释义的差异，然后以此为对象进行研究，找一些适合的例子来做支撑证明。但是，这样的做法从一开始就会受到词典本身的限制，由此而带来"先天不足"：

首先，研究对象的确定受限于词典的收词范围，词典未收的词语很难成为考察对象，一些在实际语用中较为常见的差异词语也可能因此被忽略。以"不会"为例，在台湾该词作为"谢谢"的回应语在口语中十分常见，书面语中也有一定程度的反映，但是多部工具书都未收录。

其次，差异的确定受限于词典的释义，词典未标的部分很容易被忽略。以"黄金"为例，《两岸常用词典》和《两岸现代汉语常用词典》都将其作为通用词处理，未标注任何差异义项。实际上，台湾现代汉语里还有"粪便的戏称"之义，既可以指人的粪便，也可以指动物的粪便。例如：

（1）粪便俗称"黄金"，虽然是带点戏谑的说法，不过却相当传神地描绘出众人印象中，人类肠胃道排泄物的色泽。（台湾，2002-04-23）

（2）前院常常有狗大便，家人一不小心便踩了满脚的黄金，每回遇到这种要特别处理的"横财"，我免不了会埋怨狗主人缺乏公德心。（台湾，2013-03-11）

尽管多本词典都没有收录此义的"黄金"，但这种差异性用法是客观存在的。

因此，在进一步的研究中，我们不能仅仅局限于词典本身，还应拓宽视野，多关注实际语言调查，将词典和语言实际结合起来进行多角度、全方位的语言调查，在此基础上进行深入细致的描写与分析。

参考文献

[1] 阿波. 竹箭与熊猫 [J]. 文史杂志，2001（1）.

[2] 阿波. 再谈熊猫之称谓 [J]. 文史杂志，2003（2）.

[3] 艾红娟. 今天你"hold 住"了吗？[J]. 语文建设，2012（21）.

[4] 白竹. 中国文化知识精华一本全 [M]. 北京：北京联合出版公司，2013.

[5] 白雁南. 小论"撞衫"[J]. 辞书研究，2009（3）.

[6] 薄家富. 也谈同素异序词 [J]. 天津师大学报（社会科学版），1996（6）.

[7] 蔡富有，郭龙生. 语言文字学常用辞典 [Z]. 北京：北京教育出版社，2001.

[8] 曹炜. 现代汉语词义学 [M]. 上海：学林出版社，2001.

[9] 岑运强. 言语的语言学导论 [M]. 北京：北京大学出版社，2006.

[10] 常宝宝，俞士汶. 语料库技术及其应用 [J]. 外语研究，2009（5）.

[11] 陈建民. 从语言接触看中国大陆的封闭性文化 [J]. 汉语学习，1989（1）.

[12] 陈荣岚. 词义引申新探 [J]. 厦门大学学报（哲学社会科学版），1989（1）.

[13] 程娟. 新词新义对比研究 [J]. 世界汉语教学，2001（4）.

[14] 储泽祥，张琪. 海峡两岸"透过"用法的多样性与倾向性考察 [J]. 语言文字应用，2013（4）.

[15] 褚半农. 上海西南方言词典 [Z]. 上海：上海人民出版社，2006.

[16] 崔山佳. 宁波方言词语考释 [M]. 成都：巴蜀书社，2007.

[17] 戴昭铭. 汉语国际教育中的规范冲突问题——与郭熙先生商榷 [J].

求是学刊，2014，41（2）.

[18] 刁晏斌. 大陆台湾词语的差别及造成原因［J］. 文史杂志，1994（2）.

[19] 刁晏斌. 台湾话的特点及其与内地的差异［J］. 中国语文，1998（5）.

[20] 刁晏斌. 差异与融合——海峡两岸语言应用对比［M］. 南昌：江西教育出版社，2000.

[21] 刁晏斌. 论现代汉语史［J］. 辽宁师范大学学报（社会科学版），2000（6）.

[22] 刁晏斌. 流行在大陆词语中的"港台来客"［J］. 北方论丛，2001（2）.

[23] 刁晏斌. 词的使用范围缩小及其造成原因［J］. 辽东学院学报，2005（4）.

[24] 刁晏斌. "文革"时期传统褒义词语的分化［J］. 辽东学院学报，2006（4）.

[25] 刁晏斌. 现代汉语史［M］. 福州：福建人民出版社，2006.

[26] 刁晏斌. 现代汉语词义感情色彩的两次大规模变迁［J］. 文化学刊，2007（6）.

[27] 刁晏斌. 港台汉语独特的简缩形式及其与内地的差异［J］. 华文教学与研究，2011a（1）.

[28] 刁晏斌. 对当代汉语词汇状况及其研究的思考［J］. 南京师范大学文学院学报，2011b（3）.

[29] 刁晏斌. 两岸四地语言对比研究现状及思考［J］. 汉语学习，2012a（3）.

[30] 刁晏斌. "港式中文"与早期现代汉语［J］. 山西大学学报（哲学社会科学版），2012b（1）.

[31] 刁晏斌. 台港澳地区"搞"的使用情况及其与内地的差异［J］. 渭南师范学院学报，2012c，27（9）.

[32] 刁晏斌. 试论海峡两岸语言的微观对比研究——以"而已"一词的考察分析为例［J］. 北京师范大学学报（社会科学版），2012d（4）.

[33] 刁晏斌. 从两个距离差异看两岸共同语的差异及其成因［J］. 杭州师范大学学报（社会科学版），2013，35（3）.

[34] 刁晏斌. 当代汉语词汇研究［M］. 北京：中国社会科学出版

社，2013.

[35] 刁晏斌. 港澳台地区标准书面汉语的共性与个性 [J]. 语言教学与研究，2014（6）.

[36] 刁晏斌. 台湾"国语"词汇与大陆普通话趋同现象调查 [J]. 中国语文，2015a（3）.

[37] 刁晏斌. 台湾"国语"的生动表达形式及其特点——海峡两岸言语风格对比研究 [J]. 云南师范大学学报（哲学社会科学版），2015b，47（3）.

[38] 刁晏斌. 大陆词语在台湾：从"进入"到"融入"[N]. 光明日报，2016-05-29.

[39] 刁晏斌. 海峡两岸民族共同语对比研究 [M]. 北京：中国社会科学出版社，2017.

[40] 刁晏斌. 论普通话研究的国语/华语视角 [J]. 华文教学与研究，2019（2）.

[41] 范晓，张豫峰. 语法理论纲要：修订版 [M]. 上海：上海译文出版社，2008.

[42] 葛本仪. 现代汉语词汇学：第3版 [M]. 北京：商务印书馆，2014.

[43] 郭本禹，崔光辉，陈巍. 经验的描述——意动心理学 [M]. 济南：山东教育出版社，2010.

[44] 郭熙. 试论海峡两岸汉语差异的起源 [C] //陈恩泉. 双语双方言2. 香港：彩虹出版社，1992.

[45] 郭熙. 中国社会语言学 [M]. 杭州：浙江大学出版社，2004.

[46] 郭熙. 关于华文教学当地化的若干问题 [J]. 世界汉语教学，2008（2）.

[47] 郭先珍，王玲玲. 褒义、贬义词在搭配中的方向性 [J]. 中国人民大学学报，1991（6）.

[48] 国家语委新词新语规范基本原则课题组，于根元，王铁琨，孙述学. 新词新语规范基本原则 [J]. 语言文字应用，2003（1）.

[49] 海山，高娃. 地理环境对语言的影响 [J]. 经济地理，1998（2）.

[50] 韩敬体. 增新删旧，调整平衡——谈《现代汉语词典》第5版的收词 [J]. 中国语文，2006（2）.

［51］侯昌硕. 试谈海峡两岸的同义异形词语［J］. 湛江师范学院学报，1999（4）.

［52］侯昌硕. 从台湾当代小说看海峡两岸的同形异义词语［J］. 湛江师范学院学报，2000（4）.

［53］侯昌硕. 从台湾当代小说看海峡两岸汉语的语法差异——兼析两岸语言融合的态势［J］. 延安大学学报（社会科学版），2003（4）.

［54］胡明扬. 语体和语法［J］. 汉语学习，1993（2）.

［55］胡士云. 略论大陆与港台的词语差异［J］. 语文研究，1989（3）.

［56］胡中文. 汉语词语的表达色彩与语文辞书的释义规范［J］. 中国语文，1999（3）.

［57］江蓝生.《现代汉语词典》第6版概述［J］. 辞书研究，2013（2）.

［58］蒋蓝，李行健. 规范汉语就是为了大众化［N］. 成都日报，2011-09-05.

［59］蒋有经. 海峡两岸汉语词汇的差异及其原因［J］. 集美大学学报（哲学社会科学版），2006（3）.

［60］金鸿佑. 汉语新词语发展规律说略［J］. 扬州教育学院学报，2003（4）.

［61］金其斌. "来电"的新义及翻译［J］. 辞书研究，2012（4）.

［62］亢世勇.《新词语大词典》的编纂［J］. 辞书研究，2003（2）.

［63］黎渝林. 修辞现象词汇化的拓展分析［J］. 百色学院学报，2008（2）.

［64］李明. 港台词语在大陆的使用情况［J］. 汉语学习，1992（3）.

［65］李平. 当代海峡两岸词语差异比较研究［D］. 哈尔滨：黑龙江大学，2002.

［66］李荣. 上海方言词典［Z］. 南京：江苏教育出版社，1997.

［67］李昱，施春宏. 海峡两岸词语互动关系研究［J］. 当代修辞学，2011（3）.

［68］李海霞. 词义的褒贬度［J］. 语文建设，2005（5）.

［69］李行健，仇志群. 汉语文词典编纂的新课题——两岸合编语文词典的一些感受［J］. 辞书研究，2012（6）.

［70］李行健. 两岸差异词再认识［J］. 北华大学学报（社会科学版），

2013，14（6）.

[71] 李胜梅. 词义强化程度的"磨损"、"衰减"及相关语用现象——从"主要"、"基本"、"特"等词的使用说起［J］. 修辞学习，2006（6）.

[72] 李文斌. 浅谈港台和大陆词语的差异模式［J］. 南平师专学报，1999（1）.

[73] 李绪洙. 港台新词"秀""骚"漫议［J］. 语文建设，1999（3）.

[74] 李泽民. 中国发现了"黑白熊"［N］. 中国档案报，2001-04-06.

[75] 刘小林.《两岸现代汉语常用词典》台湾汉语特有词语及词语特有义项考察［D］. 北京：北京语言大学，2006.

[76] 刘玉杰. 动宾式动词与所带宾语之间的语义关系［J］. 汉语学习，1993（4）.

[77] 马静. 台湾《醒报》词汇考察与分析［D］. 保定：河北大学，2011.

[78] 马淑静. 爱上熊猫的一百个理由［N］. 人民日报（海外版），2008-12-25.

[79] 潘石. 海峡两岸科技名词对照统一工作［N］. 光明日报，2006-04-27.

[80] 彭小明. 海峡两岸语言文字异同初析［J］. 当代修辞学，1988（6）.

[81] 亓婷婷. 略论台湾地区流行新词与社会心理之关系［J］. 华文世界，1989（51）.

[82] 仇志群，范登堡. 台湾语言现状的初步研究［J］. 中国语文，1994（4）.

[83] 仇志群. 台湾五十年来语文规范化述略［J］. 语文建设，1996（9）.

[84] 仇志群. 两岸语言互动中词语的融合度［C］//刁晏斌. 两岸四地现代汉语对比研究新收获. 北京：语文出版社，2013.

[85] 仇志群. 两岸异用词再认识［J］. 北华大学学报（社会科学版），2015，16（1）.

[86] 邵鸿. 谈普通话新词语对港台方言的吸收［J］. 山东教育学院学报，2001（1）.

[87] 邵敬敏，刘杰. 从"手机"看不同华语社区同义词群的竞争与选择［J］. 语文研究，2008（4）.

[88] 邵敬敏，马喆. 网络时代汉语嬗变的动态观 [J]. 语言文字应用，2008（3）.

[89] 束定芳. 论隐喻的基本类型及句法和语义特征 [J]. 外国语（上海外国语大学学报），2000（1）.

[90] 束定芳. 什么是语义学 [M]. 上海：上海外语教育出版社，2014.

[91] 苏宝荣，武建宇. 词的义系、义点、义位与语文词典的义项 [J]. 辞书研究，1999（1）.

[92] 苏宝荣. 词的语境义与功能义 [J]. 辞书研究，2001（1）.

[93] 苏金智. 台港和大陆词语差异的原因、模式及其对策 [J]. 语言文字应用，1994（4）.

[94] 苏金智. 海峡两岸同形异义词研究 [J]. 中国语文，1995（2）.

[95] 苏金智. 两岸四地词汇相互吸收趋势探析 [J]. 云南师范大学学报（哲学社会科学版），2014，46（4）.

[96] 苏新春. 台湾新词语及其研究特点 [J]. 厦门大学学报（哲学社会科学版），2003（2）.

[97] 孙德金. 现代书面汉语中的文言语法成分研究 [M]. 北京：商务印书馆，2012.

[98] 孙雁雁. 台湾口语中句末"好不好"的功能分析 [J]. 汉语学报，2011（4）.

[99] 谭学纯. 语用环境：语义变异和认知主体的信息处理模式 [J]. 语言文字应用，2008（1）.

[100] 汤志祥. 当代汉语词语的共时状况及其嬗变——90年代中国大陆、香港、台湾汉语词语现状研究 [M]. 上海：复旦大学出版社，2001.

[101] 唐超群. 义项·义位·概念 [J]. 辞书研究，1985（6）.

[102] 佟慧君. 如何辨析同素反序词 [J]. 语言教学与研究，1982（2）.

[103] 汪惠迪. 海峡两岸的语词互动 [J]. 咬文嚼字，2008（1）.

[104] 汪惠迪. 语言的风采 [M]. 北京：商务印书馆，2012.

[105] 王力. 中国现代语法 [M]. 北京：商务印书馆，1985.

[106] 王宁. 论词的语言意义的特性 [J]. 北京师范大学学报（社会科学

版），2011（2）.

[107] 王尧，吴亚明. 时光流转的印记 [N]. 人民日报，2010-04-09.

[108] 王瑛. 普通话是西部大开发的软环境要素 [J]. 陕西广播电视大学学报（综合版），2003（2）.

[109] 王化鹏. 词义的模糊性及其语用价值 [J]. 修辞学习，2001（5）.

[110] 王建民. 关于建立两岸关系和平发展架构问题的几点讨论 [J]. 亚非纵横，2009（1）.

[111] 王建设，张甘荔. 泉州方言与文化（下）[M]. 厦门：鹭江出版社，1994.

[112] 王首程. 从词语的变迁看当代社会文化的发展走向 [J]. 广州大学学报（社会科学版），2003（7）.

[113] 王铁昆. 从某些新词语的"隐退"想到的 [J]. 语文建设，1999（5）.

[114] 王玥雯. 两岸新词对比研究 [J]. 武汉科技大学学报（社会科学版），2007（1）.

[115] 温云水. 论贬抑句与贬抑功能句型 [J]. 南开语言学刊，2007（1）.

[116] 吴本清. 百科知识探源 [M]. 深圳：海天出版社，1987.

[117] 吴连生. 吴方言词典 [Z]. 上海：汉语大词典出版社，1995.

[118] 伍铁平. 论语言融合和社团方言 [J]，外国语（上海外国语学院学报），1983（6）.

[119] 夏元瑜. 盖天盖鬼盖人间 [M]. 天津：百花文艺出版社，2006.

[120] 谢智香. 手部动作常用词词义演变类型与动因论析 [J]. 云南财经大学学报（社会科学版），2011，26（4）.

[121] 邢福义. 现代汉语语法研究的三个"充分" [J]. 湖北大学学报（哲学社会科学版），1991（6）.

[122] 徐莉. 论海峡两岸词汇差异及融合 [J]. 黄山学院学报，2008（2）.

[123] 徐复岭. 试论两岸同形同义异用词 [J]. 武陵学刊，2014，39（1）.

[124] 徐红进. 两岸词汇差异与汉语国际推广 [D]. 上海：复旦大学，2011.

[125] 徐艳华. 义位的义域 [J]. 山东理工大学学报（社会科学版），

2002（5）.

[126] 徐幼军. 台港与大陆的词语理解［J］. 语文建设, 1989（3）.

[127] 许蕾. 海峡两岸日常生活词语差异及其原因研究［M］. 北京：中国国际广播出版社, 2014.

[128] 严奉强. 台湾国语词汇与大陆普通话词汇的比较［J］. 暨南学报（哲学社会科学）, 1992（2）.

[129] 杨平. 英汉翻译中的褒贬词语选择［J］. 上海翻译, 2012（4）.

[130] 杨必胜. 试论"港词北进"［J］. 语文建设, 1998（4）.

[131] 杨艳丽. 海峡两岸词语比较［J］. 大庆高等专科学校学报, 2004（3）.

[132] 杨玉玲. 说"秀"［J］. 修辞学习, 2004（2）.

[133] 杨振兰. 试论词义与语素义［J］. 汉语学习, 1993（6）.

[134] 杨振兰. 现代汉语词彩学［M］. 济南：山东大学出版社, 1996.

[135] 杨振兰. 论新时期新词语的色彩意义［J］. 山东大学学报（哲学社会科学版）, 2009（2）.

[136] 姚汉铭. 新词语中的对外开放印记［J］. 广西师院学报, 1997（1）.

[137] 姚汉铭. 新词语·社会·文化［M］. 上海：上海辞书出版社, 1998.

[138] 尹玲. 我国新词汇的特点及对社会发展的影响［J］. 江西社会科学, 2000（12）.

[139] 於贤德, 顾向欣. 海峡两岸词语差异的政治文化因素［J］. 汕头大学学报（人文科学版）, 2000（4）.

[140] 于根元. 说"友"［J］. 语文建设, 1996（3）.

[141] 于根元. 现代汉语研究与应用［M］. 北京：北京广播学院出版社, 2003a.

[142] 于根元. 应用语言学概论［M］. 北京：商务印书馆, 2003b.

[143] 袁世旭, 张志毅. 新词语的义域变化［J］. 辞书研究, 2011（3）.

[144] 曾立英. 现代汉语类词缀的定量与定性研究［J］. 世界汉语教学, 2008（4）.

[145] 曾萍萍. 从汉字词汇运用看不同区域的文化衍变［J］. 华语文教学

研究，2009（61）.

[146] 詹伯慧. 谈谈新闻从业人员的语文修养——在香港文汇报的讲话[J]. 暨南学报（哲学社会科学），1988（2）.

[147] 张斌. 现代汉语描写语法[M]. 北京：商务印书馆，2010.

[148] 张博.《现代汉语词典》条目义项与词语义位的不对应及其弥合空间[J]. 江苏大学学报（社会科学版），2009，11（5）.

[149] 张巍. 古汉语同素逆序词的修辞效能[J]. 修辞学习，2005（1）.

[150] 张夏. 社会因素对当前汉语词汇发展的影响浅析[J]. 东岳论丛，2009，30（4）.

[151] 张德鑫. "水至清则无鱼"——我的新生词语规范观[J]. 北京大学学报（哲学社会科学版），2000（5）.

[152] 张广育. "猫熊"变"熊猫"[J]. 咬文嚼字，1999（6）.

[153] 张瑞朋. 现代汉语中的同素异序词[J]. 语言研究，2000（S1）.

[154] 张廷国，郝树壮. 社会语言学研究方法的理论与实践[M]. 北京：北京大学出版社，2008.

[155] 张维耿. 开放改革以来汉语词汇的新发展及其社会心理原因[J]. 暨南学报（哲学社会科学），1995（2）.

[156] 张小平. 当代汉语词汇发展变化研究[M]. 济南：齐鲁书社，2008.

[157] 张谊生. 现代汉语副词研究[M]. 上海：学林出版社，2000.

[158] 张志毅，张庆云. 词汇语义学：修订本[M]. 北京：商务印书馆，2005.

[159] 章宜华. 语义学与词典释义[M]. 上海：上海辞书出版社，2002.

[160] 赵贤德. "猫熊"何以成"熊猫"[J]. 咬文嚼字，2002（12）.

[161] 郑媛. 港台词语存在及流行的修辞理据探析[J]. 修辞学习，2004（4）.

[162] 郑启五. 中国大陆、台湾、香港三地译名谈[J]. 编辑之友，1987（3）.

[163] 郑启五. 海峡两岸用语差异初探[J]. 台湾研究集刊，1989（1）.

[164] 周荐. 词汇的汰旧与词典条目的更新[J]. 语文研究，2014（3）.

[165] 朱广祁. 港台词语研究与大汉语词汇研究[J]. 山东大学学报（哲

学社会科学版），1992（2）.

［166］朱广祁.海峡两岸的语文差异与统一［J］.山东大学学报（哲学社会科学版），1994（1）.

［167］朱建颂.关于吸收港台用语的思考［J］.江汉大学学报（人文科学版），2006（6）.

［168］朱建颂，李金金."熊猫"和"猫熊"的名称之争［N］.北京科技报，2009-03-09.

［169］朱景松，周维网.台湾国语词汇与普通话的主要差异［J］.安徽师大学报（哲学社会科学版），1990（1）.

［170］（法）保罗·利科（Paul Ricoeur）.活的隐喻［M］.汪堂家，译.上海：上海译文出版社，2004.